# 信用风险管理

伊里·维查尼（Jiří Witzany） 著

纪晓晴 林是琦 娜 措 李中原 张 彤 译

中国金融出版社

责任编辑：王雪珂
责任校对：孙　蕊
责任印制：丁淮宾



**图书在版编目（CIP）数据**

信用风险管理/（德）伊里・维查尼著；纪晓晴等译. —北京：中国金融出版社，2018. 12
ISBN 978－7－5049－9744－9

Ⅰ. ①信… Ⅱ. ①伊…②纪… Ⅲ. ①贷款风险管理 Ⅳ. ①F830. 5

中国版本图书馆 CIP 数据核字（2018）第 208801 号

信用风险管理
Xinyong Fengxian Guanli

出版
发行　中国金融出版社
社址　北京市丰台区益泽路 2 号
市场开发部　（010）63266347，63805472，63439533（传真）
网 上 书 店　http：//www. chinafph. com
　　　　　　（010）63286832，63365686（传真）
读者服务部　（010）66070833，62568380
邮编　100071
经销　新华书店
印刷　保利达印务有限公司
尺寸　169 毫米×239 毫米
印张　17
字数　237 千
版次　2018 年 12 月第 1 版
印次　2018 年 12 月第 1 次印刷
定价　62. 00 元
ISBN 978－7－5049－9744－9
如出现印装错误本社负责调换　联系电话（010）63263947

# 序　言

千百年来，信用风险管理是审慎传统银行管理的基石。在决定贷款要贷给谁、贷多少时，银行家们必须考虑风险和预期收益；当贷款发放后，还必须要时刻监测和与债务人保持沟通，尤其是在债务人出现财务困境或不愿还贷的情况。银行家的这些决策过去都是根据经验和专业知识，但随着现代数学、统计学和计算机工具的进步，决策也变得愈发精密。我们不仅要做到管理信用风险，同时还要采用各种准确的数学和统计学的工具与模型对它进行定价和测量。在当下，信用风险管理的决策必须根据准确的定价和衡量的结果。

过去的50年来，如果没有自动计算的信用评级，消费信贷也不会出现如此快速的增长。信用评级采用了分类和回归模型，尤其是采用了 logistic 回归。目前，信用评级已经成为一个行业的标准，并被广泛地认为是一种准确的信用风险评估的工具，其效果通常优于信贷风险总监的主观评定。在测量信用风险程度时，信用评级的评分系统不仅能够区别优质和劣质的贷款申请，还能估计一年内或其他给定时间段内的违约概率，同时，通过计算风险溢价，风险也得以被定价从而能够规避可能出现的、预期的信用损失，而风险溢价同时也是贷款利息的一部分。

随着金融衍生品的发展，信用风险评级模型也变得愈发复杂，这主要是由于金融衍生品总是带来交易对手信用风险的问题，而计算交易对手信用风险时又不可避免地需要进行市场风险的分析。信用衍生品的价值取决于一个或多个信用主体，因此在定价时必须考虑信用风险。信用衍生品及其相关的资产支持型证券是20世纪90年代末到21世纪初兴盛起来的；而国际金融危机的发生又让人们意识到，对这些资产的定价的复杂性在过去被严重低估了，也是从那时起，市场对待这些资产变得更加谨慎。

银行业一直以来都受到或多或少的监管，但随着全球化的发展和以及在经历了多次银行业和金融危机对许多银行客户、就业、经济增长和政府收入带来的负向冲击之后，监管已经变得趋于全球化，风险管理也越来越受到重视。巴塞尔协议框架下的现代监管体制，要求银行保持充足的资本，以应对信用、市场和操作风险所带来的难以预料的损失，而巴塞尔委员会正代表了多数发达国家的中央银行的意志。此外，巴塞尔协议还要求金融机构制定符合监管原则的、健全的风险管理程序和组织。例如，信用风险管理不仅需要计算监管资本，还必须能估计意料之外的信用风险。巴塞尔协议的最新版本（《巴塞尔协议Ⅲ》）同时还要求银行能够对交易对手信用风险进行定价（信用估值调整，Credit Valuation Adjustment，CVA），并且能够估计其受压价值（stressed value），并据此计算监管资本的一个特定部分。

本书的主要目的，在于涵盖上述所提及的信用风险管理、定价和测量的历史发展，同时也关注最新的发展与研究。每个章节还对相关的监管原则和要求进行了讨论。本书针对的是学术研究者和衍生品领域、风险管理领域的从业者以及银行和金融机构的专家，以及经济、金融和金融工程领域的研究生。

本书的作者不仅引用了信用风险管理、定价和测量领域的大量文献，同时作为一个捷克的大银行（Komercni banka）的市场和信用风险管理师、定量咨询公司的合伙人，他在参与和管理大量的国内外银行的信用风险管理项目中积累了许多经验，而这些经验也将呈现在本书中。本书英文版的质量的提升，离不开 Chris Sadil 的帮助，同时，此处也要感谢 K. Sivakumar，他在本书的最后定稿和图片编辑上花了不少心血。最后，如果没有我的妻子 Nadia 的支持与耐心，我也不可能完成这本书，在此我也要对她表示谢意。

尽管本书已经得到全面的审阅，但仍然可能存在部分错误。如果有任何评论，欢迎发送至 jiri. witzany@ vse. cz.

捷克共和国，布拉格　　Jiří Witzany

# 缩写表

| ABS | Asset Backed Security | 资产支持证券 |
|---|---|---|
| AMA | Advanced Measurement Approach | 高级计量法 |
| AR | Accuracy Ratio | 准确性比率 |
| AUC | Area under the Receiver Operating Characteristic Curve | 受试者工作特性曲线下的面积 |
| BCBS | Basel Committee on Banking Supervision | 巴塞尔银行监管委员会 |
| BCVA | Bilateral Credit Valuation Adjustment | 双边信贷估值调整 |
| BEEL | Best Estimate of the Expected Loss | 预期损失的最佳估计 |
| BVA | Bilateral Valuation Adjustment | 双边估值调整 |
| CAD | Capital Adequacy Directive | 资本充足指引 |
| CAPM | Capital Asset Pricing Model | 资产定价模型 |
| CAR | Capital Adequacy Ratio | 资本充足率 |
| CCR | Counterparty Credit Risk | 交易对手信贷风险 |
| CDO | Collateralized Debt Obligation | 担保贷款凭证 |
| CDS | Credit Default Swap | 信用违约互换 |
| CEBS | Committee of European Banking Supervisors | 欧洲银行业监管委员会 |
| CEM | Current Exposure Method | 现期暴露风险法 |
| CF | Conversion Factor | 转换因子 |
| CFO | Chief Finance Officer | 首席财务官 |
| CIR | Cox, Ingersoll and Ross（Model) | Cox – Ingersoll – Ross 模型 |
| CML | Canonical Maximum Likelihood | 经典最大似然估计 |
| CRD | Capital requirements Directive | 资本要求指引 |
| CRO | Chief Risk Officer | 首席风险官 |
| CRR | Capital Requirements Regulation | 监管资本要求 |
| CVA | Credit Valuation Adjustment | 信用估值调整 |
| CZEONIA | Czech Overnight Index Average | 捷克隔夜指数均值 |

续表

| | | |
|---|---|---|
| DD | Distance to Default | 违约距离 |
| DVA | Debit Valuation Adjustment | 债务估值调整 |
| ECAI | External Credit Assessment Institution | 外部信用评级机构 |
| EDF | Expected Default Frequency | 预期违约率 |
| EE | Expected Exposure | 预期敞口 |
| EIR | Effective Interest Rate | 实际利率 |
| EL | Expected Loss | 预期损失 |
| EMIR | European Market Infrastructure Regulation | 《欧洲市场基础设施监管条例》 |
| ENE | Expected Negative Exposure | 预期负风险暴露比率 |
| EONIA | Euro Overnight Index Average | 欧洲隔夜指数均值 |
| EPE | Expected Positive Exposure | 预期正风险暴露比例 |
| ETL | Expected Tranche Loss | 预期部分损失 |
| FBA | Funding Benefit Adjustment | 资金收益调整 |
| FCA | Funding Cost Adjustment | 资金成本调整 |
| FVA | Funding Valuation Adjustment | 资金价值调整 |
| GPL | Generalized Poisson Loss | 广义泊松损失 |
| HJM | Heath, Jarrow and Morton (Model) | Heath - Jarrow - Morton 模型 |
| IAS | International Accounting Standards | 国际会计标准 |
| IFM | Inference for the Margins (Method) | 边缘推断（方法） |
| IFRS | International Financial Reporting Standards | 国际财务报告标准 |
| IMA | Internal Model Approach | 内部模型法 |
| IMM | Internal Market Model (IMM) | 内部市场模型 |
| IRB | Internal Rating Based (Approach) | 内部评级法 |
| IRBA | Internal Rating Based Advanced (Approach) | 高级内部评级法 |
| RIBF | Internal Rating Based Foundation (Approach) | 初级内部评级法 |
| IRS | Interest Rate Swap | 利率掉期 |
| ISDA | International Swaps and Derivatives Association | 国际互换与衍生工具协会 |
| IV | Information Value | 信息价值 |
| KVA | Capital Valuation Adjustment | 资本估值调整 |
| LGD | Loss Given Default | 违约损失率 |
| LHP | Large Homogenous Portfolio | 大样本一致性资产组合 |

续表

| | | |
|---|---|---|
| LVA | Liquidity Valuation Adjustment | 流动性估值调整 |
| MA | Maturity Adjustment | 期限调整 |
| MBS | Mortgage Backed Security | 抵押支持债券 |
| MVA | Margin Valuation Adjustment | 利润估值调整 |
| NI | Net Income | 净收益 |
| OIS | Over – Night Index Swap ( Rate) | 隔夜指数掉期（利率） |
| OLS | Ordinary Least Squares ( Regression) | 普通最小二乘法 |
| ONIA | Overnight Index Average | 隔夜指数均值 |
| OTC | Over – the – Counter | 场外交易 |
| PD | Probability of Default | 违约损失率 |
| PIT | Point in Time | 时点 |
| PSE | Private Sector Entity | 私营实体 |
| Q – Q | Quantile – to – Quantile | Q – Q 图 |
| RBA | Rating Based Approach | 基于评级的方法 |
| RDS | Reference Data Set | 参考数据集 |
| RP | Risk Premium | 风险溢价 |
| RWA | Risk – weighted Assets | 风险加权资产 |
| SFA | Supervisory Formula Approach | 监管公式法 |
| SIFMA | Securities Industry and Financial Markets Association | 证券业与金融市场协会 |
| SME | Small and Medium Enterprises | 中小企业 |
| SONIA | Sterling Overnight Index Average | 英镑隔夜指数均值 |
| SPV | Special Purpose Vehicle | 特殊目的工具 |
| TRS | Total Return Swap | 总收益互换 |
| TTC | Through – the – Cycle | 经过一个周期 |
| UDR | Unexpected Default Rate | 未预料到的违约损失率 |
| VaR | Value at Risk | 风险价值模型 |

# 目　　录

# 第1章

# 引　言

许多关于信用风险的论著，刚开始就着力论述了对信用风险测量与建模的不同计算方法。在本章里，我们不仅要提及信用风险定价和测量的不同模型工具，还要讨论信用风险管理的一些关键问题，即信用风险组织的合理设置，信用风险管理的流程、能力和控制等，我们将通过总结包括近期的系统性危机带来的全球多家银行的破产和厄运的经验——这些危机通常来自于利益的矛盾、控制不足以及那些意识到并准确测量风险的人在公司当中话语权不够且无法阻止或限制风险交易——来探讨上述内容。我20世纪90年代到21世纪前五年间监控交易风险、在一家大型捷克银行[①]监控传统银行业务的信用风险的从业经历也印证了上述总结的经验。另外，在很多情况下，尤其是在近年的危机时期，控制和监管不足总是部分地与低水平地认识和由此带来的低水平的估计风险相关。因此，在经典信用风险管理事项上，我们既不能高估也不能低估信用测量工具的重要性。在第2章，我们会开始探讨信用风险组织和管理事项。

在今天，如果要写一本关于银行信用风险的书，总是绕不开对《巴塞尔协议Ⅱ》和《巴塞尔协议Ⅲ》的要求、影响和结果的探讨。这一监管协定有时被奉为法典，所有的风险管理工作都围绕着实现其要求和标准展开。然而，就算没有巴塞尔协议，稳健的风险管理还是应当符合股权持有者的最优利益，因此，目前的监管协议并不是凭空产生的；恰恰相反，它反映的是监管框架尚未被提出、完善和实施之前，银行业总结出的最优的实践和经验。当然，它还远称不上完善、不能被奉为圭臬且在实施阶段和监管的未来改动上，都有很大的提升空间。我们将会采取一个批判性的思维，在讨论监管的要求、实施步骤的同时，也会批判性地讨论其可能的改进，并提出该监管协议外的其他工具。

对任何人而言，在考虑进行一个新的交易或建立一个新的业务伙伴关系时，第一件需要考虑的事，就是信用风险评估，因为对方对于未来的义务，可能履行也可能不履行。这大概就是要在做出最后决定前，估计对方

① Komercni banka, a. s.

违约损失的可能性：接受对方，或不接受对方，在一定条件下接受对方。在一些传统银行里，如果借款的公司破产了，那被认为是前面做出了错误的贷款决策和与之相关的信用评估。这种逻辑思维方式对于大型债务人和项目融资来说，可能是适用的，但是对于大量的其他主体，例如中小企业（Small and Medium Enterprises，SME），尤其是对于涉及很多小的债务人的零售资产包项目时，这种逻辑就不适用了。我们不可能拥有一个能够告诉我们每个特定债务人是否会倒闭的水晶球。对于一个大的资产组合，一年内发生1%、10%甚至更高的违约率，都不能直接说明前期的风险评估是错误的。如果前期的评估估计有1%、10%或其他某个特定数值的违约率，且现实恰好符合了该估计，那么这个估计就是正确的；当来自那些没有违约的债务人的利息收入足以覆盖资金的成本和管理费用以及违约损失、且还有一些剩余的利润时，那么这就是一个良好的经营情况。要实现这些，需要高级的金融分析和统计（包括评分和评级）工具，这些在第3章中会介绍。同时，第3章还会讨论其他的分类和数据挖掘的方法，例如支持向量机法（Support Vector Machines）、随机森林法（Random Forests）和神经网络法（Neural Network）等，这些方法都是近期的研究成果，当然，Logistic 回归仍然是当今行业的标准方法。

即使是选对了信用评估流程和定价方法，我们仍然需要尽可能地考虑更多方面的问题并从中得出正确的结论。当有问题产生时，我们是否有足够的储备和资本渡过难关？关于这一问题的高级统计方法会在第4章中介绍。事实上，该问题是监管资本要求的主要关注点。监管者的要务在于确保银行业系统足够稳定，因为一家银行的破产可能给许多的其他银行带来损失，并因此最终给整个经济体系和纳税人带来损失。《巴塞尔协议Ⅱ》和《巴塞尔协议Ⅲ》实际上是根据经济学里的资本模型而得到的、或多或少简化了的方法，因此，还应当建立更高级的模型来加以补充。

近几十年来，信用衍生品工具交易出现了快速的增长，产生了很多积极的，当然也有一些消极的影响，例如我们在最近的国际金融危机中所看到的那样。信用衍生品，就像其他一般的衍生品一样，都来自于相比之下更基础的标的资产或市场指数。这些衍生品总是涉及未来的现金流（或未来资产交易），而这些现金流的多少取决于标的资产的价格，或标的指数的价值。对于信用衍生品而言，标的资产通常是债券或贷款；而最简单的一个指数就是相关实体违约与否，在此之上形成的信用风险就是信用衍生品。信用衍生证券，如 CDO 是把信用风险像生牛奶离析一样，分成脱脂牛奶、中脂牛奶、全脂牛奶和奶油。全脂牛奶和奶油因为味道好而在市场上畅销，但是正如我们最近所看到的，他们可能会变馊。因为信用衍生品在金融市场上交易，而金融市场上的价格变动几乎是持续不断的，衍生品的建模和定价就需要使用到和经典衍生品类似的随机建模方法。另外，金融危机和《巴塞尔协议Ⅲ》都使交易对手信用风险管理得到了更多的关注。信用估值调整（the Credit Valuation Adjustment，CVA）已经成为衍生品定价的一个必需的组成部分。信用衍生品最重要的种类和定价的最主要的方法，以及 CVA 的计算准则，都会在最后一个章节呈现。

# 第2章

# 信用风险管理

当个人、银行里的某个机构部门或公司在对信用进行评估时，他们都会考虑两个关键的问题：他们是否有正确评估信用风险所需的技能和方法？以及该评估是否能够做到独立且无偏？例如，如果把评估的工作委托给一个薪酬是由其发放贷款的数量和规模决定的销售人员，那么该人员就可能存在着低估风险的可能，也就是说，为了实现自己的业务目标，他可能在审阅申请者的财务状况时表现得过分乐观；而当这个销售人员和申请者有某种关系，甚至是受到了申请者的贿赂时，那么情况就会更糟。不幸的是，上述这样的情况并不是不可能。因此，一个银行即使有了最好的信贷模型软件，即使有了很多合格的数理分析师，当某些看似很小的事被忽略时（我们可以称为操作风险），也可能会产生巨大的问题。因此，我们首先必须探讨，信贷风险组织所适用的或值得推荐的模型，以及如何将权力分散，这些对于传统银行业务（或公司业务）以及交易和投资活动来说，都是适用的。而这些推荐的模型，事实上是与巴塞尔协议的风险管理流程标准相吻合的。

## 2.1　信用风险组织

要形成一个良好的银行信用风险组织架构，第一项也是最重要的一项要求就是要把风险管理和业务活动的权力分开。图 2.1 呈现了一个常见的银行组织架构，包括了商业公司、零售银行业务和投资银行业务。银行的风险管理部门的主管被称为首席风险官（Chief Risk Officer, CRO），他同时也应当是管理委员会中的一员。事业部、投行部和市场部都要向该委员会的其他成员汇报情况。风险管理部门和由首席财务官（Chief Finance Officer, CFO）领导的银行的金融会计部门关系密切。CRO 和 CFO 有时可能只需要由委员会中的一人担任即可。另一个与风险管理关系密切的控制部门是内部审计与控制部门（Internal Audit and Control），该部门总领所有部门和分支的管理和审计事务。监事会（Supervisory Board）代表了股东的利益。通常，内部审计和控制部门与风险管理部门的独立性就体现在二者分别直接向监事会汇报。另外，一般还有一个合规部门，负责确保银行的业务符合法律和监管的要求。如果该银行属于一个更大的银行集团，那么CRO通常由该集团主观风险管理的部门提名，且只能由首席执行官（Chief Executive Officer，CEO）正式任命。

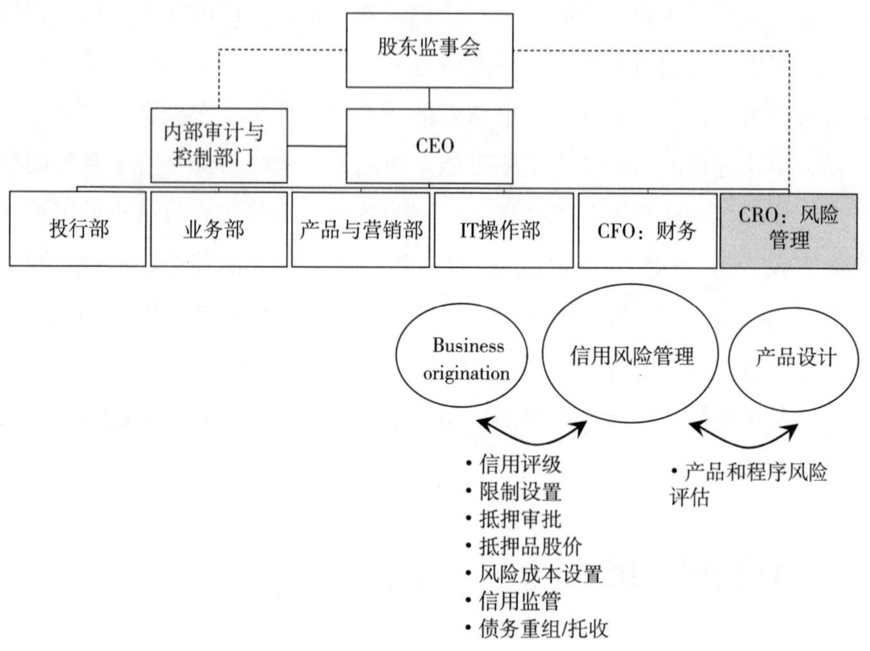


**图 2.1 常见银行组织架构**

信用分析、风险暴露限制、在计算风险收益时对预期损失的估计以及最终的交易决策，都最好由分管不同业务的主管独立进行。对于小的交易项目，尤其是零售业务务，可以使用软件系统自动完成，而该系统的设计和维护工作应当与业务和市场部门充分独立，因为这些部门的工作目标在于将交易规模、市场份额和客户数量最大化。决策阶段的一个重要组成部分就是对抵押物进行评估，尤其是对房地产进行评估，其风险也应当得到控制。信用风险管理可能，而且也通常如此，具有对业务部门的部分限制决策的责任。而针对包销业务的权力分置，则取决于工作流程的效率和风险管理标准的保守程度之间的平衡。

风险管理的关键作用并不是在批准和发放贷款给客户之后就结束了的。图 2.2 展示了信贷流程的全过程和各部门负责的事项。公司客户需要定期提交财务报表，而这些报表必须受到客户关系主管人以及信用分析师的监测（取决于风险暴露规模）。如果报表或其他信息显示，该客户的经营状况变差了，那么银行必须马上采取即时矫正（Corrective Action），例如停止任何新的取款、与客户协商提早根据合同规定开始还款以及建议客户改变现有的业务计划等。信用流程的最后一个环节已经属于资产保全阶段了，此时，风险暴露开始变糟。由于维护客户关系的主管人倾向于低估问题的严重性，因此，该风险必须转向另一个专业、负责风险管理的部门。资产保全阶段的活动仍然是业务端的管理，但是这一环节的每一步都需要移交原有的个人和组织部门的责任给另一个人或部门，以防该客户破产或重组。

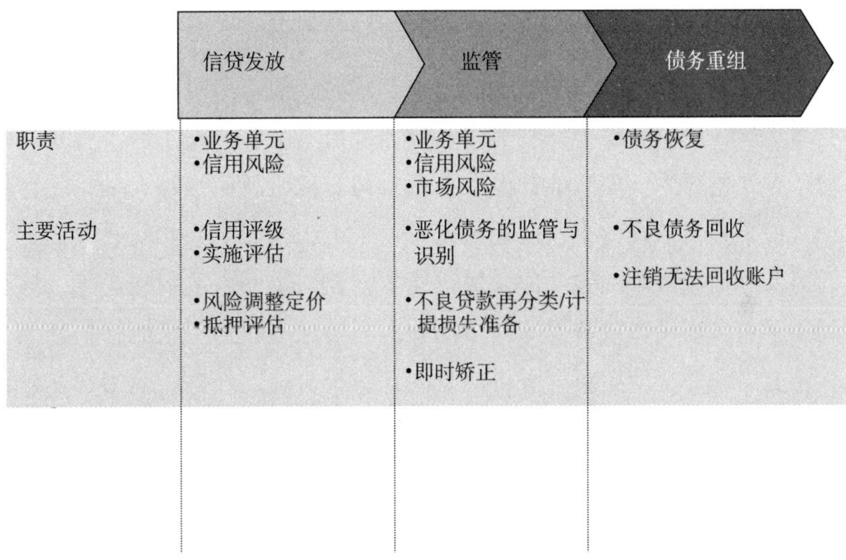


**图 2.2　信贷流程总结**

零售贷款的监测则更加自动化，而且通常根据所谓的“行为评估”。回收延期付款的零售贷款的过程通常很早就开始了，采用所谓的“软方法”，即通过电话联系客户。而到了回收延期贷款的最后一步，银行会把违约贷款卖出或外包给专门的贷款催回机构，该机构一般会采取法律，出售抵押品或强制执行还款。

坏账准备是监测过程中非常重要的一步，坏账准备通过减少应收账款的净会计价值来反映预期的损失。坏账准备的过程根据 IAS/IFRS 标准，但原则上也应当和《巴塞尔协议Ⅱ》和《巴塞尔协议Ⅲ》或经济估值方法相一致。坏账准备通常和分类系统相关，将能够履行的贷款归为正常贷款或关注贷款，将无法履行或减损的贷款归类为次级贷款、可疑贷款或损失贷款。特定的坏账准备是针对减损的贷款的。例如，被归类为损失贷款且没有值钱的抵押的贷款通常需要 100% 的坏账准备，能够对银行的利润表和相应的业务部门产生影响的、提早且正确的坏账准备，是启动即时矫正系统的最好方法，同时也能给银行敲响警钟。有许多银行为了暂时地美化自己的财务报表而隐藏坏账准备，最终都经历了巨大的损失。因此，坏账准备也应当主要由银行的信用风险管理部门主管。

最后，也是最重要的一点，数据对于一个良好的信用风险管理有着重要的作用。首先，银行需要能够在出现严重的负面信息时或根据银行过去的自身经验，及时过滤掉一些客户。例如，当一个客户在申请消费贷款时采取了欺诈的行为，那么他在申请小型公司贷款时就应当被自动拒绝。这看上去似乎是很琐碎的事，但是却需要一个组织良好、互相联通且涵盖了所有可及的信息来源的数据库。银行通常会建一个巨大的数据仓库，该仓库涵盖了包含信用风险数据的许多部分，利用这些数据不仅能够列出黑名单，还能得到一个使用所有可得信息的评级报告。此外，还应当存在外部的银行和非银行的名单（征信所），这样银行和非银行机构都能够共享负面的甚至是一些正面的信用信息。因此，信用风险必须与银行的 IT 和财务部门密切合作，建立和维护上述所说的数据库，这些数据库是良好的信用风险管理过程的关键基础。

## 2.2 交易和投行部

原则上说，交易和投资活动应当与商业银行活动分开。在银行内应当有一个“万里长城”，避免投行部使用传统信贷过程中客户留下的内部信息。同时，对金融市场工具的风险监测，总的来讲，是非常复杂的，且应当与对该金融工具的风险定价和量化的能力相吻合。一个简单的案例就是一个外汇远期合同（例如，约定一个月以后用 1000 万欧元购买 2600 万捷克币）。银行和交易对手 A 所订立的外汇远期合同的初始市场价值，如果考虑了市场情况，应当大约为零，但随着汇率的波动，可能出现负值与正值的变化，如图 2. 3 所示。

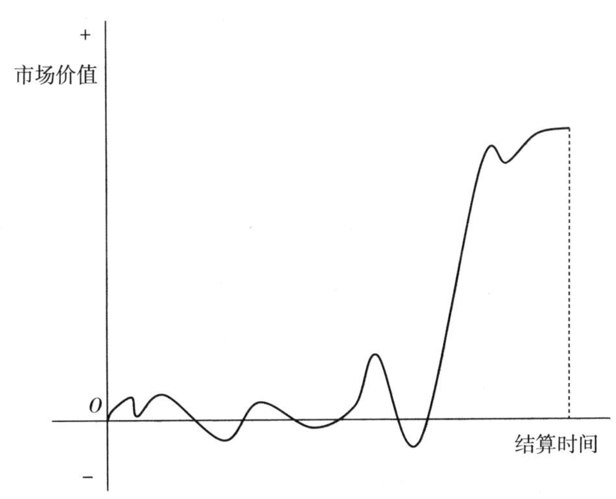


**图 2. 3　外汇远期市场价值的可能波动情况**

有两种信贷风险是需要考虑的，那就是交割风险和交易对手风险。交割风险指的是银行在交割日支付了本金（在刚刚的案例里是 1000 万欧元），而交易对手却不能支付全额的金额（在刚刚的案例里就是 2600 万捷克币）；若遇到了对方破产的情况，银行大多数的本金就都损失了。交割风险真正发生的案例很少，但确实可能发生，因为金融机构有时也会破产。交割风险可以通过使用适当的交割程序，如交割而非付款的方式来避免或最小化。

而信用风险当中，更重要、更复杂也是更需要管理的是交易对手风险。该风险指的是交易对手在到期日之前或当天违约了，此时交易就得在最终交割前就取消。如果这样的事情发生了，且从银行来看，该资产的市场价值是正的，那么银行就遭受到了损失，因为该价值在利润表上记录为呆账或坏账准备。交易对手风险与交割风险的区别在于，交易对手风险当中不存在银行与宣告破产或确认无法清算交易的交易对手之间的支付情况（在我们前面的外汇远期合同中）。看上去似乎这样的损失只是名义上的，但其实损失却是实际发生的。要理解这种损失，可以将它放在一个资产包中，这个资产包里存在一个与其相匹配的资产。例如，如果银行与交易对手 A 的交易如图 2.3 所示，而与交易对手 B 所发生的交易是图 2.3 中显示的曲线反过来，也就是银行在与交易对手 B 结算时会遭受损失，那么当交易对手 A 违约时，银行在 B 上遭受的损失，就没有从 A 上弥补回来，因此银行最终是损失了的。

那么现在的问题上，在信贷限制方面，外汇远期交易的信用风险应当如何在交易发生的起初和全过程中记录呢？该交易的市价在初期是零，但信用风险却是存在的，因为市价可能轻易就能上升到国内货币本金价值的 10%，而与此同时，我们并不知道未来会如何变化。另外，如果把所有的本金价值都当作信用风险，那又太过保守了；在交易的全过程中，我们必须考虑确切的市场价值（如果这个价值是正数的话），以及该价值上升的未来可能性。这种推理可以得出以下经典交易风险暴露公式：

$$风险 = \max(市场价值, 0) + x\% \times 本金$$

$x$ 的值取决于该金融工具市场价值的估计波动大小以及其剩下的期限。这里要说明的是，风险暴露并不是静止的，相反，它是活跃的，取决于其波动的市场价值。针对某个有多个交易合同的单一的交易对象，所谓的“净额结算协议”可以减少一部分的总风险暴露，因为该协议可以在对方破产时也能得到净的正或负的市场价值。

金融危机已经表明，想要通过一系列给定的限价来管理交易对手风险是很复杂的，尤其是当市场价格上下摇摆不定、大量的金融机构倒闭的时候。它的影响有两个方面：第一，许多金融工具的市场价值已经远远超过了最初的缓冲资本（即 $x\% \times$ 本金）；第二，有大量的未预料到的交易对手倒闭了，因此总损失比原来预想的大得多。就像我们在最近的金融危机当中看到的，可能出现多米诺骨牌效应。衍生品的 OTC 交易（不在交易所交易的场外交易衍生品）的总值出现了指数型的增长（见图2.4），以及市场交易者不断加深的信用关系，都显现出了良好的交易对手风险管理的重要性。

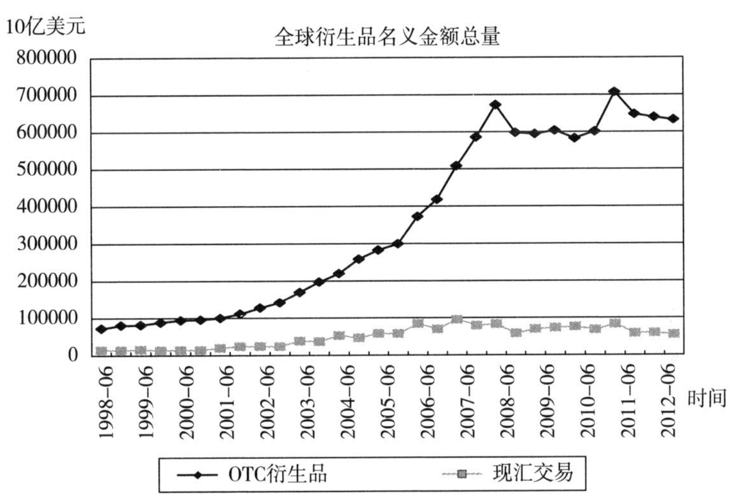


资料来源：www. bis. org。

**图 2.4　全球 OTC 远期衍生品名义金额总量变动情况**

第三方信用风险的测量，随着信用估值调整（CVA）的发展和新的《巴塞尔协议Ⅲ》中的要求而变得日益复杂。CVA 指的是来自于交易对手违约的衍生品的预期价值损失。尽管按照上述定义，CVA 的计算需要对衍生品价值和交易对手违约过程进行复杂的模型化，但实际中也有一些简化的模型来计算（见第 5.6 节）。CVA 已经成为衍生品定价的一个标准的部分。此外，来自交易对手信用质量的变化而导致的 CVA 的波动会产生新的市场损失来源。《巴塞尔协议Ⅲ》（BCBS，2010）在其引言部分就指出，在金融危机时，CVA 的再评估是比来自于直接违约的损失更大的一个损失来源。因此，该文件就引入了一个新的资本提取金，用于覆盖 CVA 的市场损失，即银行不仅需要计算 CVA，同时还要对其未来的波动进行模型化。

因为金融市场产品的信用和市场风险的复杂性和互相关联性，信用风险管理通常归交易风险部门管理。然而，对有资格金融金融市场交易的公司客户的第三方信用风险限价应当在标准信用评估过程的范围内。信用评估，也就是确定金融机构和国家的信用限价和评级，是需要特别关注的。国家和金融机构的风险评估通常根据外部的评级，且与标准的公司和零售信用风险管理工作是分开的。图 2. 5 展示了一个常见的组织架构。

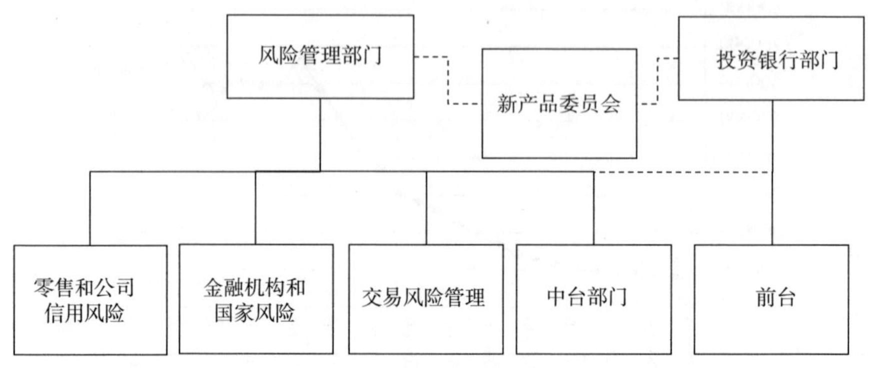


**图 2. 5　交易与投行部门信用风险管理组织架构**

图 2. 5 中包括了交易风险管理部和前台部门（即交易部门），以及中台和新产品委员会。中台的职责在于保持已有交易的数据库是最新的，把新的交易输入到交易系统中，与后台（后台也是良好的风险管理中的重要部分，主要负责向财务部分汇报。但没有在图 2. 5 中显现）协调，准备各类报表，以及监测市场和信用风险的每日的有效限价。因此，中台是风险管理的主要执行部门，同时也是交易部门每日业务的支持部门。

新产品委员会的职责是协商和批准新的金融市场产品。随着当下金融市场上出现越来越新的金融工具，在每个经销商开始新的产品交易之前，确定合适的规则、评价和风险评估方法（由风险管理部门批准）非常重要。有许许多多的案例都表明，这一看似简单的原则一旦被破坏，就会产生严重的后果。例如，在 20 世纪 90 年代，一个代行的捷克银行投资了一个叫作信用联结票据（Credit Linked Notes，CLN）的证券时，没有采取恰当的信用风险方法。该票据是由一家伦敦银行发行的，因此，捷克银行在评估风险暴露的时候，天真地只考虑了该伦敦银行和英国的足够大的限价。然而，该证券本金和票息的偿还都与俄罗斯政府债相关。后来，在亚洲金融危机时期，俄罗斯政府债违约了，因此该捷克银行遭受了巨大的损失，而后来它才意识到该风险事实上来自于俄罗斯政府，而非那家伦敦银行。如果是针对俄罗斯政府所做的限价，那该捷克银行一定不会投资，但是由于评估方法的缺陷，以及由于该金融工具还相对较新，该捷克银行忽略了这一问题。

在最近的金融危机中，连主要的市场参与者都遭受到了破产和巨大的损失（甚至包括那些曾经被认为是在市场活动中经营实践最好的银行，如JP摩根以及高盛），这显现出投资银行信贷风险管理的重要性和困难程度。例如，在2008年初，包括Caouette、Altman在内的许多有威望的业内机构和学术研究机构出版的刊物中，都将高盛作为最佳的信用风险管理的典范，其中还引用到了高盛集团负责管理风险的官员在2007年充满自信的言论："我们的风险管理文化在我看来永远是好的，但是当下的情况又比历史上任何时候都好。我们已经从过去的只能接受一丁点市场风险或零风险，发展到现在多数活动都能承受很大的市场和信用风险的情况。然而，我们的原则也非常明确，就是我们只能接受我们能够认识、控制、覆盖的风险。"但尽管如此，高盛在2008年末还是遭受到了巨大的损失，并且和摩根士丹利一样，从一个投资银行转变成为一个需要美联储救济的银行控股公司。

## 2.3　巴塞尔信用风险管理要求

根据笔者的经验，信用风险组织管理原则并不单纯只是一些建议，它也来自于巴塞尔银行监管要求。不过，在我们提及巴塞尔协议当中关于这一话题的重要部分之前，让我们先回顾一下当前监管框架的发展和总体结构。

《巴塞尔协议Ⅱ》监管框架（BCBS，2004）的目的在于针对全球的银行制定一个更高的风险管理和内控的标准，以及引入一个新的、对风险更敏感的计算监管资本计算的方法。回顾其历史发展，该监管体系经历了一个漫长而复杂的阶段，并且从本质上，展现了不同观点和利益之间的妥协。第一个资本协议（BCBS，1988）是由巴塞尔银行监管委员会官方发布的，代表了大多数发达国家监管者的观点。该 1988 年的监管协议要求在 1992 年各国银行完成落实。1996 年，该协议得到修改，加入了市场风险。在那时，已经开始了对新的监管框架的探讨，1999 年的时候发布了第一个咨询文件。在得到许多银行和国家监管者的回复之后，第二份咨询文件于 2001 年发布。新的资本协议（也叫作《巴塞尔协议Ⅱ》）在漫长和大量的讨论和量化研究之后，于 2004 年 6 月发布。该文件在 2005 年又新加入了一些相对较小的事项。为了让新的协议能顺利实施，必须将其纳入各国的国内法律和规章框架中，据此，欧盟在 2006 年 6 月发布了《实施指南》（CAD，2006）。资本充足指南需要进一步包含在欧盟成员国的国内法中。捷克国家银行在 2007 年 6 月发布了相应的《规定》（CNB，2007），因此捷克共和国的所有银行在这之后的第一年，即 2008 年，就全部实施了该规定，在其他的一些欧盟国家也是如此。2007 年年中开始的金融危机促使巴塞尔委员会对协议提出了新的修改和完善。《巴塞尔协议Ⅱ》框架的最终修改版本，尤其是在证券化领域，以及在市场风险框架（BCBS，2009a，2009b）的修订，在 2009 年 7 月发布。最终，在 2010 年 12 月，BCBS 批准对该框架进行再一次改革，即《巴塞尔协议Ⅲ》（BCBS，2010）。《巴塞尔协议Ⅲ》并没有改变对经典信用风险的资本要求的计算方法，但是它加强了对市场风险的资本要求，并且引入了新的 CVA 资本要求。对于银行而言，新的监管协议的最大挑战在于加强了对资本质量的要求，同时引入了新的资本保守和反周期举措。其他新的重要监管要求则是相对普通的杠杆率和流动性限制（图 2.6 展示了一个较为详细的宏观框架）。欧盟的实施方式上也有一个重要的改变：对资本和流动性的要求采取的是规章的形式（CRR，2013），直接作为“单一规则手册”来约束成员国，而不再适用于国家自由裁量权，而监管评估原则则继续以“指南”的形式存在。

巴塞尔银行监管委员会改革——《巴塞尔协议Ⅲ》

强化微观审慎监管，增加包含资本缓冲在内的宏观审慎覆盖

<table>
<tr><th colspan="5">资本</th><th>流动性</th></tr>
<tr><td colspan="3">支柱 1</td><td>支柱 2</td><td>支柱 3</td><td rowspan="4">全球流动性标准及监管<br>流动性覆盖比率<br>流动性覆盖比率（liquidity coverage ratio, LCR）要求银行拥有足够的高质量流动性资产来应付监管者确定的长达 30 天的压力资金的场景。<br>净稳定资金比率<br>净稳定资金比率（net stable funding ratio, NSFR）是一个长期结构性比率，用以解决流动性不匹配问题。它涵盖了整个资产负债表，并对激励银行采取稳定的资金来源。<br>良好的流动性风险管理和监督原则<br>委员会 2008 年发布的 良好流动性风险管理和监督原则"指南吸取了危机时期的教训，且是在对银行机构管理流动性风险的良好实践进行基本回顾的基础上提出的。<br>监管<br>流动性框架包含了一套基本的监督机制，在银行及整个系统层面帮助监管者识别并分析流动性风险趋势。</td></tr>
<tr><td>资本</td><td>风险覆盖</td><td>杠杆</td><td>风险管理和监管</td><td>市场规范</td></tr>
<tr><td>资本质量和层次<br>更加重视普通股。减值后的核心资本占风险加权资产的比例最低为 4.5%。<br>无法维持营运点时的资本损失吸收<br>资本工具的合同需要包含一个条款——当银行被裁定为无法继续营运时，允许有关当局酌情销账或转换为普通股。这一原则提升了私有部门对解决未来银行危机的贡献，并降低了道德风险。<br>资本留存缓冲<br>资本留存缓冲为 2.5%，这使得全部核心一级资本充足率达 7%。当一家银行落入缓冲的范围时，应实施酌情分配的限制。<br>逆周期缓冲<br>当当局裁定信用增长正带来系统风险的不可接受的增长时，应实施 0—2.5% 范围内的逆周期缓冲资本。</td><td>证券化<br>针对某些复杂的证券化，加强资本要求；针对外部评级的证券化暴露风险，要求银行采取更加严格的信用分析。<br>交易账簿<br>对交易账簿中交易和衍生品活动以及复杂的证券化提出更高的资本要求。引入强化版的风险加权框架，降低亲周期性的风险。针对违约及非证券化的信用产品迁移风险增加的情况收取资本费用，并将流动性考虑在内。<br>交易对手风险<br>大幅度强化交易对手信用风险框架，包括：测量风险的要求更加严格；采用资本激励，促使银行在衍生品方面使用共同交易对手；对金融机构间的风险暴露采取更高的资本要求。<br>共同交易对手（central counterparties，CCPs）给银行带来的风险暴露<br>委员会提出，对合格共同交易对手的风险暴露的风险权重为 2%，而针对一家合格的共同交易对手的违约资金风险暴露，在资本化时，应当根据一个以风险为基础的方法，该方法能够持续并简洁地估计从该违约资金产生的风险。</td><td>杠杆率<br>一个包含表外资产负债表风险暴露的非风险为基础的杠杆率可以作为以风险为基础的资本要求的备选。也有助于建立覆盖系统的杠杆。</td><td>补充支柱 2 的要求<br>解决公司管理和风险管理的问题；把握表外资产负债表风险和证券化活动；管理风险集中问题；对银行长期更好地管理风险和收益提供激励；良好的补偿机制；估值机制；压力测试；金融工具的会计标准；公司治理；监管联席会议。</td><td>修改支柱 3 的披露要求<br>新引入的要求直指资产证券化风险和资产负债表工具的监管。要求提高对监管资本及其报告账目的核对的细节披露，包括针对一个银行如何计算其监管资本率的全面的解释。</td></tr>
<tr><td>SIFIs</td><td colspan="4">除了要满足巴塞尔协议Ⅲ的要求外，全球系统重要性金融机构（systemically important financial institutions, SIFIs）需要有更强的损失吸收能力，这是与其给金融系统带来更高风险相对应的。委员会开发出了一个新的方法，同时考虑了量化指标和定性因素来定义全球系统重要性银行（systemically important bank, SIBs）。额外的损失吸收要求包含对核心一级资本充足率的渐进要求，根据银行的系统重要性，在 1%-2.5%之间。对 SIB 中附加损失吸收要求最高的银行，还要追加 1% 的损失吸收，以抑制实质性地增加未来全球系统重要性的行为。委员会还与金融稳定理事会发布了一份咨询文件，协调一系列降低全球 SIFI 所带来的道德风险的措施。</td></tr>
</table>

**图 2.6　新版《巴塞尔协议Ⅲ》要求概览（BCBS，2010）**

《巴塞尔协议Ⅱ》和《巴塞尔协议Ⅲ》并没有显著改变 BCBS（1996）市场风险监管资本要求的计算方法。《巴塞尔协议Ⅱ》中全新的一个因素，是操作风险的资本要求。与 1988 年的资本协议相比，新的监管还显著地扩展和详细阐述了信用资本监管要求，且除了提供了一个信用风险证券化框架，允许对标准方法（SA）或内部评级方法任选其一。

图 2.7 展现了巴塞尔监管的主要监管原则。银行经常会遇到（每年）信贷、操作或市场的预期或非预期的风险。如果放到很长的时间上来看，损失的预期部分是能够被每年收益覆盖的。而对于未逾期的损失，如果没有被收入覆盖，那么就必须从资本当中提取。在经济状况较好的时候，实际的损失可能比预期的要少；但是在经济状况较差时，银行就必须要有足够的资本缓冲。因此，监管的目的是在监管可能水平上建立一个估算潜在非预期损失的流程。图 2.8 表示了该过程的数理图形。

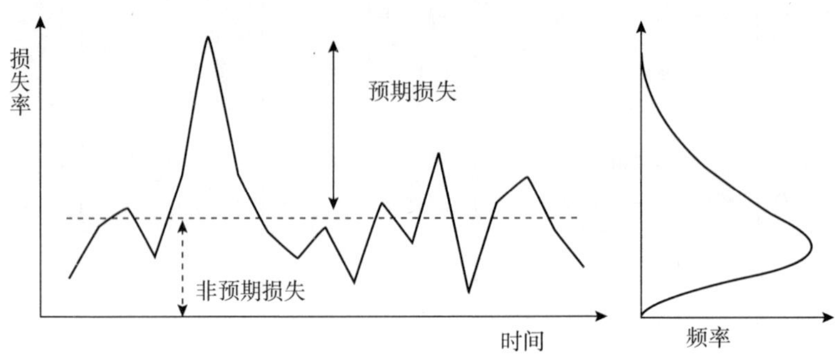


资料来源：BCBS，2005a。

**图 2.7　预期损失与非预期损失**

1996 年的市场风险修正案中已经囊括了风险价值模型（Value at Risk）。银行要么采用标准方法（即通过精确的规定计算流程来接近市场的风险价值），或者使用内部模型法（Internal Model Approach，IMA）（即银行运用自己建立的、符合监管批准的模型来计算市场风险价值）。在该修正案实施以前，许多银行已经采用了一些形式的内部市场风险价值模型，并且已经得到了或申请了内部模型法的监管批准。

新的操作风险要求允许使用一个简化的方法（基本的指数或标准法），

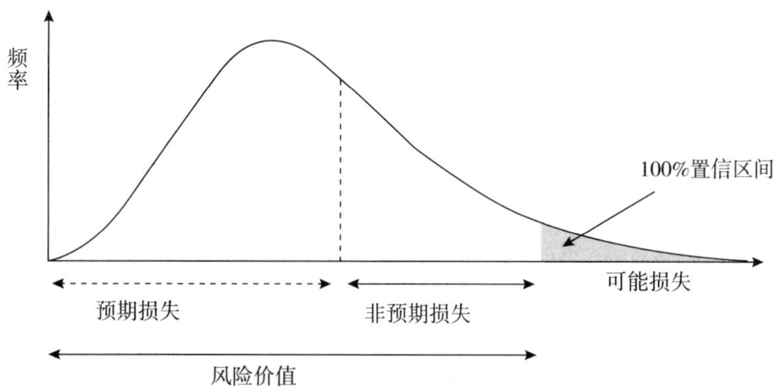


资料来源：BCBS，2005a。

**图 2.8　预期损失与非预期损失**

或者甚至是使用一个叫作高级计量法（Advanced Measurement Approach，AMA）的内部操作风险价值（VaR）模型。要获得 AMA 的监管批准，银行必须收集足够的历史操作损失数据（5 年），且这些数据必须是完整而且一致的。银行必须向监管者证明，潜在的严重"尾"损失在 99.9% 的执行水平上是能够被内部模型所预测的。在这种情况下，由于操作风险的性质，预期的损失被包含在资本要求里。目前，大多数的银行只使用基础指数或标准法，因为在过去，损失的数据通常没有按照要求的形式储存，因此研究者和业内人士还在对操作风险 VaR 模型进行调查与讨论。

与 1988 年的协议相比，信用风险监管资本的计算则经历了显著的变化。最初，每个表内或调整的表外风险，都被归类到 4 个更广的风险等级中，并且乘以 0、20%、50% 和 100% 的系数来获得经风险加权的资产（Risk Weighted Asset，RWA）。尤其是所有公司或零售资产都无区别地归类到 100% 的类别中。资本充足率（Capital Adequacy Ratio，CAR）则要求至少达到 8%，其计算方式为总资本除以总风险加权资产：

$$CAR = \frac{\text{可得资本}}{RWA}$$

同样地，监管资本要求的计算，可以按照 8% 乘以 RWA（每个风险暴露单独计算）得出。新协议保留了这种不变资产组合法（某一风险的资本要求不依赖于该风险所处的资产包)，但在确定风险加权上改良了对风险的区分。

标准法主要采用 5 个档次的风险等级（0、20%、50%、100%、150%)，但更重要的是采用了从外部机构获取评级的方法。这种方法中，公司资产根据它们的风险评级被归类为四个不同的类别（20%、50%、100%、150%)。同时，零售资产的风险加权可以减少至 75%，或者甚至是 35%，只要房产风险暴露符合监管批准即可。

新协议不允许银行使用全范围的信用风险内部模型。而高级法则是根据一个或一组监管公式得出的，其中部分输入参数是由内部模型估计的。这些公式的计算结果是风险权重，或是等值的、由每个风险单独计算的资本提取。在基础内部评级法（Foundation Internal Rating Based Approach, IRBF）中，银行唯一需要估计的参数就是违约概率（Probability of Default, PD)。PD 参数的计算来自于内部信用评级系统，采用给违约的预期可能性赋值的方式得到，该预期的计算来源于对历史数据的校准。其他关键的参数包括违约损失率（Loss Given Default, LGD)、违约风险暴露（Exposure at Default, EAD）或与之紧密相关的转换率（Conversion Factor, CF)，以及有效期限（Effective Maturity, M)。该公式使用的其他参数包括相关性、期限调整都直接由监管条款确定。监管条款的基础法中定义了 LGD 和 CF 参数，而且可以利用高级内部评级法模型（Advanced Internal Rating Based Model, IRBA）中的内部模型估计。公司风险的计算可以采用 IRBF 或 IRBA 计算，但在计算零售风险时，若要使用内部评级法，就只能采用 IRBA。因此，要对零售风险使用 IRB 意味着需要对所有三个参数进行估计，即 PD、LGD 和 EAD。内部参数估计模型必须在数据质量、观测期长度、结构、方法等方面满足监管者的一系列要求（最低标准)，且必须得到监管者的批准。

对 PD、LGD 和 EAD 参数的估计在第 3 章中会更加详细的探讨。让我们现在关注 BIS 监管最近发布的量化风险管理要求。该监管的总体框架在图 2.9 中呈现。特别地，量化信用风险管理要求被制定为 IRB 方法的最低要求，同时也包含在监管审查程序的第二支柱里。在一定程度上，修订的框架中已经包含了关于内部银行控制系统 BCBS（1998）的详细文件。

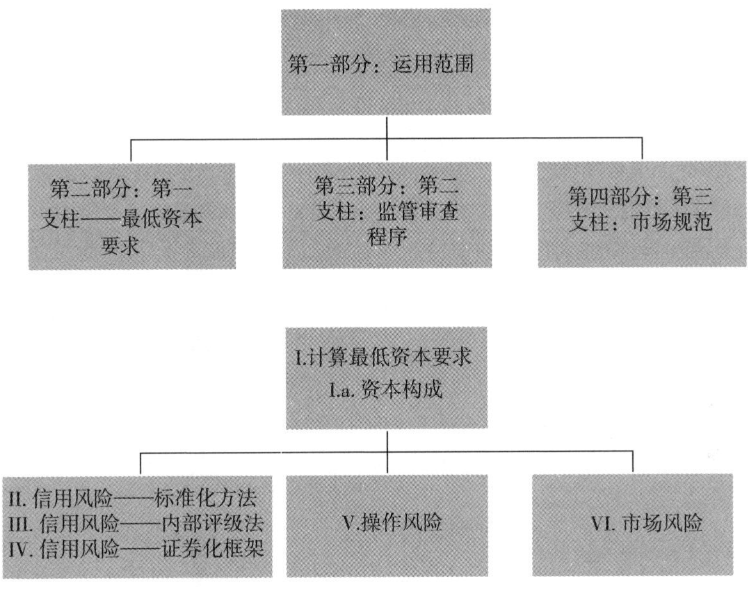


资料来源：BCBS，2005a。

**图 2.9　《巴塞尔协议 II》监管结构**

关于信用风险部门的独立性，监管条例（BCBS，2006a）清楚地写道："441. 银行必须设立独立的信用风险管理部门。该部门方负责内部评级系统的设计或挑选、实施以及成效。该部门必须功能上独立于人力和管理部门，这些部门是产生风险的源泉。职责的范围必须包括：测试和监测内部评级。

编写内部评级体系报告，包括违约时和违约前一年基于评级的历史违约数据、评级迁徙分析以及对关键评级标准趋势变化的监控情况等。

按照程序验证评级要求是否在各部门和各区域都相同。

回顾和记录评估过程的任何变化，包括变化的原因，以及回顾评级标准，评估是否还存在可预测的风险。对评级过程、标准和单个评级参数的变化都必须记录在案，以便监管者查阅。"

管理委员会的会旨在监管支柱里已经详细说明了，例如：

“730. 银行董事会有确定银行风险容忍度的职责。同时它还应当确保管理层建立一个评估各类风险的框架、发展一个将风险与银行资本水平相挂钩的系统、建立一个检测内部规定是否得到遵循的方法。同时，董事会采用并支持稳固的内部控制、书面规定与程序，并确保管理层有效地与整个组织内部沟通等，也是至关重要的。”

针对前面的论述内容，监管条例中还有许多可引用的相关章节。在接下来的几章里，在讨论巴塞尔文件当中的量化部分，我们会提及其他量化要求。

# 第3章

# 评级和评分系统

信用评估过程的主要目标，在于批准那些可以接受的贷款申请，拒绝那些未来可能违约的客户，并且更进一步，对贷款定价，使收取的信用保证金可以覆盖信用损失。这些并不一定要使用一个评级系统才能实现。然而，按照一个确定的标准给每个客户或每个风险赋予一个信用等级的做法，是现代信用风险管理程序的一个普遍的要旨。不过该评级可以由多种方法获得。有像标普和穆迪这样的外部机构对债券发行者、大公司和国家进行评级，并已经积累了超过 100 年的经验；评级也可以由银行内部产生，这也有很多种方法，如让有经验的信用分析师评级、采用统计学或甚至人工智能的方法评级，或者是将分析师和机器评级结合起来。在我们开始详细描述某个特定的方式前，我们应该首先明确我们对评级系统的期望，并明确有哪些方法能够衡量这些期望是否得到了满足。

## 3.1　评级质量衡量和确认

图 3.1 显示的是一个常见的评级体系。首先是收集客户或金融工具的信息（如债券发行，或考虑一个新的交易），并制定一个评级或评分的级别。外部评级机构如标普等制定的一些众所周知的级别，是从最差的非违约级（C）开始的，然后在上升到最好的级别（AAA），穆迪的也很相似，是从 C 级上升到最好的 Aaa 级。一些银行用数字来表示级别，则一般都是用“1”来表示最好的级别，数字越大，级别越低。在下面的讨论中，我们将会采用一个相反的标数法，即“1”表示最差的级别，数字越大，信用等级越高，这种做法在现实中也有使用。评级的等级数可能存在不同，

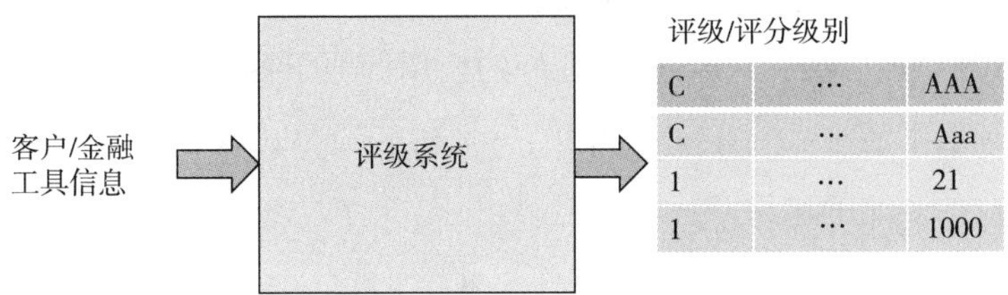


**图 3.1　常见评级流程图**

但一般而言，评级标准不会有非常多个等级，一般为7~25个等级。标准计数下的评级，就叫作评分。我们会看到，统计的评分系统通常也会产生一个更加精细的评分分数，如1~1000。该评分可以直接当作评级，但是一般都会把评分折算到数字较小的评级系统。

“评级系统”可能包含了上述所提的任何一种方法，甚至可能是银行自己制定的。但我们的问题是：“这个评级系统效果好吗？”要回答这个问题，我们必须首先明确我们的定义和期望：

我们想要的信用风险评估，是短期的（如1年期）还是长期的？

该评级评估的是每个客户还款义务违约的可能性，还是它只针对的是信用工具（如债券）？

该评级根据的是客户的已有债务，还是取决于该客户申请的新贷款？

该评级登记是否代表了某个特定的违约可能性？

我们如何定义违约（是法律上宣告破产就算违约，还是只要逾期付款都叫违约，还是逾期90天以上才叫违约）？

显而易见，正如我们无法预知未来，我们也只能通过现实、可观测的效果来衡量评级系统“黑匣子”的质量。我们想要测量一个给定的评级系统的效果，或是证实，即验证它能够满足我们的期望。例如，让我们假设，风险的期限是一年，那么我们就必须在T时收集系统所产生的、对一系列未违约客户的评级，并且等到T+1时记录此时违约和未违约的客户。在其他时间也可以进行同样观测（见图3.2），形成所谓的队列。

接着我们把队列中所有的债务人或风险，放到前面已经做好的各类评级等级之下，并且把最终结果也放进去，并分析每个单独的评级等级下观测到的违约数。我们的预期是，在好的信用等级下的违约数应当相对比差的信用评级下的少。对于每个等级：$s=1, \cdots, N$，我们都按照以下公式计算相应的观测的违约率：

$$p_s = \frac{d_s}{n_s} \tag{3.1}$$

其中，$n_s$ 表示评级 $s$ 下的观测数，而 $d_s$ 则表示评级分类下的违约数。

例如，图 3. 3 显示了穆迪 Aaa - B3 评级下的历史违约率，通过图 3. 3，我们可以一目了然地评价穆迪的评级系统。要计算违约率，该研究队列在每年年初的时候，对每个公司进行评级，形成不同级别的队列，在年末的时候就计算违约情况（根据法定破产和/或无法付款的情况），这样就不会出现重复计算（见图 3. 2）。整个期间内，每个评级等级下的违约率，为该评级下的总违约数除以该评级下的公司总数。

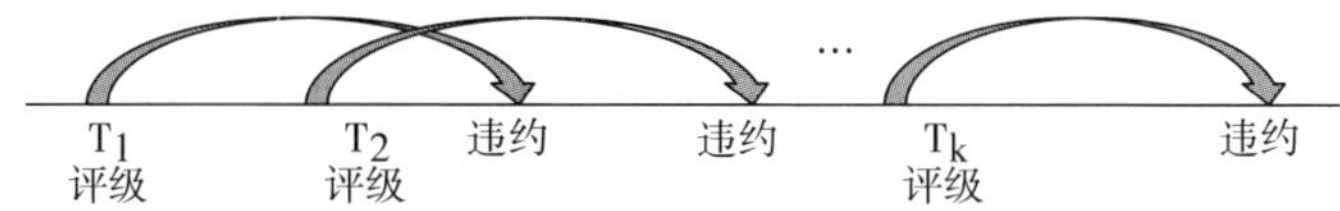


**图 3. 2　评级与违约的历史观测数据**

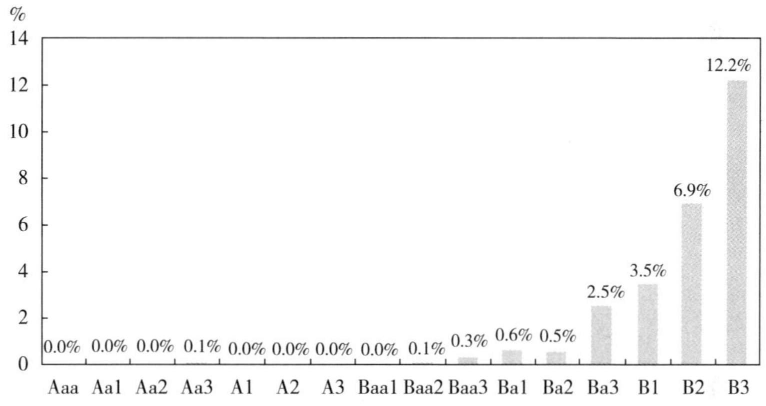


资料来源：moodys. com。

**图 3. 3　穆迪 Aaa - B3 评级的历史违约率**

看看图 3. 3，我们就可以较为自信地说，更高的评级等级呈现出的违约率比低等级的违约率低得多。然而，也有一些不够完美的地方。尤其是 Aa3 级显示出比 A1、A2、A3 更高的违约率；同样地，Ba1 比 Ba2 的违约率更高。我们一般会说，这是统计误差，但是我们又应当如何更准确地测量该系统的质量呢？如果每个评级登记的违约可能性都很确定，那么我们就可以计算预期和观测的违约率的平均偏差。但由于外部机构并不会明确地公布预期的违约可能性，我们下面就先看看一个评级系统的个体识别率，虽然它的测量更复杂一点。

## 评级系统的个体识别率

文献中描述了很多拟合优度的测量。在银行实践中，我们更加关注两个常见的方法，即准确性比率（Accuracy Ratio，AR），也叫作 Somers'D 或 Gini 系数，该比率来自于累积准确曲线（Cumulative Accuracy Profile，CAP）和受试者工作特性曲线下的面积（Area under the Receiver Operating Characteristic Curve，AUC）。关于这个话题的文献有很多，包括信号识别理论与医疗文献，这里我们主要引用 Engelman 等（2003）关于对评级系统验证的研究。这两个指标可以用概率的理论解释，即在评级的时间范围内，我们使用等级来事前区分坏的和好的债务人、违约和不会违约的情况。

利用好的债务人 $X$ 与坏的债务人 $Y$ 的信息（在事后得到的），若事前 $X$ 的等级高于 $Y$，那么我们就可以说，该评级成功地区分了 $X$ 与 $Y$（给出了正确的信号）；相反，如果事前 $X$ 的等级低于 $Y$，那么我们就说该评级并不成功（给出的是错误的信号）；而若事前 $X$ 的等级等于 $Y$，那么我们就说该评级没有区分好坏贷款人（没有给出信号）。用 $p_1$ 来代表成功区分随机的好的 $X$ 与坏的 $Y$ 的概率，用 $p_2$ 来代表错误区分的概率，用 $p_3$ 来代表没有区分的概率，则：

$$p_1 = Pr[\text{评级}(X) > \text{评级}(Y) \mid X\text{为好}, Y\text{为坏}]$$

$$p_2 = Pr[\text{评级}(X) < \text{评级}(Y) \mid X\text{为好}, Y\text{为坏}]$$

$$p_3 = Pr[\text{评级}(X) = \text{评级}(Y) \mid X\text{为好}, Y\text{为坏}]$$

那么，我们可以从理论上定义 $AR$，即成功区分的概率减错误区分的概率，即：

$$AR = p_1 - p_2$$

用“负数”表示错误的决定。上述的定义实际上是等价于 Somer's D 一致性统计（通常定义为二值随机变量），后面我们会证明该统计量等于 $AR$。相似地，我们可以将 $AUC$ 定义为好的区分的概率加上没有区分的概率的一半：

$$AUC = p_1 + \frac{p_3}{2}$$

如果该评级系统没有对好坏进行区分，那么该系统就好像是靠扔硬币得出结论①。因此，*AUC* 衡量的就是采用了所有方法（包括仍硬币的方法）得出好的结论的比例。由于 $p_1 + p_2 + p_3 = 1$ ，因此很快我们可以得出，$AUC = \frac{1}{2}(1 + AR)$ ，因此，*AUC* 实际上仅仅只是 *AR* 的一个线性变换，或者相反。这里要说明的是，*AUC* 永远只是 0 和 1 之间的值，而 *AR* 则一般在 -1 ~ 1 之间。如果该评级的结果永远是对的，那么 $AR = 1 = AUC$；如果该评级的结果永远是错的，那么 $AR = -1$ 而 $AUC = 0$。如果该评级没有给出任何结果，即把所有的债务人都判定为一个级别，或对正确和错误的决定都赋同样的值，那么 $AR = 0$，$AUC = 0.5$。

这两个测量指标通常是用几何的方式定义的，因此一般还需要说明上述的概率的定义方式和几何的定义方式是等价的。*AR* 还可以用累积准确曲线（*CAP*）来定义，这与洛伦兹曲线定义收入差距的方式非常接近。让我们假设我们的评级等级是 $\{1, \cdots, N\}$，则 *CAP* 曲线（图 3.4）就定义为一条在 $[0,1] \times [0,1]$ 范围内、从原点出发、连接点 $(x_s, y_s), s = 1, \cdots, N$ 的直线，其中：

$$x_s = F(s) = Pr\,[\text{评级}(X) \leqslant s \mid X \text{为受评级的债务人}]$$

$x_s$ 表示所有评级不高于 s 的债务人的累积占比，而

$$y_s = F(s \mid B) = Pr\,[\text{评级}(X) \leqslant s \mid X \text{为受评级的坏债务人}]$$

$y_s$ 表示所有评级不高于 s 的坏的债务人的累积占比。

图 3.4 中所显示的“随机模型”表示的是评级根本没有区分好坏客户的情况，就好像我们一直在掷硬币一样。另外，“完美模型”就是将最低的评级分数给了所有坏的债务人，而所有好的债务人就赋予下一个评分，即 $x_1 = \pi$，$y_1 = 1$，$\pi$ 是违约的总概率。由于我们设计评级系统的目标是尽

① 译者注：扔硬币的概率是 50%。

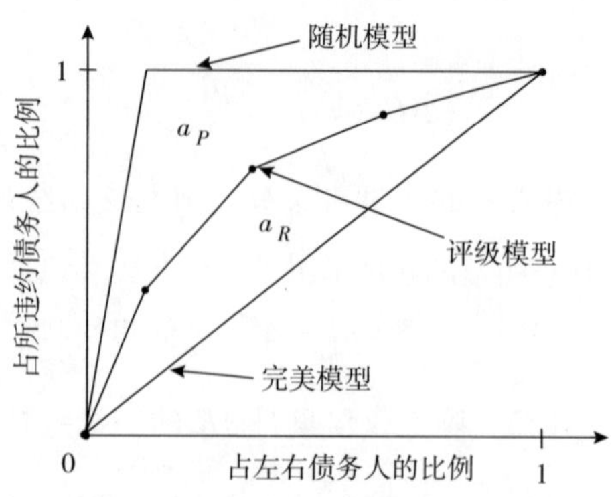


**图 3.4 累积准确曲线**

可能地接近完美模型，因此很自然地，我们用 $\frac{a_R}{a_P}$ 来衡量评级系统的质量，其中 $a_R$ 表示随机模型线（斜线）和该评级模型之间的面积，而 $a_P = \frac{1}{2} - \frac{\pi}{2}$ 是随机模型线和完美模型线之间的面积。在这一节的最后，我们会说明，这个定义与 $AR$ 的概率定义是等价的，即 $AR = \frac{a_R}{a_P}$。

在验证评级效果的研究中，一个类似经常用到的曲线是受试者工作特征曲线（Receiver Operating Characteristic curve，ROC，在信号识别理论中使用）。图 3.5 显示的是 ROC 曲线的一个案例。运用在评级系统里，则所谓的“误报率”表示的是在所有好的客户中，事前被评级系统打了低分的客户的相对比例，即：

$$x_s = F(s \mid G) = Pr[\text{评级}(X) \leqslant s \mid X \text{是好的}]$$

而“集中率”则表示的是在所有坏客户中，事前被评级系统打了低分的客户的相对比例，即：

$$y_s = F(s \mid B) = Pr[\text{评级}(Y) \leqslant s \mid Y \text{是坏的}]$$

ROC 曲线就是将原点和 $(x_s, y_s), s = 1, \cdots, N$ 用线段连起来的线。

ROC 曲线的随机模型同样也是一条斜线，而完美模型则是连接了原点、(0，1)、(1，1) 点。因此，很自然地，我们也会用 ROC 曲线下的面

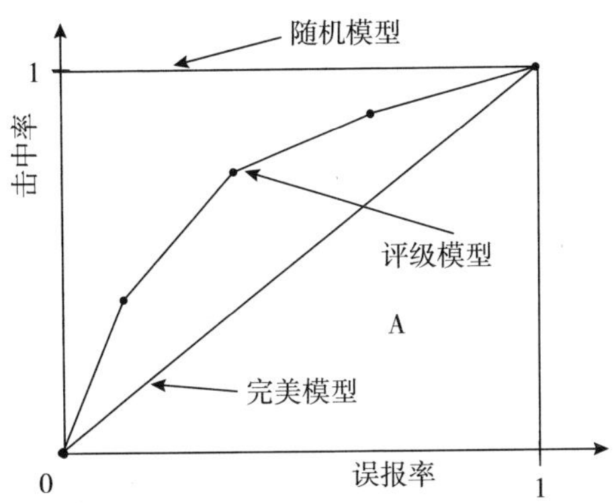


**图 3.5　受试者工作特征曲线**

积来测量该评级系统的质量，用图 3.5 中的 A 来表示该面积，则我们下面会通过推导说明 AUC 的概率定义等于 A。回忆一下，$AR = 2\left(AUC - \frac{1}{2}\right)$，下面我们也会看到，AR 也等于 2 倍的 ROC 曲线中的评级模型和随机模型的面积。

对于数理方面较欠缺的读者，下面的“AR 和 AUC 的概率定义与几何定义是相同的证明”可以直接略过。下面让我们从图 3.5 中所示的 A 开始，它可以表示为（定义 $x_0 = y_0 = 0$，且 $r(X) =$ 评级$(X)$）：

$$A = \sum_{s=1}^{N} \frac{1}{2}(y_{s-1} + y_s)(x_s - x_{s-1})$$

$$= \sum_{s=1}^{N} \frac{1}{2}(\Pr[r(Y) \leqslant s-1 \mid Y \text{ is bad}] + \Pr[r(Y) \leqslant s \mid Y \text{ is bad}])$$

$$\cdot \Pr[r(X) = s \mid X \text{ is good}]$$

$$= \sum_{s=1}^{N} (\Pr[r(Y) \leqslant s-1 \mid Y \text{ is bad}] + \frac{1}{2}\Pr[r(Y) = s \mid Y \text{ is bad}])$$

$$\cdot \Pr[r(X) = s \mid X \text{ is good}]$$

$$= \sum_{s=1}^{N} (\Pr[r(Y) \leqslant s-1, r(Y) = s \mid Y \text{ is bad}, X \text{ is bad}$$

$$+ \frac{1}{2}\sum_{s=1}^{N} \Pr[r(Y) = s, r(X) = s \mid Y \text{ is bad}, X\text{is bad}]$$

$$= p_1 + \frac{1}{2}p_3 = AUC$$

至于 AR 根据 CAP 曲线得到的定义，我们也可以类似地进行操作，但我们同时也要用到下列公式：

$$\Pr[r(Y)=s] = (1-\pi)\Pr[r(X) = s \mid X \text{ is good}] + \pi\Pr[r(Y) = s \mid Y \text{ is bad}]$$

其中，$\pi = \Pr$ [$X$ 为坏] 是违约的先验概率（这里“坏”即为违约），看看图 3.4，我们可以发现：

$$a_R + \frac{1}{2} = \sum_{s=1}^{N} \frac{1}{2}(y_{s-1} + y_s)(x_s - x_{s-1})$$

$$= \sum_{s=1}^{N} \frac{1}{2}(\Pr[r(Y) \leqslant s-1 \mid Y \text{ is bad}]$$

$$+ \Pr[r(Y) \leqslant s \mid Y \text{ is bad}]) \cdot \Pr[r(X) = s]$$

$$= (1-\pi)\sum_{s=1}^{N} \frac{1}{2}(\Pr[r(Y) \leqslant s-1 \mid Y \text{ i bad}] + \Pr[r(Y) \leqslant s \mid Y \text{ is bad}])$$

$$\cdot \Pr[r(X) = s \mid X \text{ is good}]$$

$$+ \pi\sum_{s=1}^{N} \frac{1}{2}(\Pr[r(Y) \leqslant s-1 \mid Y \text{ is bad}] + \Pr[r(Y) \leqslant s \mid Y \text{ is bad}])$$

$$\cdot \Pr[r(Y) = s \mid Y \text{ is bad}]$$

$$= (1-\pi)AUC + \pi\sum_{s=1}^{N} \frac{1}{2}(\Pr[r(Y) \leqslant s \mid Y \text{ is bad}]$$

$$+ \Pr[r(Y) \leqslant s-1 \mid Y \text{ is bad}])$$

$$\cdot (\Pr[r(Y) \leqslant s \mid Y \text{ is bad}] - \Pr[r(Y) \leqslant s-1 \mid Y \text{ is bad}])$$

$$= (1-\pi)AUC + \pi\sum_{s=1}^{N} \frac{1}{2}((\Pr[r(Y) \leqslant s \mid Y \text{ is bad}])^2$$

$$- \Pr[r(Y) \leqslant s-1 \mid Y \text{ is bad}]^2)$$

$$= (1-\pi)AUC + \frac{1}{2}\pi$$

由于 $a_P = \frac{1}{2} - \frac{\pi}{2}$，同时我们也已经知道 $AUC = \frac{1}{2}(1 + AR)$，因此，

用概率定义，我们很容易可以得到验证：$AR = \frac{a_R}{a_P}$（证明结束）。

最后，我们要在这里提及其他衡量评级系统区分能力的方法，例如 Kolmogorov－Smirnov、Kruskal－Wallis 和 Kendall's τ 的统计方法，这其中最常用的是 Kolmogorov－Smirnov 统计法（KS），$KS = \max_s |x_s - y_s|$，其中 $(x_s, y_s) = (F(s|G), F(s|B)), s = 1, \cdots, N$ 是 ROC 曲线上的点，即线上的坐标是好客户和坏客户的相对比例。我们容易发现，$|x_s - y_s|$ 实际上是点 $(x_s, y_s)$ 到斜线的距离（见图 3.5）乘以 $\sqrt{2}$，因此 $KS/\sqrt{2}$ 是 ROC 曲线到斜线的最大距离。因此，KS 统计量与 AR 和 AUC 统计量相似，但不那么复杂，所以如果计算机能够帮助我们计算 AR 和 AUC，那么相比 KS，计算 AR 或 AUC 中的一个更好。

## AR 与 AUC 的经验估计

AR 和 AUC 分析的理想定义，必须在实际中从数值上想接近，因为我们只有有限的关于接受评级者的观测违约情况的样本（即验证样本）而非全部样本。AR 或 AUC 估计值需要使用几何或概率的定义来计算，同时需要明确的是，估计值一般是与理想值有区别的，且某种程度上依赖于所使用的验证样本。如果一个评级系统是基于历史样本发展的，那么使用训练样本计算出的 Gini 系数（AR）一般会比使用另一个样本计算出的系数高。一般来说，我们更倾向于样本外检验（out－of－sample validation，用非训练样本来验证），最好测试集的违约观测结果能够就在评级后的一段时期内进行。例如，图 3.6 中显示的是标普历年全球公司违约研究（2014 年 4 月）。图 3.6 反映了该评级系统的相对较好的事后表现。高 Gini 系数，即 90% 左右，意味着在大多数情况下，在金融工具发行者违约的一年前，该评级机构就对已经下调了对它们的信用等级。

要计算 Gini 系数 AR 的估计值，我们采用一个给定的估计量，如 Engelman（2003）中的，并使用多个统计软件自动计算，看看在置信水平 $\alpha$ 上，真实的 AR 系数的置信区间。如果验证样本太小，且只有几个违约，

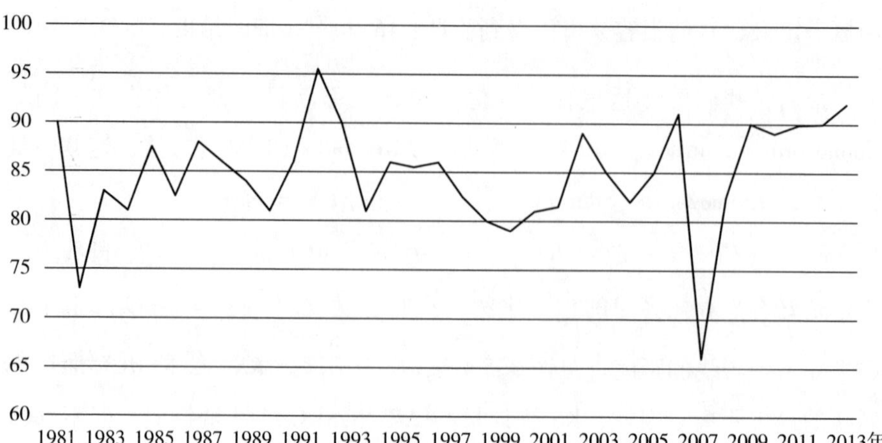


资料来源：根据 Standard & Poor's CreditPro® 公布的数据。

**图 3.6 采用 Gini 相关系数的标普评级指标表现**

那么置信区间可能会非常大。不巧的是，标普的报告没有明确地显示任何置信区间，但是图 3.6 中的时间序列暗示着该区间可能相对较大，例如在 80% ~95%，取决于置信水平。根据 $AR_1$ 与 $AR_2$ 的估计值，置信区间也可以被用来比较真实的基尼系数（$AR_1$ 与 $AR_2$），如果 $AR_1 < AR_2$，且二者的置信区间在置信水平 $\alpha$ 上不交叉，那么我们就可以得出结论 $AR_1 < AR_2$，或者更准确地说，我们就可以在可能性水平 $\alpha$ 上拒绝 $AR_1 \geqslant AR_2$ 的原假设。这里我们不考虑估计值的相关性（一般为正），尤其是在两个系数采用的是同一个验证样本时。在这种情况向，采用 $T$ 统计量更好，即：

$$T = \frac{(AR_2 - AR_1)}{\hat{\sigma}_1^2 + \hat{\sigma}_2^2 - 2\,cov_{1,2}} \tag{3.2}$$

其中，方差和协方差的估算采用前面提到的关于 AR 和 AUC 的公式，或是采用一个高级的统计软件。该统计量是自由度为 1 的渐进 $\chi^2$ 分布，零假设 $H_0$：$AR_1 - AR_2 = 0$。

**案例**

表 3.1 显示的是用同一个验证样本计算的两个评级系统的 Gini 系数，该 Gini 系数或 AUC 的结果由多个统计软件均可生成（Stata、SPSS、SAS 等）。

用报告结果中的标准差计算出 95% 的置信区间，假设渐进正态分布。两个系数相对接近，且置信区间存在重叠，因此即使是在 95% 的可能性上，我们也无法比较两个评级系统的优劣。但报告也显示了 $T$ 统计量，在表 3.1 中显示为 $\chi^2(1)$。该值是由表中所示的标准误 $\hat{\sigma}_1^2$ 和 $\hat{\sigma}_2^2$ 以及相关系数 0.8 计算得出的，即

$$T = \frac{(71\% - 69\%)^2}{1.2\%^2 + 1.3\%^2 - 2 \times 0.8 \times 1.2\% \times 1.3\%} \approx 9.86$$

由于对于自由度为 1 的渐进 $\chi^2$ 分布而言，取值高于 9.86 的可能性为 0.17%，因此我们可以在 99% 甚至更高的可能性上拒绝零假设 $H_0: AR_1 - AR_2 = a$。同时，我们也可以在 99% 的可能性上拒绝 $AR_1 \geq AR_2$，即尽管两个评级标准的 Gini 系数的差别非常小，我们也可以认为第二个评级标准在该可能性水平上优于第一个评级标准。

**表 3.1　两个评级体系的 Gini 系数**　单位：%

| | Gini 系数 | 标准差 | 95% 置信区间 | |
|---|---|---|---|---|
| 评级 1 | 69 | 1.2 | 66.65 | 71.35 |
| 评级 2 | 71.50 | 1.30 | 68.95 | 74.05 |

注：$H_0$：Gini（评级 1）. Gini（评级 2）；

$\chi^2$（1）=9.89；

Pr.［$>\chi^2$（1）］=0.17%。

资料来源：Stata。

## 测量分类预测的准确性

在实践操作中，尤其是针对零售行业，银行会将评级系统与一个临界评分分值 $s_c$ 相挂钩，用来接受或拒绝贷款申请，即 $\leq s_c$ 的所有申请者都会被拒绝，而 $> s_c$ 的申请者则应该会被接受。该临界分数可以由市场策略绝额定，或者在对产品的预期总利润进行最优化得到。例如，如果该银行发行一个具有市场竞争力的信用卡，那么该临界值 $s_c$ 就需要与边际违约可能性相适应（如 10%），这样就能保证信用卡能够得到发行，同时在大约 $s_c$ 的信用水平上，银行是盈利的。如果 $s_c$ 是给定的，而不是根据 AR 或 AUC

得出的，那么批准过程中，可能一些坏的贷款者就被批准了，而一些好的贷款者也可能被拒绝，因此我们关心的就是该批准过程误差的衡量，或是误差总成本的衡量。

事实上，该问题可以公式化成以下分类中的一种；我们目标是，在事前申请的情况下，尽可能准确地预测好的（批准）和坏的（拒绝）的申请者。给定测试集，分类正确率（Classification Accuracy，ACC）可以被定义为做出准确预测的数量（即好的能够鉴别为好的，坏的能鉴别为坏的）除以所有案例数。该分类甚至可以在没有任何评级或评分系统的情况下得出（见第3.3节中的分类树），在这种情况下，该准确率就是一个直接、直观的结果衡量方法。在有评分和评级系统的情况下，该准确率就变得有点模糊了，因为它取决于选择的临界值。ACC的另一个不足在于，它可能取决于测试集中“好的”与“坏的”的比例。如果一个“愚蠢的”分类系统可能将所有案例都鉴别为“好的”，并会得出 $ACC = n_G/n$ ，其中 $n_G$ 表示“好的”的数量，而 $n$ 表示所有案例数。

更进一步地解释这种情况，可以用所谓的误差矩阵（Confusion Matrix）（Thomas，2009），该矩阵将所有申请者分成好的和坏的，即 $n = n_G + n_B$ ，预测是“好的”（被批准的）当中的真正“好的”，以及那些被预测为“坏的”（被拒绝的），可以写成公式 $n_G = g_G + b_G$ ，而预测是“好的”（被批准的）当中的实际上“坏的”，以及那些被预测为“坏的”（被拒绝的），可以写成公式 $n_B = g_B + b_B$ ，见表3.2。

**表3.2** **误差矩阵**

| | 真实的“好的”债务人 | 真实的“坏的”债务人 | 合计 |
|---|---|---|---|
| 批准 | $g_G$ | $g_B$ | $g$ |
| 拒绝 | $b_G$ | $b_B$ | $b$ |
| 实际数值 | $n_G$ | $n_B$ | $n$ |

我们关心的是第一类错误，即原假设为真（该债务人是好的），且该系统预测的是相反的（该债务人被拒绝）。根据误差矩阵，用来评估真正“好的”的第一类错误的可能性为 $b_G/ n_G$ ，而 $g_G/ n_G$ 则叫作阳性预测值

(positive predictive value) 或精确度 (precision)。相似地，第二类错误的原假设为假 (该债务人是坏的)，但该系统预测的是相反的 (该债务人得到借款批准) 第二类错误的可能性计算为 $b_B/n_B$，反过来 $g_B/n_B$ 则叫作阴性预测值 (negative predictive value)。在误差矩阵里，该准确性可以被计算为 $(g_B+b_B)/n$。

**表 3.3　　潜在可能性的误差矩阵**

| | 真实的"好的"债务人 | 真实的"坏的"债务人 | 合计 |
|---|---|---|---|
| 批准 | $\pi_G F^c(s_c \mid G)$ | $\pi_B F^c(s_c \mid B)$ | $F^c(s_c)$ |
| 拒绝 | $\pi_G F(s_c \mid G)$ | $\pi_B F(s_c \mid B)$ | $F(s_c)$ |
| 总实际数值 | $\pi_G$ | $\pi_B$ | 1 |

误差矩阵也可以用"好的"和"坏的"贷款者的潜在累积比例、建立 ROC 曲线的 $F(s_c \mid G)$ 和 $F(s_c \mid B)$、好坏债务人的事前概率 $\pi_B$ 和 $\pi_G$ 得出，见表3.3。"好的"被预测为"坏的"的比例，事实上等于误报率 $F(s_c \mid G)$，而"坏的"被预测为"好的"的比例实际上为1减击中率，即 $F^c(s_c \mid B)=1-F(s_c \mid B)$，第二类和第一类错误在总案例中所占相对比重 $ER=\pi_B F^c(s_c \mid B)+\pi_G F(s_c \mid G)$，而分类正确率则可以表示为 $ACC=\pi_G F^c(s_c \mid G)+\pi_B F(s_c \mid B)$。

这种方法更加实用，因为通常在验证样本中，我们不会准确地知道拒绝的申请者当中"好的"和"坏的"的真实情况，我们也不会知道被拒绝的申请者的真实的违约情况。然而，我们知道累积分布函数 $F(s_c \mid G)$ 和 $F(s_c \mid B)$，而且我们也可以估计 $\pi_B$ 和 $\pi_G$ 的总概率，例如，利用我们样本中的所有申请者的评分得出。

## 案例

让我们假设我们有一个从 0～100 的评分卡，且将临界值定为 50。该历史申请者的验证样本有 10000 个观测值，其中 9000 批准得到贷款，而剩下 1000 个被拒绝。我们的评分卡是由另一个样本（即训练集）得出的，我们想要估计采用代表了一组假设的新的申请者的验证样本得出的误差率。利用这10000个验证样本当中的违约情况，我们可以计算出“好的”和“坏的”累积比例。让我们假设，临界值的误报率 $F(50 \mid G) = 14\%$，而击中率为 $F(50 \mid B) = 76\%$，因此批准一个“坏的”贷款者的概率是 $24\%$。另外，根据验证样本中的所有申请者的评分，我们可估计“坏的”的总概率为 $\pi_B = 10\%$，而“好的”的比例为 $\pi_G = 90\%$。因此，总误差率可以计算为：

$$ER = 10\% \times 24\% + 90\% \times 14\% = 15\%$$

上述的案例显示，第二类错误（对“坏的”申请者进行了批准）比第一类错误（对“好的”申请者拒绝）的比重要低。这种情况实际上有点复杂，因为对“坏的”申请者进行了批准而造成的损失与对“好的”申请者拒绝所造成的损失是不同的。这里我们所说的“损失”指的是一个完美的批准系统（即批准了所有的“好的”申请者）以及拒绝了所有“坏的”申请者的机会成本。让我们假设坏的贷款的净损失是1，好的贷款的可能净收益是 $q$，假设所有的贷款都是一样的单位，那么误差的加权成本可以表示为：

$$WCE = l\,\pi_B F^c(s_c \mid B) + q\,\pi_G F(s_c \mid G) = q\,\pi_G(C\,F^c(s_c \mid B) + F(s_c \mid G))$$

其中，$C = \dfrac{l\,\pi_B}{q\,\pi_G}$。如果 $l$ 和 $q$ 两个参数不依赖于临界分数（在实践中它们可能与临界分数有关，因为临界值的变化可能导致定价策略的变化），我们可以尝试着对加权的误差成本进行最小化，即对下列函数最小化：

$$w(s_c) = C \cdot F^c(s_c \mid B) + F(s_c \mid G) = C - C \cdot F(s_c \mid B) + F(s_c \mid G)$$

这里如果 $C = 1$，我们需要对 $F(s_c \mid G) - F(s_c \mid B)$ 求最大值也就是对KS统计量进行最大化计算。一般而言，我们需要找到一个分数 $s$，使得 $w'(s) = 0$，即对于ROC曲线上的点 $(x_s, y_s) = (F(s \mid G), F(s \mid B))$，且该点的切线的倾斜角正好等于 $1/C$。图3.7显示的是ROC曲线上点的移动。当利润要达到最大化时，切线的角度达到上述要求，则和Kolmogorov－Smirnov统计量一样，不一定是在离斜线最远的位置上。如果我们的目标是让所有申请者中得到贷款的量（$1 - (\pi_B F(s_c \mid B) + \pi_G F(s_c \mid G))$）达到最大，那么我们就需要

向左移动到原点 $A$，此时所有的申请者都得到了贷款批准。然而，如果我们想要让违约贷款的未来损失（为 $l\,\pi_B\,F^c(s_c\mid B)$）最小化，那么我们就需要向上移动，即向点 $C$ 移动，此时所有的申请者都被拒绝了。

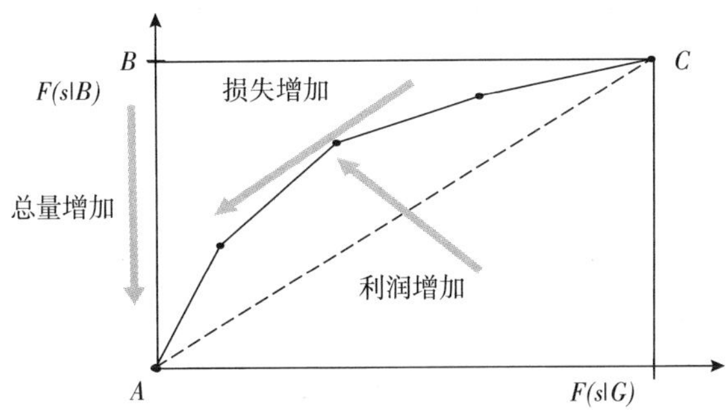


**图 3.7　沿 ROC 曲线变动的利润、总量和损失**

## 准确性的测量和 PD 统计量验证

让我们现在考虑这样一种情况：评级系统不仅会在 1，…，N 等级上产生评级分数，还会对每个评级等级预测违约的可能性 $PD_1,\cdots,PD_N$。利用一个验证样本，我们可以计算实现的违约率 $p_s=\dfrac{d_s}{n_s},s=1,\cdots,N$，其中 $n_s$ 是观测值的数量，$d_s$ 是评级 $s$ 下的违约数。我们可以直观上对比预测的和实现的概率，但是这里，我们想要使用一些统计量来更加准确地衡量评级系统 PD 估计量的质量。

Hosmer – Lemeshow（HL）检验是最有效也是最常用的一种方法，它计算了预测可能性概率和实现的违约率的标准化平方差的加权总和，即：

$$S_N^{\chi^2}=\sum_{s=1}^{N}\frac{n_s(PD_s-p_s)^2}{PD_s(1-PD_s)}=\sum_{s=1}^{N}\frac{(n_sPD_s-d_s)^2}{n_sPD_s(1-PD_s)}\tag{3.3}$$

其中，零假设 $H_0$ 为 $s$ 级的违约可能性对于 $s$ 下的所有案例都是 $PD_s$。此外，如果我们假设这违约是相互独立的，那么该统计量就会渐进趋近于自由度为 N – 2 的 $\chi^2$ 分布（当所有 $n_s\to\infty$）（Hosmer and Lemeshow, 2000）。因此，想要不拒绝 $H_0$，我们需要 Hosmcr　Lcmcshow（CS）统计量非常小，即相应的 P 值非常大。

**案例**

表 3.4 显示的是 HL 检验的一个计算案例，其中有 7 个评级等级，预测的 $PD_s$ 从最差的评级级别 1 的 50% 下降到最好的评级级别 7 的 1%。总共 7450 个观测值，各评级加起来共有 352 个违约。根据公式（3.3），该统计量的值很高：$S_7^{\chi^2} = 11.17$，相应的 $P$ 值，即 $\chi^2 > 11.17$ 的概率为 4.8%。该评级等级的各部分显示，级别 2、级别 3、级别 5 之间的差异最大。

该结果可以解释为在 95% 的水平上拒绝预测的 $PD_s$ 为正确的原假设。另外，在 99% 水平上则不能拒绝原假设。

**表 3.4　Hosmer – Lemeshow 检验的计算案例**

| 级别 | 1 | 2 | 3 | 4 | 5 | 6 | 7 |
|---|---|---|---|---|---|---|---|
| 预期 PD（%） | 50 | 30 | 15 | 8 | 4 | 2 | 1 |
| 观测值 | 50 | 100 | 300 | 1000 | 3000 | 2000 | 1000 |
| 违约数 | 28 | 37 | 36 | 90 | 102 | 46 | 13 |
| 观测 PD | 56.0 | 37.0 | 12.0 | 9.0 | 3.4 | 2.3 | 1.3 |
| HL 检验贡献率 | 0.72 | 2.33 | 2.12 | 1.36 | 2.81 | 0.92 | 0.91 |
| HL 检验合计 | 11.17 | | | | | | |
| *P* 值 | 0.048 | | | | | | |

HL 检验的构成是根据违约独立的假设的，而实证数据通常显示违约之间存在正的关联。在这种情况下，在相同的 $H_0$，与理论 PD 之间的偏离就比当违约之间是独立的情况要大。因此，在拒绝 $H_0$ 上，该统计量的结果经常过于保守（犯第一类错误）。Engelmann 和 Rauhmeier（2006）给出的一个可能的解决办法，就是估计违约的相关性，并且使用蒙特卡罗模拟来决定该统计量的分布。这就意味着要利用 $n_s$、可能性 $PD_s$ 和一个给定的相关性①或相关矩阵来模拟各评级等级的违约情况。每种情况都可以用公式（3.3）计算，这样得到一个该统计量的经验分布，然后再根据真实的验证样本数据，用该分布算出 $P$ 值。

另一个广泛使用的简单的方法是二项试验（Binomial Test）。它的缺点

① 违约相关性可以简单地定义为相应的 0 ~ 1 双变量的相关性。第 4.2 节也介绍了另一种计算违约相关性的方法。

在于它只能使用于单一的评级 $s$ 的预测违约概率 $PD_s$ 。我们可以使用单尾或双尾检验。如果零假设为 $PD$ 是违约概率，那么我们可以假设违约的情况之间是相互独立的，那么 $n$ 个观测值的违约 $j$ 的概率为 $\binom{n}{j}PD^j(1-PD)^{n-j}$ 。因此，观测到 $d$ 或者更多的违约的概率为：

$$B(\geq d;n_s,PD_s) = \sum_{j=d}^{n_s}\binom{n_s}{j}PD_s^j(1-PD_s)^{n_s-j},$$
$$B(\leq d;n_s,PD_s) = 1 - B(\geq d+1;n_s,PD_s). \tag{3.4}$$

因此，如果我们观测到 $d > n_s \times PD_s$ 违约和 $B(\geq d;N_s,PD_s) \leq 1-\alpha$ ，即出现这么多违约情况的概率很小，那么在右尾检验时，就可以在 $\alpha$ 水平上拒绝原假设。否则，我们就要说，在给定的置信水平上，我们无法拒绝 $H_0$ 原假设。相似地，如果我们观测到非常少的违约 $d < n_s \times PD_s$ 和 $B(\leq d;N_s,PD_s) \leq 1-\alpha$ ，那么使用左尾检验，我们可以在 $\alpha$ 水平上拒绝原假设。

**案例**

让我们考虑表3.4中第7级的预测违约可能性 $PD_7 = 1\%$ 。在1000个年初没有违约的债务人中，我们在年内观测到了13例违约，而我们的期望违约是 $1\% \times 1000 = 10$ ，即现实超出了我们期望的3个违约。这是否足以拒绝原预测概率、认为该概率定得过低，还是在95%的置信水平上该差距是可以容忍的呢？应用给定的参数，公式（3.4）中显示的尾二项分布概率可以方便地计算出来，例如应用Excel里的BINOMDIST功能。由于结果 $B(\geq 13;1000,1\%) = 20.75\%$ ，比 $1-\alpha = 5\%$ 大得多，我们可以得出结论，违约数量并没有大到足以拒绝 $H_0:PD_7 = 1\%$ 作为违约估计量的保守概率。足以拒绝 $H_0$ 的最小违约数为：

$$d_\alpha = \min\{d: B(\geq d;N_s,PD_s) \leq 1-\alpha\}$$

根据给定的参数，在我们的置信水平下的最小违约数为 $d_{95\%} = 16$ ，其中 $B(\geq 16;1000,1\%) = 4.79\%$ 。

另外，表3.4中的第5级评级则显示太少的违约数（102），而我们的期望是 $3000 \times 0.04 = 120$ ，在这种情况下，零假设在95%的置信水平上可以被拒绝，因为采用左尾检验的 $B(\leq 102;3000,4\%) = 4.83\%$ 。

如果观测数很多时，二项分布可以近似为正态分布。然而，利用现代计算工具，通常并不需要近似。但是，如果违约之间存在正关联，那么该检验也会显著地高估真实违约率和预测违约率之间的误差。这就意味着该检验过于保守。为了提高验证的准确性，可以采用给定参数的蒙特卡罗模拟来产生经验分布。根据 Blochwitz 等在 Engelmann 和 Rauhmeier（2006）提出的高斯连接函数（Gaussian copula，见第 4 章），也可以得到一个解析式。

## 3.2　分析评级

即使是在有非常复杂的统计评分技术的当今，公司的评级过程仍然最多只能称得上是半自动化。原因在于，关键的评级因素不仅是量化的，同时也是定性的。管理质量、所有者结构、技术、竞争地位、法律和监管事项等都可以转化为某个分数，但是在任何情况下，评估都必须由专业的分析师来完成。图 3.8 显示了在评级过程中一系列的可能的商业和金融因素，这里使用的是标普的方法（Trueck 和 Rachev，2009）。

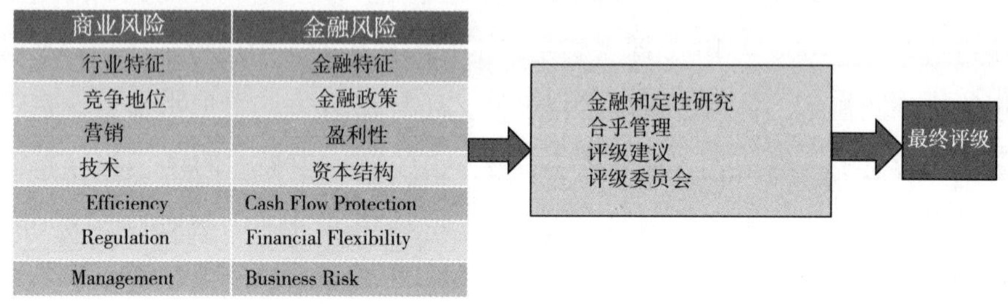


**图 3.8　公司信用分析因素和评级流程**

评级机构通常会提供“特定事项评级”（issue－specific rating）和事项信用评级（issue credit rating）。大多数的公司在销售或注册债券发行时都会向评级机构要求给出一个评级。一些如标普这样的评级机构，会对某一门槛以上的所有公共公司（标普是对资产达到 5000 万美元的公司）的债券发行进行评级。为了完成基本的调查，分析师会需要公司提供自己过去 5 年的审计过的年报、最新的几份中期报告、对公司经营状况、产品、管理策略和计划的描述。与管理层会面和参观公司设施，都是评级中的重要部分，其目的在于详细地审阅公司的主要经营和金融计划、管理策略和其他可能会影响评级的因素。金融分析师则关注的是公司一系列的金融指标与行业平均水平或该公司过去水平的比较。表3.5显示了的是常用的一些金融指标。

**表3.5　常用的金融指标（见Caouette等，2008）**

| 类别 | 指标 |
| --- | --- |
| 经营状况 | 股东权益回报率（ROE）=净收入/股东权益 |
| | 资产回报率（ROA）=净收入/资产 |
| | 营业利润=税息折旧及摊销前利润/销售额 |
| | 销售净利润率=净收入/销售额 |
| | 有效税率 |
| | 销售额/上年销售额 |
| | 生产率=（销售额和原材料成本）/私人成本 |
| 债务偿付能力 | 税息折旧及摊销前利润/利息 |
| | 资本花费/利息 |
| 金融杠杆 | 杠杆=资产/所有者权益 |
| | 流动性/所有者权益 |
| | 银行负债/资产 |
| | 流动性/上年流动性 |
| 流动性 | 流动比率=流动资产/流动负债 |
| | 速动比=速动资产/流动负债 |
| | 存货/销售额 |
| 应收账款 | 应收账款账龄（30年、60年、90年、90年+过期） |
| | 账款回收平均时长 |

当分析师完成了分析和评级建议，就会由评级委员会对评级结果进行陈述。一旦评级确定，公司就会被告知评级结果以及支持该评级报告的主要依据。通常，评级机构在发行评级报告前，都会让公司对评级结果进行回应，该回应的处理必须非常快速，以便最终报告在媒体上发行会报告给公司。一般而言，正如表3.6所示，所有的主要评级机构都会同意，评级

实际上是附带解释的信用评估意见。表 3.6 中的评级标志会进一步加上 + 或 -（标普或惠誉）或 1、2、3（穆迪）。

**表 3.6　　长期优先债评级标志（S&P，Fitch/Moody's）**

| 评级 | 解释 |
|---|---|
| 投资级 | |
| AAA/Aa | 最高质量；极其强劲；极不可能受到可预见事件的影响 |
| AA/Aa | 非常高的质量；偿付能力不会受到可预见事件的显著影响 |
| A/A | 强偿付能力；更可能受到经济环境改变的影响 |
| BBB/Ba | 足够的偿付能力；环境的一个负向变动可能影响其偿付能力 |
| 低于投资级 | |
| BB/Ba | 疑似发生信用风险 |
| B/B | 非常可疑发生显著信用风险 |
| CCC/Caa | 极其可疑发生重大信用风险 |
| CC/Ca | 可能正违约，或极其怀疑其违约 |
| C/C/D | 破产或违约 |

因此，要给违约概率提供一个单独的、可信的评级测绘是困难的。有很多研究尝试着实现，但由于周期的影响，这些研究需要谨慎看待。

评级机构如今已经覆盖了全球金融市场的 34 万亿美元的证券活动，因此已经非常具有影响力。许多资产组合经理都将许多证券的投资限额与评级挂钩，因此评级结果通常会对证券价格和公司融资能力有巨大的影响。《巴塞尔协议Ⅱ》中被进一步强化了评级的重要性，允许银行根据外部评级的结果，采用标准方法（Standard Approach）计算资本要求。外部评级的一个广受争议的缺陷就是机构间的利益矛盾，原因在于外部评级大多数是由债券发行人支付费用，而非投资者付费的。这一问题在最近的次债危机当中尤为显著，那时评级机构对许多结构化的债券（CDO）给出了积极的评级结果，但是这些债券后来却恶化了，这引来了外界广泛的质疑，即这些高评级结果可能来源于这些评级机构收到了高额的付费。由于这些机构的高评级，许多机构投资者就购买了这些债券，也因此在危机中遭受了巨大的损失。

信贷承销（credit underwriting）是银行的一个基础工作，因此即使存在着外部评级，银行也会有一个内部评估机构。不同银行评估的过程和方法具体很不相同，但是原则上是与上述所述的过程相似的。该过程也依赖于提供的借贷类型：基于资产的，或是项目的，或是没有担保的公司借贷。在基于资产的类型中，强调的是对债务人的资产进行评估，而在另两种类型中，则是对债务人产生未来现金流的能力进行评估。银行的信贷分析师在其职业生涯中会逐渐成为专家，并且随着他们获得更多的经验和展示更多的能力之后，得到更多的权力。下一节我们会介绍，没有专家的银行倾向于采用的自动评级系统。另外，聘请了传统分析专家的银行在用机器代替专家时会很犹豫。根据金融数据的评分或其他自动的评级，都只会作为分析专家评估的一个参考。

针对零售业务、小业务和 SME 企业，银行一般会使用自动的评级系统，这已经几乎成为了一个行业标准。然而在过去，零售贷款申请也是由分析师评估的、由信贷员决定的。例如，对家户而言，评估的主要方面是贷款金额占该家户收入的比率、家户日常成本、雇佣情况、年龄、婚姻状况、教育水平等。而对小业务，则会计数字的解释力就非常弱了，因此专家的决策就非常重要。对任何行业，即使是在自动评级系统非常现代化的当今，一个有能力的信贷员的判定仍然是高于机器判定的。正如本章的介绍部分所提及的，在很多情况下，任何系统都需要对债务人的表现进行仔细的定期监测，同时也需要对上节所提及的对其他可能的评级方法进行无偏比较。

## 3.3　回归评级系统

在我们将注意力转到金融行业最常用的 Logistic 回归模型之前，让我们先列出并探讨一些可能的统计和其他自动化的评级模型。

（1）计量模型包括分类树、随机森林、线性和多元判别分析技术、线性、Logit（Logistic）和Probit回归。这些模型都估计了违约概率，即将其作为目标（被解释）变量，应用包括金融指标、分给变量和一些质性评估指标等为解释变量。该模型的参数是通过违约信息和解释变量值的历史数据得出的。解释变量的结构是根据专家判定和统计方法最优化之后得出的。

（2）影子评级模型并不是根据违约历史得出的，而是根据外部信用评级机构评级报告的数据库得出的。该模型试图采用回归技术，模仿评级机构的专家。这种方法尤其适用于没有那么多历史违约数据的情况，尤其是针对国家、金融机构和大型公司的信用评级情况。

（3）人工神经网络法通过模拟互相连接的神经网络来模仿人的大脑。该网络是由历史数据建立起来的。在某种程度上，神经网络与计量方法相似，但是最终的模型更难以解释，因此常常被称作黑匣子。

（4）线性规划和支持向量机旨在将好的和坏的观测值区分开。这些观测值是由解释变量的向量代表的，一般需要转换后得出，且采用最优化的超平面的方法。

（5）基于规则的或基于专家的系统采用结构化的方法，模拟有经验的专家得出信贷结论的过程。该系统是建立在有经验的分析师的专业水平之上的，并且在知识基础上采用应用逻辑的方法转换为一系列的决定原则。在实际中还会使用专家系统，例如面对小业务的客户，计量方法并不适用，而考虑到贷款规模，“人工”分析师又成本过高。

（6）结构模型一般是根据期权定价理论，将违约看作资产价值跌倒负债以下。这种方法最出名的一个案例就是穆迪的KMV模型，该模型应用了股票价格变化的信息，KMV方法的结果叫作EDF（预期违约频率，Expected Default Frequency），该方法在美国市场上应用得相当成功（见第4.5节）。然而，在股市不够发达的新兴市场国家该方法却不是非常适用。也有一些地方试图将结构方法运用到零售客户，其中行为分数代替了随机市场价值的作用（Thomas，2009）。

在这一节，我们会着眼于"主流的"回归模型，尤其已经成为银行业标准的 Logistic 回归计分卡。其他建立自动评级系统的方法会在下面的几节当中介绍。第 4 章在介绍资产模型方法时，会介绍 KMV 结构法。

## Altman's Z－分数

线性评分功能会赋予一个公司金融指标和其他量化解释变量 $x_i$ 的线性组合，以区别好的和坏的债务人：

$$z = \sum_{i=1}^{k} \beta_i x_i. \tag{3.5}$$

Altman's Z－分数（Altman，1968）是这种方法第一次成功的模型，其中具体的系数和金融指标为：

$$Z = 1.2x_1 + 1.4x_2 + 2.3x_3 + 0.6x_4 + 0.999x_5$$

表 3.7 显示了里面的变量。

**表 3.7　Z－分数模型变量组的均值和金融指标**　单位：%

| 变量 | 指标 | 破产组的均值 | 非破产组的均值 | 金融指标 |
| --- | --- | --- | --- | --- |
| $x_1$ | 营运资金/总资产 | －6.1 | 41.4 | 32.6 |
| $x_2$ | 留存收益/总资产 | －62.6 | 35.5 | 58.56 |
| $x_3$ | 税息折旧及摊销前利润/总资产 | －31.8 | 15.4 | 25.56 |
| $x_4$ | 所有者权益的市值/负债的账面价值 | 40.1 | 247.7 | 33.26 |
| $x_5$ | 销售额/总资产 | 1.5 | 1.9 | 2.84 |

资料来源：Altman（1968）。

判别分析（discriminant analysis）的方法，是用给定的历史观测值样本，挑选合适的金融指标和找到它们的最佳组合来得到公式（3.5）中的分数，该分数能够将破产和非破产组的公司业务的方差最大化，同时将组内的方差最小化。Altman 在对破产组的 33 个样本和非破产组的 33 个样本采用了迭代的方法，纳入、排除变量，进行相关性检验，并且纳入了很多不能直接用统计最优化的方式来定义的专家判断。最后，当选完了所有的变量，Altman 找到了能够最大化 F 值的参数：

$$\frac{N_1(\bar{z}_1-\bar{z})^2+N_2(\bar{z}_2-\bar{z})^2}{\sum_{i=1}^{N_1}(z_{1,i}-\bar{z}_1)^2+\sum_{i=1}^{N_2}(z_{2,i}-\bar{z}_2)^2} \tag{3.6}$$

其中，$z_{g,i}$ 是第 $i$ 个公司的分数，$N_g$ 是公司数量，$\bar{z}_g$ 是 g = 1，2 两组的组平均，$\bar{z}$ 是总平均，Altman 同时还估计了最优上限（倒闭）为 1.81 和最优下限 2.99（没倒闭）。上下限之间的任何分值都被看作可以忽略的范围。

尽管在很多研究中都对该方法进行了批评（见 Duffie 和 Singleton，2003），指出该模型会产生很大的样本选择偏误，然而最初的 Z - 分数模型和它的修改版（ZETA 模型、私有公司模型、新兴市场公司模型）在当今也仍然是一个实用的分析工具。

## 线性模型

判别分析和经典回归模型是密切相关的。经典回归模型试图建立一个关于违约变量 $y_i \in \{0,1\}$ 和债务人的 $i$ 在违约前一个时期的列特征向量 $x_i$ 的线性关系：

$$y_i = \beta' \cdot x_i + u_i$$

这里，我们假设 $x_i$ 的第一个元素是一个常数 $x_{i,0} = 1$，相应的与常数项的乘积，即 $\beta' \cdot x_i = \beta_0 + \beta_1 x_{i,1} + \cdots + \beta_k x_{i,k}$。因此，如果有 $k$ 个解释变量，那么向量 $x_i$ 的维度就是 $k+1$。该变量可以是连续变量，也可以是由一系列二元哑变量（每个可能分类的值都用 {0，1} 标注）或序列（事实上是分类的，即用有限的整数值来表示，不需要用哑变量编码）编码的分类变量（有限范围的定性值）。标准最小二乘回归（OLS）会产生对向量 $\beta$ 的估计值 $b$，利用 $b$，可以依靠输入一系列的参数来获得分数。可以看到，该方法实际上和判别分析法是等价的，不过 $F$ 值［式（3.6）］不会随着公式（3.5）中的系数乘以一个随机等级因素而发生变化，也不会因为加上一个常数项而发生变化。因此，我们可以不失一般性地假设 $\bar{z}_1 = 1, \bar{z}_2 = 0$。在该假设下，对公式（3.6）求最大值是与求下列公式的最小值是一样的。

$$\sum_{i=1}^{N_1}(z_{1,i}-\bar{z}_1)^2+\sum_{i=1}^{N_2}(z_{2,i}-\bar{z}_2)^2$$

该公式与 OLS 回归是一样的。线性回归模型和判别分析方法的主要缺陷都在于是遵循着经典回归假设的。因为变量 $y_i \in \{0,1\}$ 只有两个值，残差 $u_i$ 是存在异方差的，即其方差依赖于 $i$，因此对 $\beta$ 的估计是缺乏效率的。用加权最小二乘（WLS）估计量能够部分地解决这一问题，但是该方法估计的系数 $b$ 的标准误仍然是有偏的。另一个问题在于，分数 $z_i = \beta' \cdot x_i$ 的值可能是负的，或者比 1 大，这就难以解释为违约的概率。

## Logistic 回归

在这种情况下，使用专门分析二分类应变量的经济计量模型，是更为合适的，尤其是使用 Logit 或 Probit 模型（Greene，2003）。在这些模型中，Logit 或 Logistic 回归模型，在银行实践和学术文献中使用最为 广泛。针对两种方法，一个可能的解释就是建立一个潜在的未来信用分数变量：

$$y_i^* = \beta' \cdot x_i + u_i$$

在这个公式中，分数被分解成一个已知的（期望的）值 $\beta' \cdot x_i$（真实分数）和一个未知的未来变化 $u_i$，同时假设 $u_i$ 的均值为 0、分布已知。当且仅当 $y_i^* \leqslant 0$ 时，$y_i = 1$，表示违约。因此，依赖于解释变量向量 $x_i$ 的违约概率可以计算为：

$$p_i = \Pr[y_i = 1 \mid x_i] = \Pr[u_i + \beta' \cdot x_j \leqslant 0] = F_i(-\beta' \cdot x_i) \quad (3.7)$$

其中，$F_i$ 是随机变量 $u_i$ 的累积分布函数（cumulative distribution function，cdf），换句话说，联系函数 $F_i$ 持续地将取值在（$-\infty$，$+\infty$）的分数 $z_i = \beta' \cdot x_i$ 转换成相应的、取值在（0，1）的违约概率。一个高的分数对应的是低违约概率，而低分数意味着更高的违约概率，这一个关系也可以用结构模型的精神来解释：分数 $z_i = \beta' \cdot x_i$ 刻画了债务人今天（观测的初期）的信贷能力，而 $u_i$ 则表示的是信贷能力未来未知的变化。如果总的未来分数跌破了某个门槛，那么违约就发生了。

如果 $u_i$ 的分布是正态的，那我们就可以使用标准正态累积分布函数 $F_i(x) = \Phi(x)$，即采用 Probit 模型。而若我们假设残差符合 Logistic 分布，那么：

$$F_i(x) = \Lambda(x) = \frac{e^x}{1+e^x} = \frac{1}{e^{-x}+1}$$

Logistic 分布的均值为0，但是这里需要提醒的是，其方差等于 $s^2 = \frac{\pi^2}{3} > 1$。为了直观地与标准正态分布（见图3.9）比较，我们需要将 Logit 的概率密度函数（pdf）正态化：

$$f(logit, var = 1) = \frac{e^{-x/s}}{s(1+e^{-\frac{x}{s}})^2}, 其中\ s = \sqrt{3}/\pi$$

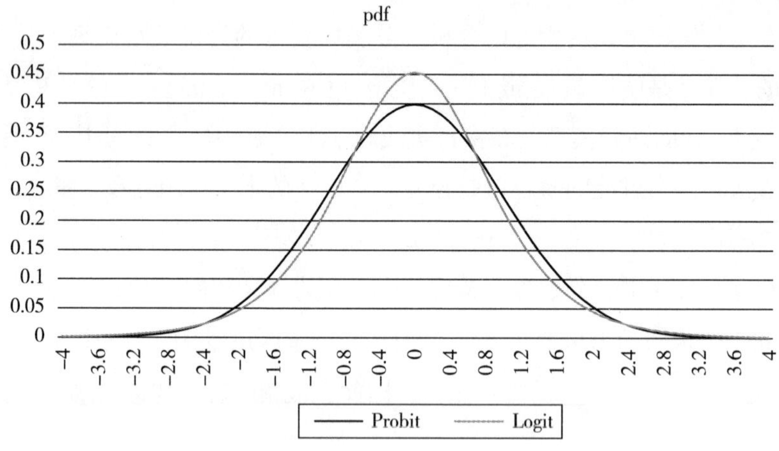


**图3.9 标准正态分布的概率密度曲线（Probit）和标准化 Logistic 分布的概率密度曲线（Logit）的比较**

Logistic 分布的尾部比较厚（峰度比较高），除此之外，两个分布非常相似。

对于单个债务人而言，违约概率 $p_i$ 不可观测。然而，如果我们能够把我们的样本分成许多有着共同特征的组 $x_i$，并且观测每组的违约概率 $p_i$，那么就可以使用 OLS 或 WLS 回归，将 $F^{-1}(p_i)$ 作为因变量，$x_i$ 作为解释变量［见公式（3.7）］。然而由于观测值有限，这种分组通常涉及许多问题。估计 Logit 和 Probit 模型的一个更好的方法就是最大似然估计法（Maximum Likelihood Estimation，MLE），这种方法不需要任何分组。给定未知参数 $\beta$ 的估计量 $b$，在 $x_i$ 条件下的违约概率为 $F(-b' \cdot x_i)$。因此，如果我们观测到 $y_i = 1$，那么观测的似然性就是 $F(-b' \cdot x_i)$；而如果我们观测到 $y_i =$

0，那么观测的似然性就是相反的 $1-F(-b'\cdot x_i)$。假设所有的观测都是独立的，那么在参数向量 $b$ 给定的情况下，观测的数据的总似然性即为：

$$L(b) = \prod_i F(-b'\cdot x_i)^{y_i}(1-F(-b'\cdot x_i))^{1-y_i}$$

对向量 $b$ 的估计则是根据对似然函数的最大化，或是为了数值上直观，对 log 似然函数最大化：

$$\ln L(\mathrm{b}) = l(\mathrm{b}) = \sum_i [y_i \ln F(-b'\cdot x_i) + (1-y_i)\ln(1-F(b'\cdot x_i))] \tag{3.8}$$

通常地，选择何种联系函数，依据都并不是理论。事实上，Probit 和 Logit 模型的区别通常是可以忽视的（见图 3.9）。一个关于 Logit 分布的争论在于，其厚尾的特征会将现实数据中好的情况的比重加大。不过，Logit 模型在数值上更加有效，且其系数也相对更好解释。

注意到公式 $p_i = \Lambda(\beta'\cdot x_i)$ 也可以重写为：

$$\frac{1-p_i}{p_i} = e^{\beta'\cdot x_i}, \text{or equivalently } \ln\left(\frac{1-p_i}{p_i}\right) = \beta'\cdot x_i \tag{3.9}$$

公式（3.9）第一个等式左边的部分叫作良莠比（good - bad odds），即“好的”的概率除以“坏的”概率。右边部分则表示第 $k$ 个变量增长 1 单位，就会对良莠比产生乘数的效果 $e^{\beta_k}$；同样地，看第二个等式，对 log 化后的良莠比产生累加效应 $\beta_k$。

下面，我们将会着重讨论 Logistic 回归模型。如果 $F_i(x) = \Lambda$，那么公式（3.8）的部分求导可以采取以下较为简化的形式：

$$\frac{\partial l}{\partial b_j} = \sum_i (y_i - \Lambda(-b'\cdot x_i))x_{i,j} = 0 \text{ for } j = 0,\cdots,k \tag{3.10}$$

可以证明，海塞矩阵（该模型的二阶导数）是有限的负数，即 log 似然函数是严格地凹的，且该方程的解有且唯一。用牛顿—莱布尼兹反复运算几次可以找到该函数的解。因此 $x_{i,0} = 1$ 是与截距系数 $b_0$ 相对应的，我们就可以得到一个有用的观测值，即（采用训练集得出的）平均预测概率等于样本的总违约率。估计的参数 $b$ 是渐进正态分布的，均值为 $\beta$；将海塞矩阵求倒数，还能得到其标准误（Greene，2003）。用大多数的统计软

件，都可以自动报告出标准误 s. e. （$b_j$），因此没有必要对该公式进行推导。单个参数的显著性可以方便地用 Wald 统计量 $W = \frac{b_j}{s.e.(b_j)}$ 得出，该统计量渐进服从正态分布 N（0，1）。这意味，当 $|W| \geq \Phi^{-1}(1-\alpha/2)$ 时，我们可以在置信水平 $\alpha$ 上拒绝原假设 $H_0: \beta_j = 0$ 。相似地，我们可以根据估计值 $b_j$ 和它的标准误获得一个关于真实的 $\beta_j$ 系数的置信区间。

特征向量为 $x$（$a$）的债务人 a 的评级分数可以定义为在某个等级范围（如 0 ~ 1000）里是“好的”的概率，或者定义为一个有着对数比分数可加性的原始线性函数值 $s(a) = b' \cdot x(a)$（解释变量一单位的变动对分值的影响是不变的）。这里需要提及的是，对数比分值（Log – odds score）$s(a)$ 通常是非负的，因为预测违约概率 $p_B(a) = \frac{1}{1+e^{s(a)}}$ 通常是小于 50% 的。例如，PD = 0. 1% 对应的对数比分数为 ln（0. 999/0. 001） = 6. 9，而当 PD = 20% 时，对数比分数 ln（0. 8/0. 2） = 1. 39. 因此，例如，当对数比分值 $s(a) = b' \cdot x(a)$ 乘以常数 150，那么我们就会得到一个大约在 0 ~ 1000 范围的对数比分值等级。

我们特地使用了 $a$ 这个字母来代表新债务人，以区别于开发样本（development sample）中的观测值（用 $i = 1, \cdots, N$ 来表示）。我们的目的不仅在于将开发样本的似然比最大化（从这些样本中我们已经知道一个违约是否会发生），而且我们还要对一系列的债务人进行良好的预测（我们目前并不知道未来这些债务人是否会还款）。这就尤其需要谨慎地选择解释变量。

为了检验结果函数的稳健性，我们通常会将给定的数据集分成两部分：一个是开发样本（即训练集，例如选取 70% 的总样本，即从坏的债务人中选取 70%，也从好的债务人中选取 70%），另一个是检验样本（用于验证，占 30%）。选择的样本的系数只用开发样本估计，但是要验证该评分是否与数据相拟合，我们不仅需要用内样本，还需要用外样本。如果在比较内外样本的拟合优度时发现数值显著下降了，那么该模型就不能接受。给定一组选定的样本，将原始数据库分成开发和验证样本的过程可以随机地重复。输出的估计参数的经验分布和拟合优度的测量可以让我们更清晰地了解评分模型的稳健性。

## 变量选择

很明显，针对一个固定的开发样本，当所有可用的解释变量都得到使用之后，似然函数的最佳值和与之紧密相关的 Gini 系数都取到了最大值。如果可能的解释变量数很大（超过 20），那么通常的结果是，许多系数都不显著，即我们在一个合理的置信水平（至少 90%）上不能拒绝零假设 $H_0:\beta_j = 0$。那么，我们就更不能确定系数的符号：如果我们的估计值 $b_j$ 是正数，那么“真实的”系数 $\beta_j$ 可能实际上是负数或相反。而且也可能，假设 $\beta_j = 0$ 在统计上没有被拒绝，但是估计的系数 $b_j$ 却和经济上的推理或经验相悖。因此，尽管根据开发样本，似然性、Gini 系数都已经得到了最大化，但针对验证样本，或未来一系列的贷款申请，该模型所产生的错误的系数可能显著地降低自身的预测能力。

因此，最终的分值函数的系数应当是显著的，不能有太大的置信区间，而且也不能和我们的经验相悖。我们可以通过限制解释变量的数量，最好是在 7～15 或更少，这样就能剔除相关的变量或解释力弱的变量。有很多方法可以实现上述目标，例如采用向前选择过程（forward selection procedure），即将最好的解释变量按顺序一个一个加到模型中，或是采用向后选择过程（backward selection procedure），即将最差的解释变量按顺序一个一个移除。两种方法都是根据系数的 P 值，或是采用一个比较解释变量少的受限模型和解释变量多的模型的检验统计量。

可以证明（Hosmer 和 Lemeshow，2000），统计量：

$$G = -\ln\left(\frac{\text{受限模型的似然性}}{\text{非受限模型的似然性}}\right)$$

渐进近似为 $\chi^2(k-l)$ 分布，其中非受限模型的变量数为 $k$，受限模型的变量数为 $l$，零假设为非受限模型相对于受限模型的新变量的真实的系数 $\beta_j$ 都是零，因此，在向前选择的过程中，我们可以一个一个增加新变量，直到取到 $\chi^2(1)$ 的最大值，且在某个最低限度，零假设就会被拒绝，或是当没有新变量加入时，该过程就会停止。向前逐步选择过程（forward stepwise selection procedure），可以看作是将向前选择和向后选择过程结合起来，并在每一步剔除了在加入新变量之后变得不显著的、原来已经包含进来的变量。

这里不建议针对很长的一系列可能的解释变量采用自动选择过程，否则该过程会很耗时，尤其是在数据库很大的情况下；而且这么做所输出的结果还可能受到数据中我们不希望的问题的影响，例如在变量过多时一些变量的相关性是一定存在的等。因此，一般的建议是使用一小串变量，大约 20~30 个，且是经过下面所说的单因素分析筛选之后的、具有一定解释力的变量。对变量的筛选可以根据单因素 Gini 系数（如要求至少 10% 的值）和/或采用下面所说的信息值（一般需要至少达到 4%）。另外，变量不应当相关——如果有两个变量是高度相关的，那么其中那个解释力比较弱的变量就需要剔除。相关性的临界值专业上通常在 30% ~70%。若该小串变量是仔细选择的，那么采用自动筛选过程所产生的结果一般就会是合理的。然而，专家所做的其他改动，比如强制将某些变量留在最后的模型中或强制剔除某些变量，也通常是可行的。同时，还应当注意区分企业和零售行业的区别，企业行业的变量（金融指标）通常是连续的，而零售行业的解释变量大多是分类的。

既针对企业部分又针对零售行业的一个实用的分析方法（Hayden，2003）如下：

（1）对事先挑选过的金融指标进行单因素分析，检验解释力和根据公式（3.9）得出的对数比的线性假设，每次只对一个解释变量进行检验。在这种情况下，样本必须根据变量值被分成多个类别（bin），类别的数量取决于样本中违约的数量，即要求每个类别的违约率可以合理地估算。相应的每类别的变量均值和对数比都可以采用 OLS 插值的方法标注在图上。图 3.10显示了一个案例的结果，其中部分的数量是 50、变量数为两个。第一张图显示了一个满意的线性关系，即对数比依赖于第一个检验的变量（流动负债/总资产）。然而，第二个变量（销售额增长）对对数比的影响则是非线性甚至是非单调的。解决的方法要么是拒绝该变量、找到一个与其有线性关系的替代变量，或是对原变量进行一个变化使得变化后的变量与因变量之间是线性关系的。对于在单因素分析中没有解释力或解释力很弱的变量（如用 $R^2$ 或 Gini 系数衡量），则直接拒绝。

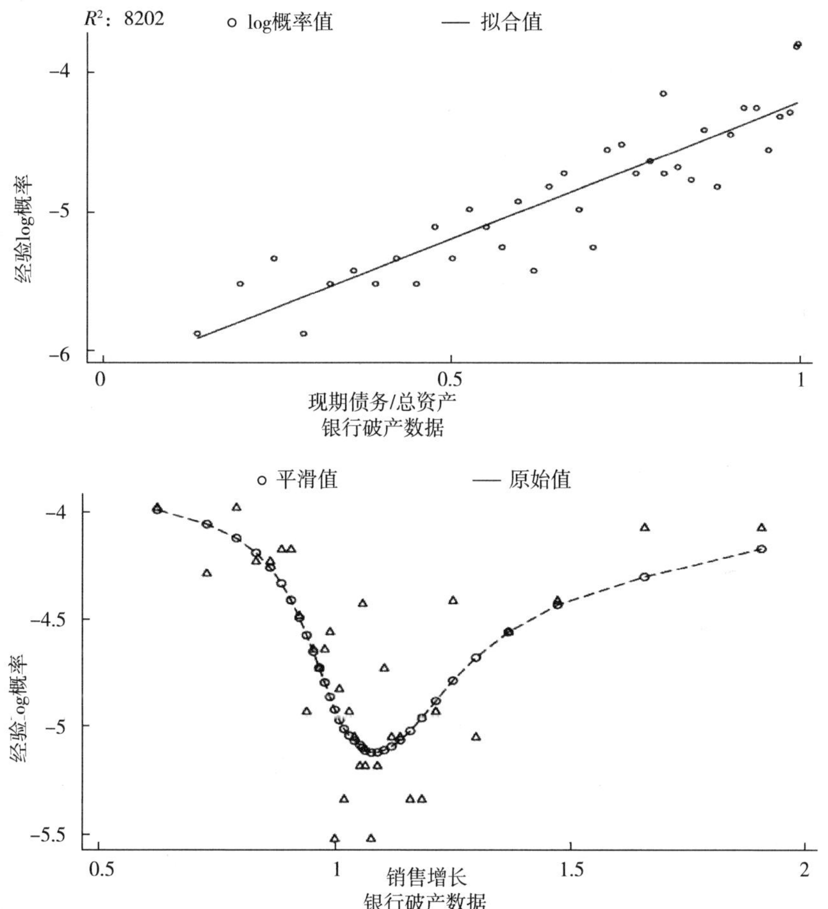


资料来源：Hayden，2003。

**图 3.10　单因素分析案例**

（2）针对上一步筛选出的变量，计算相关矩阵（correction matrix）。众所周知，如果高相关性的变量包含在模型中，那么系数就会显著地出现系统偏误。筛选的原则是，根据相关性对变量进行分类，提出相关性高于

50%的变量，并选择每组中解释力最强的变量。

（3）采用向前选择过程（或向后选择过程，或向前逐步选择过程），采用 Logistic 回归，对第二部中的变量筛选。自动筛选过程可以与专家的判定相结合，即专家可以强制将某些变量加入回归模型，或相反，强制移除系数与专家意见相悖的变量。

（4）通过计算内外样本的 Gini 系数和 Hosmer – Lemeshow 统计量验证结果。如果该值低于某个可接受的限度，那么就尝试找一个替代的解释变量。Gini 系数可接受的值大约在 30%以上，Hosmer – Lemeshow 统计量的 P 值则不应当太小，例如 3.1 节所提及的，不能低于 10%。

上述所描述的过程用于分析公司的违约率更加适合，其中如金融指标等解释变量自然而然的是连续的。针对零售行业则多使用分类变量，通常采取的是有些不同的技术。分类变量的案例包括婚姻状况、教育、雇佣情况、驾驶证、居住状况、电话等。但是就算是像年龄、孩子个数这样的序数变量也一般由分类变量代表，一般是采取几个区间选择的方式，如年龄 18～24 岁、24～32 岁……65 岁及以上。在回归分析中，一个最高取 $C$ 值的分类变量 $c=1, \cdots, C$ 的分类变量，会由 $C-1$ 个哑变量重新编码。这意味着会由 $C-1$ 个 beta 系数要估计，因此除非很有必要，最好不要有太多的分类变量。

一个分类变量的解释能力不仅可以用单因素 Logistic 回归 Gini 系数，而且也可以利用一级近似的方法，即当我们根据分类变量把开发样本分成 C 个类别时，我们可以方便地通过计算每个类别的平均违约率或对数比的方式来从图形上获知。如果所有类别的违约率都近似相等，那么该变量就不是那么合适。对于违约率相似的分类或好坏贷款者的数量很少的分类，应当合并。例如，图 3.11 就显示根据表 3.8 中的交叉表得到的不同婚姻状况下坏的债务人的百分比。该表显示，所有类别都对违约率有影响，虽然意料之中的是“已婚男性”和“已婚女性”的情况非常相似，“离婚”和“同居”的情况非常相似，此外，“丧偶”和“同居”的观测值都很少。一个原则是，每组的观测值都至少要占到总观测值数的 5%（即在这个案例中是 500 个）。因此，“丧偶”和“同居”需要合并成一个相对接近的分类，即“丧偶”。因此，在合并了“已婚女性”和“已婚男性”为“已婚”之后，我们只剩下三个分类值：“已婚”“单身”“其他——丧偶、同居、离婚”，至少从直观上看，这种分类对好坏贷款是存在区分能力（discriminatory power）的。

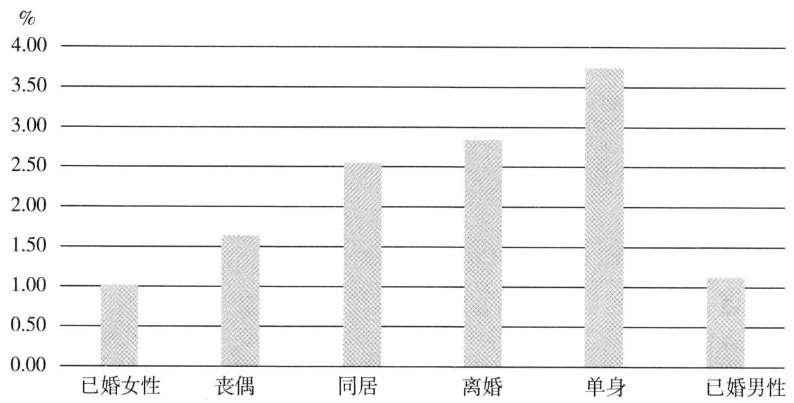


**图3.11　不同“婚姻状况”下“坏的”债务人的百分比**

**表3.8　变量“婚姻状况”的交叉表**

| | 债务人婚姻状况 | | | | | | |
|---|---|---|---|---|---|---|---|
| | 已婚女性 | 丧偶 | 同居 | 离婚 | 单身 | 已婚男性 | 合计 |
| “好的”债务人（名） | 3300 | 120 | 191 | 1092 | 643 | 5430 | 10776 |
| “坏的”债务人（名） | 34 | 2 | 5 | 32 | 25 | 62 | 160 |
| 合计（名） | 3334 | 122 | 196 | 1124 | 668 | 5492 | 10936 |
| “坏的”债务人所占比例（%） | 1.02 | 1.64 | 2.55 | 2.85 | 3.74 | 1.13 | 1.46 |

在量化方面，我们需要看看CS统计值［公式（3.3）］和它的P值。根据表3.8的分类值，把PD分成5个原始类别后，CS统计值为49.44，而在合并成3个类别后，C统计量则稍微少了一些，变为48.12。在两种情况下，卡方分布的P值都非常小（<0.001），且在第二种情况下P值更小，因为自由度从4下降到了2。不过这里要注意的是，CS统计量不考虑每个类别的观测值或违约数过低的情况。在这个案例里，要合并一些类别的原因是“丧偶”和“同居”两类的违约数很少，而在合并后，CS统计

量的变化也不大，这暗示是我们几乎没有丢失区分能力。而如果我们只将该变量分成两类，即“已婚”和其他，那么 CS 就会更显著地下降为 44.71，但是这也仍然是一个很高的值。

另一些广泛使用的、复杂的、衡量分类变量的区分能力的量化方法是证据权重法（Weight of Evidence，WoE）和信息价值法（Information Value，IV）[Porath in Engelmann and Rauhmeier (2006); Thomas (2009)]。对一个分类变量 $c$ 采用证据权重法，是将比较总对数似然比和在 $c$ 值下的对数似然比的变化。这是来源于贝叶斯定理（Bayes theorem），且可以写成以下形式：

$$\mathrm{WoE}(c) = \ln Pr[c \mid \text{好的}] - \ln Pr[c \mid \text{坏的}]$$

其中，$Pr[c \mid \text{好的}]$ 计算的是在所有好的贷款者 $c$ 类别所占的比重，$Pr[c \mid \text{坏的}]$ 也是同理。例如，我们可以根据表 3.8 计算出：

$$\mathrm{WoE}(c) = \ln Pr[c \mid \text{好的}] - \ln Pr[c \mid \text{坏的}] = \frac{\ln 634}{10776} - \frac{\ln 25}{160} = -0.96$$

准确地说，我们上面计算的不是理论上的总体的 WoE，而是根据给定样本的一个估计值。为了解释 WoE 的内涵和重要性，让我们根据贝叶斯定理把良莠比分解成如下形式：

$$\frac{\Pr[\text{好的} \mid c]}{\Pr[\text{坏的} \mid c]} = \frac{\Pr[c \mid \text{好的}]}{\Pr[c \mid \text{坏的}]} \times \frac{\Pr[\text{好的}]}{\Pr[\text{坏的}]}$$

等式两边都取对数，得到：

$$\ln o(c) = \ln o_{pop} + \mathrm{WoE}(c) \tag{3.11}$$

其中 $o_{Pop} = \frac{\Pr[\text{好的}]}{\Pr[\text{坏的}]}$ 表示的是总体的良莠比，而 $o(c) = \frac{\Pr[\text{好的} \mid c]}{\Pr[\text{坏的} \mid c]}$ 则表示的是以 $c$ 为条件的良莠比。因此，我们可以先不看分类变量的对数比，先看看 WoE。这样做的一个好处就在于我们可以直接识别对对数比有正向影响的分类变量（即意味着“坏的”预测概率很低）和负向影响的分类变量。例如，图 3.12 显示，在“婚姻状况”中，只有“已婚男性”和“已婚女性”有正的 WoE，而所有其他类别的 WoE 的值都是负的。这就能进一步解释为什么将“丧偶”“同居”和“单身”合并，而不与已婚合并。表 3.9 比较了 WoE 值和对数比，并且验证了二者的差值永远等于总体的 WoE。

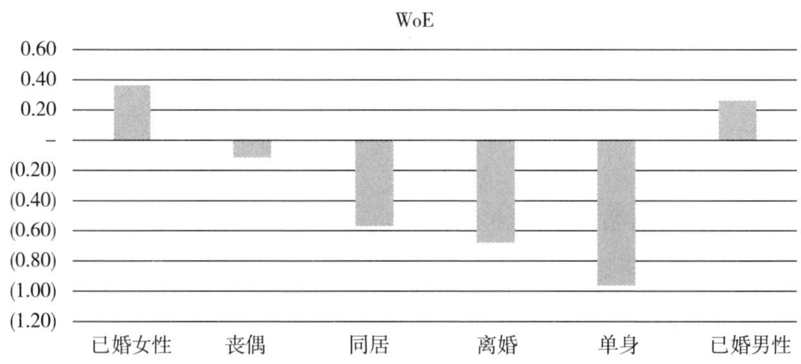


**图 3.12　不同“婚姻状况”的证据权重**

**表 3.9　不同“婚姻状况”的优势对数（log - odds）、WoE 及二者间的差值**

| | 债务人婚姻状况 | | | | | | |
|---|---|---|---|---|---|---|---|
| | 已婚女性 | 丧偶 | 同居 | 离婚 | 单身 | 已婚男性 | 合计 |
| log（“坏的”债务人/“好的”债务人） | 4.58 | 4.09 | 3.64 | 3.53 | 3.25 | 4.47 | 4.21 |
| WoE | 0.37 | -0.12 | -0.57 | -0.68 | -0.96 | 0.26 | — |
| Diff. | 4.21 | 4.21 | 4.21 | 4.21 | 4.21 | 4.21 | 4.21 |

事实上，公式（3.11）中的恒等式可以用来建立一个朴素贝叶斯计分卡。让我们假设有 $n$ 个分类解释变量 $c_1,\cdots,c_n$，如果我们能够计算分类变量的每个可能组合 $c = < c_1,\cdots,c_n >$ 的 WoE：

$$\mathrm{WoE}(c) = \ln\Pr[c \mid \text{好的}] - \ln\Pr[c \mid \text{坏的}]$$

那么我们就可以根据公式 3.11 定义在 $c$ 条件下的分值：

$$s(c) = s_{Pop} + \mathrm{WoE}(c) \tag{3.12}$$

其中，总体的对数比的分数是 $s_{Pop} = \ln o_{Pop}$。这个式子直接将由信息 $c$ 决定的总体对数比分离了出来，而这一个对数比是不取决于总的总体对数比的。$\mathrm{WoE}(c)$ 取正值意味着该组的对数比高于平均值，而取负值则意味着低于平均值。

为了更直观地看出具有显著性的 WoE 的顺序，我们会发现，WoE = ln2 = 0.69 将良莠比扩大了两倍，而例如 WoE = ln1.2 = 0.18 则只能将良莠比上升 20%。从定义上，根据对数比的分值得出的违约概率可以写成如下形式：

$$\Pr[坏的 \mid c] = \frac{1}{1 + e^{-s(c)}}$$

如果我们能够精确地估计所有分类变量的可能组合的 $WoE(c)$，那么用公式（3.12）定义的计分卡就是完美的了，然而，事实上这几乎不可能实现，因为当分类变量数非常多时，这样的组合就会有非常多，这样就会导致每个类别下的观测值都非常少甚至是为零。一个可能的解决方法就是接受分类变量是独立的这个强假设，即：

$$\Pr[c \mid 好的] = \Pr[c_1 \mid 好的]\cdots\Pr[c_2 \mid 好的]$$

$$\Pr[c \mid 坏的] = \Pr[c_1 \mid 坏的]\cdots\Pr[c_2 \mid 坏的]$$

因此：

$$\mathrm{WoE}(c) = \mathrm{WoE}(c_1) + \cdots + \mathrm{WoE}(c_n), \text{and so}$$

$$s(c) = s_{Pop} + \mathrm{WoE}(c_1) + \cdots + \mathrm{WoE}(c_n) \qquad (3.13)$$

因此，在分类变量都是独立的假设下，每个单一分类值下的 WoE 就决定了朴素对数比分值。然而，在实际中，上述独立假设太强了，因此公式（3.13）所给出的朴素贝叶斯分值只是对一个更加精确的分值的一个近似，而该精确分值则要由一个考虑了变量之间可能的相关关系之后的 Logistic 回归得出。不过无论如何，公式（3.13）的分解式都说明了 WoE 概念的重要性。

对分类变量的一个全面的区别度量的方式是计算 $c = 1, \cdots, C$ 的 WoE 的概率加权平均，即信息价值法（IV），其正式的定义为：

$$IV = \sum_{c=1}^{C} WoE(c) \cdot (\Pr[c \mid 好的] - \Pr[c \mid 坏的])$$

IV 的值永远是非负的，因为 $\mathrm{WoE}(c)$ 的符号永远和（$\Pr[c \mid 好的] - \Pr[c \mid 坏的]$）相同。但是，另外，IV 没有上线。因此 IV 可以被看作是按照“好的”总体中的分类变量的概率分布加权后得到的平均 WoE，减去按照"坏的"总体中的分类变量的概率分布加权后得到的平均 WoE。因为对于"好的"债务人而言，WoE 永远是正的，而对"坏的"债务人而言则永远是负的，因此 IV 的结果反映了根据分类变量值中的信息区分好坏债务人的能力。

因此，对 WoE 和 IV 的测量是估计分类值和分类变量相对区分能力的一个良好指标。但其缺陷在于，这种测量是没有合适的渐进概率分布的，因此我们不能从 IV 何 WoE 的绝对数值上直接得出某种分类的区分能力是否令人满意。针对 IV，原则上留下某个变量的最低要求是 0.04 - 0.10（而若使用单因素 Gini 系数则为 0.10 - 0.15）。在粗分类过程中，我们应当控制 IV 和单因素 Gini 系数的下降，以避免不必要地丧失信息。

例如，表 3.10 反映的是经过粗分类之后"婚姻状况"的 WoE 值和 IV 值。在该粗分类之前，IV 值为 0.33，因此经过粗分类（即合并部分类别）之后，IV 值的下降是很小且可以接受的，因为 0.32 也是一个较高的数值。

**表 3.10 经过粗分类后的不同婚姻状况的 WoE 值和 IV 值**

| | 债务人婚姻状况 | | | |
|---|---|---|---|---|
| | 单身 | 离婚、同居、丧偶 | 已婚 | 合计 |
| "好的"债务人（名） | 643 | 1403 | 8730 | 10776 |
| "坏的"债务人（名） | 25 | 39 | 96 | 160 |
| 合计（名） | 668 | 1442 | 8826 | 10936 |
| WoE | -0.96 | -0.63 | 0.30 | |
| IV | 0.09 | 0.07 | 0.06 | 0.23 |

总而言之，针对一个有分类变量也有数值变量的数据库，标准的计分函数建立过程如下：

（1）从长变量单中预先选择变量，最多选出 20 ~ 30 个用于后续的更详细的单因素分析和分类。该挑选过程通常根据统计和专家评判。对每个变量，无论是数值变量还是分类变量，可以自动计算单因素 Gini 系数，即看作是只有一个变量的 Logistic 回归模型输出的内样本 Gini 系数。单因素 Gini 系数的一个典型的临界值为大约 10%，取决于可得的变量数量。根据分类变量，或经过分类后的数值变量，还应当计算 IV，且值最低为 4%。

该选择过程不一定要完全按照电脑的输出结果，一些变量的解释力可能很低，但根据专家的要求也可以留下，或者相反，一些变量的统计结果可能很高，但是专家也可以依据一定的理由将其剔除。

(2) 对预先选择的变量进行单因素分析，检验对数比对其值的依赖性。对于分类变量，这种计算非常直接，因为可以简单地计算每个分类值的对数比，例如，$\frac{\ln G}{B(c)} = \ln \frac{1-\hat{p}(c)}{\hat{p}(c)}$，其中，$\hat{p}(c) = \frac{d(c)}{n(c)}$，$n(c)$ 是当该分类变量取 $c$ 值时的观测值，$d(c)$ 则指的是当该分类变量取 $c$ 值时的观测的违约数。对于数值型变量，则需要将样本分成观测值相同的类别，这样才能有足够数量的观测值和违约数来计算每个类别的经验对数比。

(3) 根据单因素分析和我们建立计分函数的方法，可以运用多种方法对预先选择的变量进行转换。对零售业务，一般只采用分类变量。在这种情况下，数值型变量就通过分类变成分类变量。另外，对于公司业务，则一般只使用数值型变量，因此如果存在分类变量，则需要将其转换成为数值型变量，标准的方法就是采用哑变量。不过，用上述所提及的相应的 WoE 值来代替分类变量值的方法，也可以将单个分类变量替换成数值型变量。这种变换也叫作"证据权重化"。有时这种方法可以运用到所有的分类变量中，甚至是针对零售业务也可以用这种方法将分类变量替换成数值型变量。针对图 3.10 中所显示的第二个数值型变量（与对数比之间存在强非线性关系）的转换，这种方法也可以适用。事实上，这些变量已经通过分类转换成了分类变量，因此通过将 WoE 值赋予相应的类别，可以转换回数值型变量。这样，根据公式（3.11），对数比和解释变量之间的关系就是完美的线性关系，因为每个类别的对数比和 WoE 的差值都等于总体对数比，即独立于各类别。

(4) 通过合并有相似违约率（或 WoE）和/或观测值过少的类别的方式，将取值过多的分类变量进行粗分类。

(5) 为了剔除高度相关的变量（一般指相关性大于 50%）的变量还应当进行相关性分析。对连续变量的相关性分析是很直接的；而针对分类变量，可以计算哑变量之间的相关性。然而，这种相关分析可能过于复杂，因为每个单一分类变量都有很多哑变量。一个可能的解决方法就是在相关性分析中，用相应的 WoE 代替分类变量。另一个有用的相关性统计量是方差膨胀因子（Variance Inflation Factor，VIF）①，VIF 衡量的是该回归分析中共线性的严重程度。变量间存在高度相关的一个常见临界值是 5 ~ 10。

（6）根据变量选择结果和/或变量自动选择结果给出专家意见，例如采用逐步回归的方法。最后剩下的变量不应当超过 10 个显著变量。

（7）利用内样本数据库估计回归系数，并计算内样本和外样本结果，即 Gini 系数（AUC）和其他统计量。这里建议对不同的内/外样本进行交叉验证。如果与内样本的 Gini 系数相比，外样本的 Gini 系数没有出现大幅下降（最多几个百分点），那么变量挑选和变量转换就是可以接受的。最后根据全数据进行最终的回归系数的估计。需要提醒的是，在一定程度上根据专家意见的单因素分析和上述所提及的变量选择需要针对全样本进行分析。然而，为了更好地检验建立函数的稳定性，单因素分析和变量选择也可以只采用内样本，在这种情况下，则建议要有相当大的数据库（尤其是需要有足够的“坏的”观测值），且应采取电脑进行粗分类和筛选过程，这样就可以验证内外样本的差异。如果使用了“证据权重化”，那么就必须牢记 WoE 的值实际上是起到了估计参数的作用，因此在验证过程中应当采用内样本（而不是全样本）进行估计。

## 案例

我们下面会利用一家大捷克银行的消费者贷款数据库说明 Logistic 回归计分模型的建立。该数据库也在 Witzany（2009b，d－f）中分析一个计分函数的灵敏度时用到，其中使用了多个违约的定义。在这个案例分析中，我们只运用违约的一个标准定义，即逾期超过 90 天的、大于等于

① 方差膨胀因子 $VIF = \frac{1}{1 - R_j^2}$，其中 $R_j^2$ 为解释变量 $j$ 对所有其他解释变量进行回归后的回归系数。

100CZK 的账户。该数据库涵盖了 1/202 - 10/2008 期间的所有 10936 个贷款申请数据。对于每个账户，我们都有在发起后 12 个月的违约的信息，或没有违约的信息。该数据库只有 160 个违约和 10776 个无违约观测值，即经验违约率只有 1.48%。在表 3.11 中的第二列列出的解释变量大多是分类变量（性别、年龄、婚姻状况等）。每月和其他时间段的时候将会被作为数值变量，而抚养人数将会作为数值或分类变量。

**表 3.11　　评分数据库描述**

| 评分数据库 | 观测值 | 10936 |
|---|---|---|
| 2009 年 7 月 31 日 14：56 | 变量数 | 21 |
| 变量名 | 变量描述 | #分类值 |
| Id 号 | 账号 | N/A |
| def | 违约率（90 天，100CZK） | 2 |
| mesprij | 月收入 | N/A |
| pocvyz | 抚养人数 | 8 |
| ostprij | 其他收入 | N/A |
| k1pohlavi | 性别 | 2 |
| k2vek | 年龄 | 15 |
| k3stav | 婚姻状况 | 6 |
| k4vzdel | 教育 | 8 |
| k5stabil | 工作稳定性 | 10 |
| k6platce | 雇佣类型 | 9 |
| k7forby | 居住类型 | 6 |
| k8forspl | 偿付类型 | 6 |
| k27kk | 信用卡 | 2 |
| k28soczar | 社会地位 | 10 |
| k29bydtel | 家庭电话线路数 | 3 |
| k30zamtel | 工作地电话线路数 | 4 |

从表 3.11 中可以看出，分类变量值的数量太多了，如果我们不对变量进行选择或进行粗分类，那么这可能会造成模型的过拟合（over - fitting）和低稳健性。在这个案例里，要对分类变量进行编码，就需要产生 76 个哑变量，而且非常明显，对于一些像教育、年龄、雇佣稳定性、雇佣类型等变量，分类的数量太多了。不过，下面让我们先看看不对变量进行选择和

不进行任何粗分类的 Logistic 回归的结果（采用 SAS 软件包）。为了比较内样本和外样本的结果，我们将数据库分成训练集（65% 的“好的”和 65% 的“坏的”）和验证集（剩下的 35%）。表 3.12 只列出了非受限模型的部分系数（因为总共有 79 个变量）及其显著性。除了“其他收入”以外，所有变量的显著性都非常低。我们产生了不同的内样本/外样本的随机分类，使用了 Logistic 回归模型，计算了内外样本的 Gini 系数，表 3.13 则显示了这个模型极差的稳健性。内样本的 Gini 系数（约 70%）较为满意，但是外样本的系数却大约在 40% ~50%，内外样本的平均 Gini 系数的差异达到了接近 28%，这变化是非常大的；而如果将该计分卡用于实际中给新申请者打分，那么结果也会一样糟，甚至更差。

**表 3.12　采用 SAS 分析未经过粗分类与变量筛选样本的 Logistic 回归系数**

| 最大似然估计分析 | | | | | | |
|---|---|---|---|---|---|---|
| 参数 | | DF | 估计值 | 标准差 | Wald 卡方检验 | P 值 |
| 截距 | | 1 | 24.2156 | 291.9 | 0.0096 | 0.9339 |
| MESPRIJ | | 1 | -5.40E-6 | 0.000011 | 0.2467 | 0.6194 |
| OSTPRIJ | | 1 | 0.000058 | 0.000024 | 5.7435 | 0.01666 |
| POCVYZ | 0 | 1 | -3.9438 | 173.6 | 0.0005 | 0.9819 |
| POCVYZ | 1 | 1 | -3.3988 | 173.6 | 0.0004 | 0.9844 |
| POCVYZ | 2 | 1 | -3.5687 | 173.6 | 0.0004 | 0.9836 |
| POCVYZ | 3 | 1 | -3.0501 | 173.6 | 0.0003 | 0.986 |
| POCVYZ | 4 | 1 | -3.2527 | 173.6 | 0.0004 | 0.985 |
| POCVYZ | 5 | 1 | 6.161 | 382.8 | 0.0003 | 0.9872 |
| POCVYZ | 6 | 1 | 5.6907 | 778.8 | 0.0001 | 0.9942 |
| K1POHLAVI | M | 1 | -0.1789 | 0.1568 | 1.3024 | 0.2538 |
| K2VEK | 1 | 1 | 8.6268 | 313.1 | 0.0008 | 0.978 |
| K2VEK | 2 | 1 | -2.6363 | 39.7479 | 0.0044 | 0.9471 |
| K2VEK | 3 | 1 | -2.511 | 39.7473 | 0.004 | 0.9496 |
| K2VEK | 4 | 1 | -2.3 | 39.7467 | 0.0033 | 0.9539 |
| K2VEK | 5 | 1 | -1.1525 | 39.7509 | 0.0008 | 0.9769 |
| … | … | | | | | |

**表 3.13　　无约束模型的内样本与外样本基尼系数　　单位：%**

| 完全模型 Gini 系数 | | |
|---|---|---|
| 运行次数 | 内样本 | 外样本 |
| 1 | 67.9 | 47.6 |
| 2 | 72.1 | 35.7 |
| 3 | 71.9 | 26.2 |
| 4 | 64.2 | 57.7 |
| 5 | 70.2 | 40.0 |
| 平均值 | 69.3 | 41.4 |
| 标准差 | 3.3 | 11.9 |

因此，为了提高稳健性，即提高外样本模型的结果，我们必须要对分类变量进行粗分类，并且采取上述提及的变量选择过程。首先，让我们先看看单因素分析的结果。为了剔除低区分能力的变量，我们对表 3.14 中的单个解释变量（当然不包括账户数变量）计算 Gini 系数和 IV。性别、信用卡、工作电话数的 Gini 系数和 IV 都非常低，因此我们不再考虑这些变量。月收入和其他收入的 Gini 系数也非常低（因为不是数值型变量，我们就不计算 IV)，但若将月收入和其他收入合并成总收入后，Gini 系数的值就超过了 18%，这个值就有些意思了，我们可以将这个变量纳入后续的分析中。总收入和对数比的关系可以通过将该变量分成 10 个同等大小的类别来进一步研究。表 3.14 显示分类后的总收入的 Gini 系数上升了 25.4%，IV 也很高，达到 20.79%，因此该变量能够纳入后续研究。

**表 3.14　　粗分类前后及“证据权重化”后的单变量 Gini 系数和信息价值**

| | | 全样本 | | | 粗分类 | | | WoE 1 | WoE 2 |
|---|---|---|---|---|---|---|---|---|---|
| 样本名称 | 样本描述 | 分类 | Gini | IV | 分类 | Gini | IV | Gini | Gini |
| mesprij | 月收入 | N/A | 6.80% | N/A | N/A | N/A | N/A | N/A | N/A |
| pocvyz | 抚养人数 | 8 | 26.30% | 30.78% | 3 | 22.80% | 26.68% | 26.00% | 22.80% |
| ostprij | 其他收入 | N/A | 8.50% | N/A | N/A | N/A | N/A | N/A | N/A |
| k1pohlavi | 性别 | 2 | 3.20% | 0.44% | N/A | N/A | N/A | N/A | N/A |
| k2vek | 年龄 | 15 | 31.40% | 36.56% | 3 | 28.70% | 31.73% | 30.80% | 28.70% |

续表

| | | 全样本 | | | 粗分类 | | | WoE 1 | WoE 2 |
|---|---|---|---|---|---|---|---|---|---|
| 样本名称 | 样本描述 | 分类 | Gini | IV | 分类 | Gini | IV | Gini | Gini |
| k3stav | 婚姻状况 | 6 | 21.70% | 23.27% | 3 | 21.60% | 22.73% | 21.70% | 21.60% |
| k4vzdel | 教育 | 8 | 20.30% | 15.94% | 4 | 19.80% | 15.52% | 20.30% | 19.80% |
| k5stabil | 工作稳定性 | 10 | 36.60% | 51.44% | 4 | 35.50% | 48.83% | 36.30% | 35.50% |
| k6platce | 雇佣类型 | 9 | 26.90% | 25.36% | 3 | 23.90% | 24.18% | 26.40% | 23.90% |
| k7forby | 居住类型 | 6 | 18.90% | 13.39% | 2 | 18.00% | 12.34% | 18.40% | 18.00% |
| k8forspl | 偿付类型 | 6 | 14.00% | 15.33% | 2 | 12.80% | 13.13% | 13.90% | 12.80% |
| k27kk | 信用卡 | 2 | 4.80% | 7.38% | N/A | N/A | N/A | N/A | N/A |
| k28soczar | 社会地位 | 10 | 9.80% | 7.48% | 4 | 8.60% | 5.11% | 8.90% | 8.60% |
| k29bydtel | 家庭电话线路数 | 3 | 21.80% | 20.25% | 2 | 21.40% | 18.68% | 21.80% | 21.40% |
| k30zamtel | 工作地电话线路数 | 4 | 5.80% | 4.80% | N/A | N/A | N/A | N/A | N/A |
| pnj | 总收入 | N/A | 18.50% | N/A | N/A | N/A | N/A | N/A | N/A |
| prij bin | 分类后总收入（10） | 10 | 25.40% | 20.79% | 3 | 20.30% | 15.65% | 25.40% | 20.30% |

现在我们继续进行粗分类。我们已经说明（见图3.12和表3.10）如何将婚姻状况变量的类别从6减少到3，同时保持单因素分析后的Gini系数仍然高于21%、IV仍然高于22%。同样地，我们也可以减少其他变量的类别数，例如把教育变量的类别从8减少到4（见表3.15），同时保证IV仍然有15.5%。

**表3.15　　　　教育变量的粗分类**

| | 基础教育 | 熟练工 | 职业教育 | 职业研究生教育 | 全中等教育 | 全高中教育 | 高等职业教育 | 大学 | 合计 |
|---|---|---|---|---|---|---|---|---|---|
| 好的 | 704 | 1814 | 2530 | 202 | 3475 | 550 | 155 | 1346 | 10776 |
| 坏的 | 18 | 37 | 45 | 3 | 42 | 7 | 1 | 7 | 160 |
| 总计 | 722 | 1851 | 2575 | 205 | 3517 | 557 | 156 | 1353 | 10936 |
| WoE | -0.54 | -0.32 | -0.18 | -0.00 | 0.21 | 0.15 | 0.83 | 1.05 | |
| 再编码 | A | A | B | B | C | C | D | D | |

有趣的是，图3.13显示了WoE与分类成10个相同大小的类别的总收

入之间的关系并不是我们所希望的单调的。很明显，收入低于 15000 美元的低收入 WoE 是负数，但是收入低于 11000 美元的 WoE 则接近零。相似地，收入大于 15000 美元的 WoE 是整数，但是收入在 21000 ~ 26000 美元的 WoE 则接近零。因为对这种非单调关系，我们并没有基础的理论来解释，因此我们决定对前 4 个类别进行合并（即月收入低于 15000 美元），归类到“低收入”类别下，将后面的 5 个类别（收入在 15000 ~ 291000 美元）归类到“中等收入”下，并将最后一个类别（收入大于 291000 美元）归为“高收入”。这样分类后，IV 下降到了 15. 6%，但是我们得到了一个更加稳健和一致的分类变量。

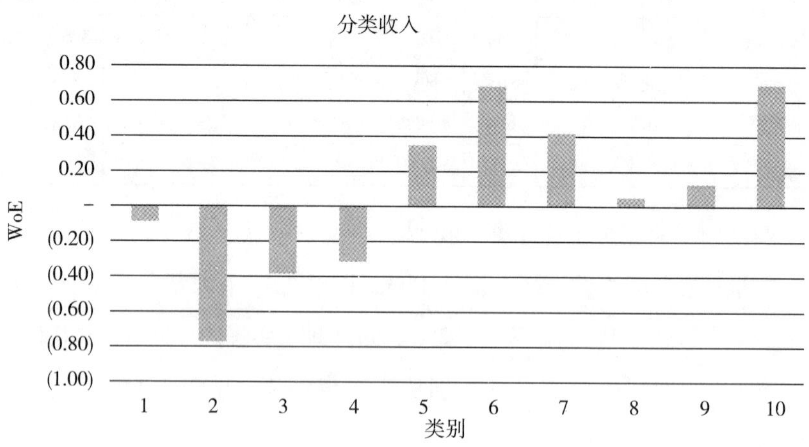


**图 3. 13　随分类收入变化的 WoE**

这种粗分类的总结果，即分类变量的数量、Gini 系数、IV 都呈现在表 3. 14中。要继续选择变量，我们有以下几种方法：我们可以采用分类变量，也可以相应的 WoE 值代替分类变量，并且对数值型解释变量进行回归。我们可以在粗分类之前就进行“证据权重化”，这样可以给我们省去一些工作量，但也可以在粗分类之后进行，这样得到的 WoE 估计值就更加稳健。上述两种方法的 Gini 系数呈现在表 3. 14 的最后两列。从定义上说，未进行粗分类的单因素 Gini 系数，在“证据权重化”之后，是和原始的分类值相同的①，而进行了粗分类后，单因素 Gini 系数在“证据权重化”则等于分类 Gini 系数。转换成数值型变量之后，我们也能更方便地进行全面的相关分析（见表 3. 16）。表 3. 16 中显示，互相关在一个可以接受的水平上，没有超过 50%，因此我们不用再剔除任何变量。意料之中，最高的互相关（50%）存在于抚养人数和婚姻状况之间。

**表 3. 16　粗分类与“证据权重化”后的解释变量相关性分析**　单位:%

| 皮尔森相关系数，N = 10936 | | | | | | | | | | | |
|---|---|---|---|---|---|---|---|---|---|---|---|
| | PRIJ_ BIN1 | POCVYZ1 | K2VEK1 | K3STAV1 | K4VZDEL1 | K5STABIL1 | K6PLATCE1 | K7FORBY1 | K8FORSPL1 | K28SOCZAR1 | K29BYDTEL1 |
| PRIJ_ BIN1 | 100 | 17 | 2 | 14 | 19 | 8 | 1 | 4 | -1 | 1 | 7 |
| POCVYZ1 | 17 | 100 | 21 | 50 | 7 | 11 | 2 | 12 | 5 | 2 | 7 |
| K2VEK1 | 2 | 21 | 100 | 25 | 2 | 24 | 6 | 17 | 7 | -3 | 9 |
| K3STAV1 | 14 | 50 | 25 | 100 | 4 | 13 | 4 | 18 | 3 | -4 | 12 |
| K4VZDEL1 | 19 | 7 | 2 | 4 | 100 | 11 | 8 | 3 | 7 | 8 | 15 |
| K5STABIL1 | 8 | 11 | 24 | 13 | 11 | 100 | 25 | 5 | 3 | 32 | 7 |
| K6PLATCE1 | 1 | 2 | 6 | 4 | 8 | 25 | 100 | -1 | 2 | 6 | 4 |
| K7FORBY1 | 4 | 12 | 17 | 18 | 3 | 5 | -1 | 100 | 3 | -5 | 11 |
| K8FORSPL1 | -1 | 5 | 7 | 3 | 7 | 3 | 2 | 3 | 100 | 2 | 3 |
| K28SOCZAR1 | 1 | 2 | -3 | -4 | 8 | 32 | 6 | -5 | 2 | 100 | -4 |
| K29BYDTEL1 | 7 | 7 | 9 | 12 | 15 | 7 | 4 | 11 | 3 | -4 | 100 |

表 3. 17 显示的是在粗分类之后对分类变量进行回归的结果。对所有数据进行向前选择过程，在最后的模型中留下了 9 个显著的变量：抚养人数、雇佣稳定性、家庭电话线数、偿付方式、雇佣方式、年龄、收入、社会地位和居住类型。这里需要注意的是，一些明显重要的解释变量，如“教育”，并没有进入到模型中，而一些看似不相关的变量，如“家庭电话线数”，则进入了模型。用内样本对这 9 个变量估计系数，并且计算外样本 Gini 系数，得到的外样本的结果呈现在表 3. 17 的第二部分中，其中，平均

① 当该分类变量没有好的或坏的观测值时，在将 WoE 取约数的时候可能会产生一些小的差异。

Gini 系数大约为 56%，比表 3.13 中的情况好了很多。内外样本的差值也更小了——低于 4%，也在我们的期望之中。

**表 3.17　　分类变量的逐步选择及验证结果**

| 逐步选择结果 | | | | | | | |
|---|---|---|---|---|---|---|---|
| 步骤 | 结果 | | DF | 数值 | 分数 | Wald | P 值 |
| | 进入 | 移除 | | In | 卡方平方 | 卡方平方 | |
| 1 | POCVYZ1 | | 2 | 1 | 68.0450 | | <0.0001 |
| 2 | K5STABIL1 | | 3 | 2 | 56.5916 | | <0.0001 |
| 3 | K29BYDTEL1 | | 1 | 3 | 21.1297 | | <0.0001 |
| 4 | K8FORSPL1 | | 1 | 4 | 19.4712 | | <0.0001 |
| 5 | K6PLATCE1 | | 2 | 5 | 16.2111 | | 0.0003 |
| 6 | K2VEK1 | | 2 | 6 | 11.5255 | | 0.0031 |
| 7 | PRIJ_ BIN1 | | 2 | 7 | 9.4163 | | 0.0090 |
| 8 | K28SOCZAR1 | | 3 | 8 | 9.7886 | | 0.0205 |
| 9 | K7FORBY1 | | 2 | 9 | 6.7938 | | 0.0335 |

分类变量选择

| 运行 | 内样本（%） | 外样本（%） |
|---|---|---|
| 1 | 59.1 | 61.4 |
| 2 | 60.6 | 53.2 |
| 3 | 59.9 | 56.6 |
| 4 | 60.2 | 51.2 |
| 5 | 59.4 | 57.6 |
| Ave | 59.8 | 56.0 |
| std | 0.6 | 4.0 |

表 3.18 和表 3.19 显示了在有“证据权重化”但没有进行粗分类的逐步选择的结果。注意这里选择的变量有些许不同。第一个 WoE 回归和分类回归一样，选择了 9 个变量，但“教育”则代替了“社会地位”，而在第二个 WoE 回归中，则选择了 10 个变量，把“教育”和“社会地位”都包含了。对外样本进行 WoE 回归（未进行粗分类）的结果似乎是最好的，但是有进行粗分类的 WoE 回归的 Gini 系数方差更低，意味着更稳定。

**表 3.18　经“证据权重化”但未经粗分类的模型结果**

| | 最大似然估计分析 | | | | | |
|---|---|---|---|---|---|---|
| | 参数 | DF | 估计值 | 标准差 | wald 卡方 | P 值 |
| | 截距 | 1 | 4.2436 | 0.0947 | 2006.6314 | <0.0001 |
| 1 | PRIJ_ BIN1 | 1 | 0.7017 | 0.1829 | 14.7250 | 0.0001 |
| 2 | POCVYZ1 | 1 | 0.4855 | 0.1425 | 11.6116 | 0.0007 |
| 3 | K2VEK1 | 1 | 0.4339 | 0.1458 | 8.8638 | 0.0029 |
| 4 | K4VZDEL1 | 1 | 0.5198 | 0.2363 | 4.8393 | 0.0278 |
| 5 | K5STABIL1 | 1 | 0.6811 | 0.1374 | 24.5883 | <0.0001 |
| 6 | K6PLATCE1 | 1 | 0.7859 | 0.1617 | 23.6186 | <0.0001 |
| 7 | K7FORBY1 | 1 | 0.4447 | 0.2227 | 3.9870 | 0.0459 |
| 8 | K8FORSPL1 | 1 | 0.7795 | 0.1849 | 17.7723 | <0.0001 |
| 9 | K29BYDTEL1 | 1 | 0.6725 | 0.1888 | 12.6855 | 0.0004 |

WoE1 变量选择

| 运行 | 内样本（%） | 外样本（%） |
|---|---|---|
| 1 | 63.3 | 59.3 |
| 2 | 61.7 | 62.1 |
| 3 | 66.0 | 52.1 |
| 4 | 65.7 | 52.1 |
| 5 | 61.5 | 59.5 |
| 平均值 | 63.6 | 57.0 |
| 标准差 | 2.1 | 4.6 |

**表 3.19　粗分类与“证据权重化”后的模型结果**

| | 最大似然估计分析 | | | | | |
|---|---|---|---|---|---|---|
| | 参数 | DF | 估计值 | 标准差 | wald 卡方 | P 值 |
| | 截距 | 1 | 4.1271 | 0.0955 | 1869.4498 | <0.0001 |
| 1 | PRIJ_ BIN1_ woe | 1 | 0.5007 | 0.2197 | 5.1950 | 0.0227 |
| 2 | POCVYZ1_ woe | 1 | 0.4253 | 0.1248 | 11.6230 | 0.0007 |
| 3 | K2VEK1_ woe | 1 | 0.4806 | 0.1570 | 9.3758 | 0.0022 |
| 4 | K4VZDEL1_ woe | 1 | 0.4836 | 0.2417 | 4.0052 | 0.0454 |

续表

| | 最大似然估计分析 | | | | | |
|---|---|---|---|---|---|---|
| | 参数 | DF | 估计值 | 标准差 | wald 卡方 | P 值 |
| | 截距 | 1 | 4.1271 | 0.0955 | 1869.4498 | <0.0001 |
| 5 | K5STABIL1_ woe | 1 | 0.6367 | 0.1437 | 19.6249 | <0.0001 |
| 6 | K6PLATCE1_ woe | 1 | 0.7539 | 0.1791 | 17.7248 | <0.0001 |
| 7 | K7FORBY1_ woe | 1 | 0.5666 | 0.2363 | 5.7513 | 0.0165 |
| 8 | K8FORSPL1_ woe | 1 | 0.7415 | 0.1938 | 14.6359 | 0.0001 |
| 9 | K28SOCZAR1_ woe | 1 | 0.8378 | 0.3491 | 5.7610 | 0.0164 |
| 10 | K29BYDTEL1_ woe | 1 | 0.6921 | 0.1941 | 12.7171 | 0.0004 |

WoE2 变量选择

| 运行 | 内样本（%） | 外样本（%） |
|---|---|---|
| 1 | 62.8 | 52.6 |
| 2 | 62.6 | 53.1 |
| 3 | 60.7 | 58.6 |
| 4 | 62.5 | 54.9 |
| 5 | 59.8 | 57.2 |
| 平均值 | 61.7 | 55.3 |
| 标准差 | 1.3 | 2.6 |

总而言之，上述三个方法中的任意一个都能产生可接受且或多或少相似的结果。采取了粗分类之后稳健性更好了，分值函数也变得更加透明，而根据“证据权重化”的未粗分类方法则剩了大量的对变量变换的建模时间。

上述的案例分析说明了建立分支函数并不是一个完全的自动的过程——它包含了专家基于自身经验或对解释变量和数据有更深的理解而给出的大量的判定。仔细按照基础步骤进行是非常重要的，即要先进行单因素分析，接着进行变量选择，最后要仔细地验证。如果最终结果并不令人满意，那么就需要反复地返回前面的步骤、可能需要改变前面的判定，直到结果足够好为止。

## 拒绝推理

经典分值函数建模数据库的一个主要问题叫作“拒绝偏误”，该偏误引起的原因在于，金融机构只有对之前批准过的贷款才能观测到违约。换句话说，对于已经拒绝了的贷款申请者，是观测不到最后违约与不违约的。非常简单的审批流程可能包括许多个“KO”（Knock – Out）标准，例如在一些极端保守的情况下可能会拒绝所有收入低于 25000 美元的申请者。如果按照这种做法，根据图 3.13，案例分析中的观测值会减少超过 80%，而我们几乎不能对收入低于 25000 美元的申请者进行任何统计推理。在不那么极端的情况下，低收入者在刚开始评分时就会被给出非常低的分数，那么这就会导致低收入者当中通过申请的人数非常少。因此，在新的计分函数中，“收入”变量因为区分能力很低而可以被剔除，这并不是因为“收入”不是一个重要的解释变量，而主要是源于低收入的观测值太少。

已经提出了许多被为拒绝推断（reject inference）的技术去克服拒绝偏差。解决这个问题最简洁的方法是构建一个样本，该样本中没有拒绝事件。在有限的时间周期内接受所有的申请者是可以实现的。另一种方法由 Thomas 等（2002）提出，随机接受通常被拒绝的申请人（评分低于阈值），其比例与估计的违约概率成反比。特别地，如果 $p(s)$ 代表的违约概率取决于估计评分 $s$，那么批准率（approval rate）$a(s)$ 应该满足不等式 $p(s)a(s) \leqslant DR_{max}$，使违约率低于预先设定的最大极限 $DR_{max}$，例如设 $a(s) = DR_{max}/p(s)$。那么获批的事件需要通过 $w(s) = 1/a(s)$ 重新加权，以便基于获得批准和被拒绝的申请者①得到最具代表性的样本。

文献中提到了大量拒绝推断的方法，在此讨论其中两种基础方法：重新加权和增强（reweighting and augmentation）（见 Crook 和 Banasik，2004；Anderson 等，2009）。重新加权拒绝推断为获批事件重新设置了权重，以此更好地代表样本分布。第一步是利用含有所有可用解释因子的数据集和接

① Logistic 回归可以很容易地推广到含有正权重的观测值中。在 log – likelyhood 函数式（3.8）中，权重被当作乘数因子。标准统计 SW 软件包允许使用该观测权重。

受/拒绝信息建立接受—拒绝评分卡（accept - reject scorecard，AR）。然后，对于 AR 评分为 $s$ 的获批观测值，计算经验批准率 $a(s)$ 并按照 $w(s) = 1/a(s)$ 对其重新加权，以此代表好—差观测值（good - bad observations）缺失的拒绝事件。该过程隐含假设（见 Hsia 1978 年的初稿），对于获批和拒绝的事件来说，以 AR 评分 $s$ 为条件的违约概率是一样的，如：

$$\Pr[\text{坏的} \mid s,A] = \Pr[\text{坏的} \mid s,R]$$

增强（augmentation）方法扩展了数据集，包含拒绝观测值。结合之前的新模型，我们假设 $p_j$ 代表拒绝事件 $j$ 的估计违约概率。主要有两种方法将未知结果的拒绝事件分配到好—坏类别（good - bad categories）中。第一种方法，也被称作模糊方法（fuzzy method），将观测值 $j$ 分成两组：将 $j'$ 分到差的类别，权重为 $p_j$；将 $j''$ 分到好的类别，权重为 $1 - p_j$。通过这种方式，我们或多或少地完全代表了增强数据集（augmented dataset）拒绝事件的可用信息。另一种方法是对每一个拒绝事件 $j$ 进行分类，以此得到估计的违约概率。一种可行的方法是将 $j$ 随机分入差或好的类别，其概率分别为 $p_j$ 和 $1 - p_j$。为了避免抽样误差，最好根据估计违约概率将拒绝观测值分组，然后按一定比例从这些分组中抽取好与差的样本。最后，可以运用强制分段法（hard cut - off method）将概率低于分段值的概率为 $p_j$ 的拒绝事件 $j$ 分到差的类别，高于分段值的分到好的类别。这些分段值是根据被拒绝的子样本的平均预期违约概率设定的。

可以利用旧的评分系统去估计拒绝事件的违约概率，特别是当之前的模型运行得很好，只需要增加一些新的观测值去改善它的时候。另一种可能是使用纯粹的外推法（pure extrapolation approach），基于获批子样本生成一个新的模型，并在此基础上利用新的评分系统去估计拒绝事件的违约概率。最后，利用假设［式（3.14）］，可能会生成接受—拒绝评分卡并估计：

$$\Pr[\text{坏的} \mid s,A] = \sum_{x,s_{AR}(x)=s} \Pr[\text{坏的} \mid x,A] \Pr[x \mid s_{AR}(x) = s] \tag{3.14}$$

其中，$\Pr[\text{坏的} \mid x,A]$ 是根据新模型估计的违约概率，$\Pr[x \mid s_{AR}(x) = s]$ 是接受—拒绝评分特征向量 $x$ 的相对频率。换句话说，$\Pr[\text{坏的} \mid s,A]$ 是由

整个样本中特征向量的条件分布加权的新模型估计出的平均违约概率。该方法也许可行，比如旧模型未知，而现在仅有的信息是关于接受—拒绝决策的。

很明显任何一个增强方法（augmentation）都不是完美的，所以我们应该控制结果已知的获批事件与人为分类的增强拒绝事件二者之间的比例。如果拒绝事件的占比太大，那么可以运用重新加权，使拒绝子样本的总权重低于一个合理的限值，如 30% 或 50%。很多研究（如 Crook 和 Banasik，2004）证明拒绝推断并不会自动改善最后的评分系统，最终结果取决于特定情景和专业决策。

## 定性与定量评估相结合

如上所示，评分系统的解释变量可以是定性的也可以是定量的。但是，在公司借款人评估中，最好是将基于定量财务比率的自动财务评级与基于专家判断的定性评级相区分。定性评估可能完全传统的，或更加机械地评估问卷中的各种定性因素，如管理经验、商业关系、市场地位等。这些回答都有数字编号并转换到对应的定性评分中。最后会结合具体情况会人为调整定性评分。利用 Logistic 回归将定性与定量评分结合，得到最后的唯一评分和评级级别（见图 3. 14）。将该过程分解能更好地解释并理解为什么借款者得到的评分高或低。这对企业那部分很重要，因为自动评级系统通常只是辅助决策。

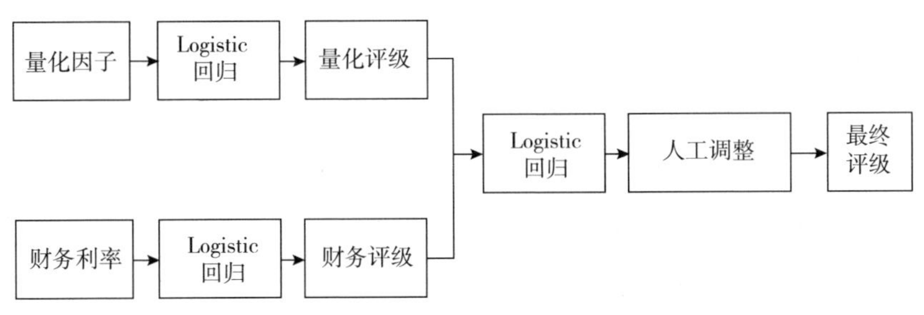


**图 3. 14　公司评级的定性与量化分析过程**

## 评级校准和违约概率的估计

虽然 Logistic 回归试图直接预测违约概率，但是评分系统的发展过程和赋予评分值不同违约概率是相互独立的。这样的原因有很多。样本中好与差是有一定比例的，如 50:50，与真实的观测也许并不一样。因此，利用 Logistic 回归估计的违约概率也与存在偏差。另一个根本问题是随着时间的变化，违约概率也是会变化的。借款人的违约概率不仅仅与其自身的特定因素有关，也与很多系统因素有关，例如 GDP 的增长、失业率利率等。如果系统因素（通常并不作为解释变量）改变，那么基于借款人特定信息和历史数据的评分系统并不能准确预测违约概率。所以评分系统发展一段时间后需要重新校准，例如，用新的方式赋予评分值不同的违约概率。评分系统的发展过程是耗时的，即使是基于多年的大型数据集新生成的评分系统也需要重新校准。如果数据集既包含了好年份的数据也包含了坏年份的数据，比如是跨周期的（through the cycle，TTC），那么最后 Logit 函数给出的估计是某种平均水平的 TTC 违约概率。从监管的角度来看这是可取的，但是从商业角度出发更希望在时间点上（point in time，PIT）估计违约概率，例如，根据产品成熟度对未来期间，通常为 1 年的最佳预测。因此，TTC 评分系统需要利用不断更新的违约信息去重新校准它，以便预测 PIT 违约概率。另一种情景是，产品的历史相对较短且在期望的时间范围内只有少量的违约。这时的评分系统可以重新定义违约，例如，第一笔付款违约或逾期 60 天，然后重新校准到违约的目标定义。

重新校准的过程可以设置如下。令 $s(a)$ 为优势对数记分 $-\beta' \cdot x(a)$ 的线性转换，系数来自 Logistic 回归。这些值通常被限定在常规范围内，例如 0～100，或 0～1000。对于新的借款人，我们使用单一变量的 Logit 模型，评分 $s(a)$ 是唯一的解释变量：

$$p(a) = \Lambda(\alpha + \beta s(a)), \text{如} \ln \frac{p(a)}{1 - p(a)} = \alpha + \beta s(a)$$

为了估计这个简单模型，我们使用涵盖期望的违约时间范围的最新观测值。例如，如果预测期限是 1 年，那么我们选择那些一年之前未发生违约但是过去12个月有违约现象的借款人。这样，我们既利用了评分系统的区分能力（discriminatory power），又使用了最新的违约信息。截距 $\alpha$ 和斜率 $\beta$ 也许能通过OLS回归估计得到，根据评分将样本细分。这个简单的方法也许会导致预测偏差，使预测的平均违约概率不同于校准样本的总违约频率。只需对校准样品进行单变量Logistic回归即可解决问题。根据公式(3.10)，将不会发生预测偏差。

图3.15给出了一个实际违约率与预测违约概率相比较的典型案例。由评分系统在2003年末已预测的违约概率，如果不经过校准，那么给定商品组合（如消费者贷款）的预测违约率基本稳定在4%的水平。小的波动是因为组合构成的变化（即解释变量分布的变化）。但是实际违约率波动很大，且与原始评分卡预测相差很大，显著增加到了2007年和2008年的7%。由原始评分卡得到的所有未经校准的违约概率会严重低估风险。如果银行仍打算使用原始评分系统，那么需要每季度对其进行重新校准。虽然即便这样，基于最新数据的预测违约概率的变化仍滞后于实际概率的变化，但是与未经校准的预测相比改善了很多。

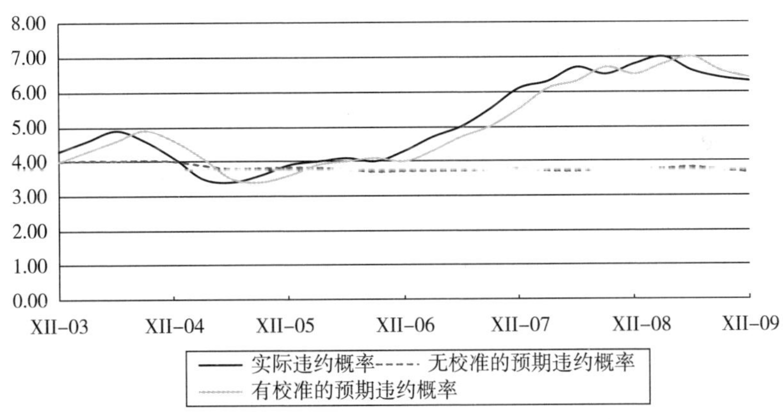


**图3.15　实际违约概率与有校准和无校准预期违约概率**

所有评分值将会被分到不同的评分等级中。从商业角度来看，评分等级可能非常简单：1代表“yes”，2代表“maybe”，3代表“no”，与批准过程相对应。如果申请者被标注为“yes”则通过了申请，如果申请者被标注为“no”则表示被拒绝，而被标注为“maybe”则代表还需进一步地专家审查。如果评级是为了基于风险区分信贷保证金（credit margin），那么整个审批过程应该设置更多不同等级。科学的等级划分可能在灰色区域也有用，对于零售来说，合理的区间不能超过10；而公司不能超过25。将评分划分到不同等级的理论有很多。最简单的方法是固定每个等级的评分值区间。例如，如果评分值的范围为［0，1000］，并使用穆迪评分，那么［981，1000］代表“Aaa”；［961，980］代表“Aa1”；［0，100］为“Ca”。这样评分等级就涵盖了所有的评分值。根据解释变量的周期性和校准方法，评级等级将表示TTC而不是PIT违约概率。另一种方法是用固定PIT违约概率的区间来划分评分等级。等级1为PD区间［0,0.5%），等级2为［0.5%,1.5%），依此类推，最后一级的PD值最高。在这种情况下，将评分值分配到评分等级取决于PD的重新校准。第一种方法中，对于单一评级类别，历史观察到的违约频率随着周期波动；对于第二种方法，观测值应该在定义评级等级的PD区间内。

## 影子评级（Shadow Rating）

当违约数据很少的时候可以使用影子评级，但是需要权威评级机构的外部评级。可以是政府、地区、直辖市、金融机构或大公司。银行通常没有或不愿意设立专门的信贷分析部门，但同时，用普通的统计方法又很难建立一个评分系统，因为历史违约数据太少。如果该部分的重要部分是由外部机构评定的，则是想通过模仿外部评级开发内部评分系统，该评分系统使用现有的外部评级和相关的违约概率作为开发数据。第一步是利用专业知识识别评级机构可能使用的解释因素。这些因素包括宏观因素和财务或国家风险指标。第二步是外部评级需要校准。在这种情况下，可以在评级决定之前的观察期间使用违约频率（PIT理论），或在一个固定的漫长的时间周期内进行（TTC理论）。然后应用Logistic回归模型：

$$p_i = \Lambda(\beta' \cdot x_i),\text{如}\ \ln\frac{p_i}{1-p_i} = \beta' \cdot x_i$$

其中，$x_i$ 表示由外部评级的借款人的解释变量向量，$p_i$ 表示预测违约概率（由外部评级得到）。系数 $\beta$ 可由简单的 OLS 回归得到，上文有提到。该系统准确度不需要太高，它只是辅助决策的工具，辅助那些做最后决定的分析家。

## 生存分析（Survival Analysis）

传统的 Logistic 回归方法并不能很好地契合违约动态的时间范围。有时候我们需要预测短期内的违约，而有的时候又需要跨越一个很长的时间范围。经验证明大多数产品的违约概率与其自身的年限有关。例如，未担保的贷款在获批的早期很容易发生违约，因为借款人从一开始就不愿意偿付，但是过来最初的这段时期，违约的概率会逐渐下降（见图 3.16）。而在抵押贷款中，通常不是这样：刚开始的违约概率很低，但是几年之后随着偿付能力的降低（失业、离婚、利率重置后升高等），违约概率会随之增加。因此，为了模拟贷款在生命周期中的行为，我们需要的不仅仅是单一时间范围内的 PD 预测。

生存分析也有其适合的情景，比如当观测客体一直处于某种状态（生存状态），直到某个观测客体退出（死亡或失败）。而这里的退出可以理解为违约。生存分析允许使用删减后的观测值，如知道某一时刻一些观测值还处于生存状态，但是却没有更多的信息。另一个有用的方法是，当存在一些新获批的贷款（比如去年一年内）时，可以将这些最新数据纳入进来，在这里分析违约/非违约观测值并不一定使用 Logistic 回归。大量的研究（如 Andreeva，2006；Thomas，2009）证明相比经典的 Logistic 回归，该方法在区分能力（discrimination power）度量方面效果更好。

一般情况下，研究时间会持续到有失败案例发生，研究目的是在给定时间内，研究生存或失败的概率。生存分析的关键概念（Greene，2003）是生存函数和风险率（hazard rate）。T 是随机变量，代表某一个体的退出时间，$f(t), t \geq 0$ 是它的连续概率密度函数，$F(t)$ 是累积分布函数。那么，$F(t)$ 是某个个体在时间 $t$ 的退出（失败）概率，而生存函数 $S(t) = 1 -$

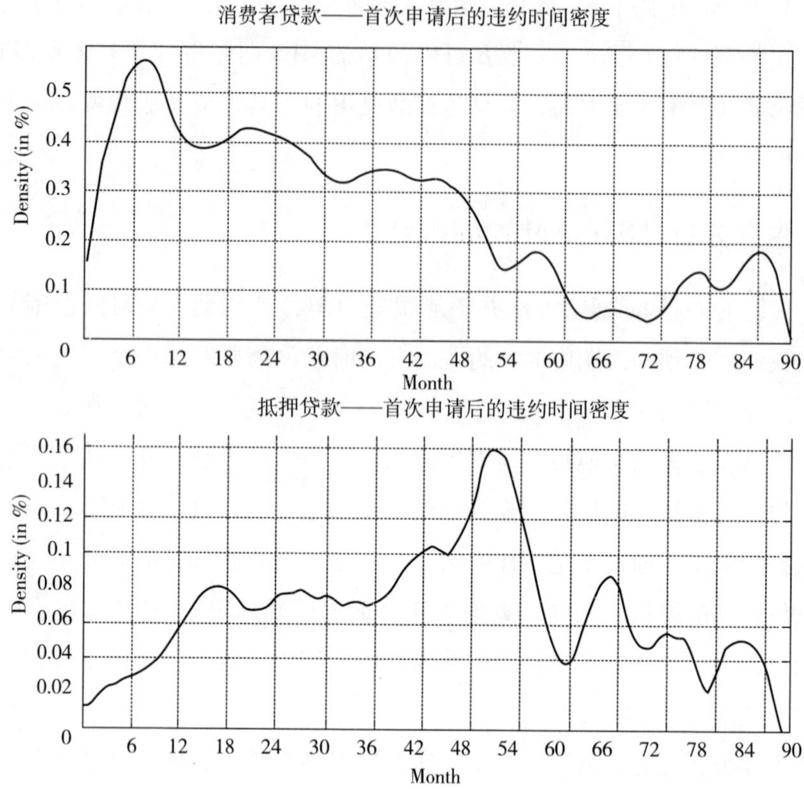


**图 3.16 无担保的消费者贷款和抵押贷款申请后，基于时间的违约比例**

$F(t)$ 表示时间 $t$ 时的生存概率。风险率为

$$\lambda(t) = \frac{f(t)}{S(t)}$$

该比率代表个体在时间 $t$ 之前都处于生存状态，而恰好在时间 $t$ 退出；假设个体在 $t$ 时刻仍然处于生存状态，那么 $\lambda(t)\delta t$ 是时间 $(t, t+\delta t]$ 退出的大致概率。在信用风险生存模型中，风险函数通常被称作违约强度。此时的退出概率 $F(t)$ 与时间期限 $t$ 的累积违约概率相对应。也可以定义累积风险函数

$$\Lambda(t) = \int_0^t \lambda(s)\,ds$$

则累积生存函数为 $S(t) = e^{-\Lambda(t)}$，累积退出（违约）率为 $F(t) = 1 -$

$e^{-\Lambda(t)}$。

图 3. 17 展示了消费者贷款的违约风险函数（Pazdera 等，2009），取决于借款人的教育水平，它们的趋势相似，贷款开始时的一段时间，风险率较高。这也得到了 Andreeva（2006）的证实，几个欧洲国家的信贷数据的风险率趋势也是这样，刚开始的第一年很高。

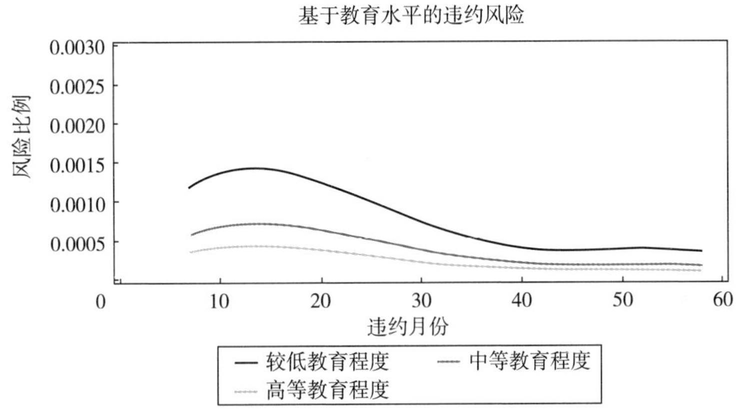


**图 3. 17　消费者贷款的违约风险函数**

该模型是通过以参数或半参数的形式给出的风险函数来指定的。这些参数依赖于描述观察对象的解释变量。最简单的模型是指数形式，有着恒定的风险函数 $\lambda_{Exponential}(t) = \lambda$ 。而其他参数模型的风险函数形状各不相同（见图 3. 18）。

例如，参数韦布尔模型（Weibull model）被设定为：

$$\lambda_{\text{Weibull}}(t) = \lambda p\,(\lambda t)^{p-1}, S_{\text{Weibull}}(t) = e^{-(\lambda t)^p}$$

而 Lognormal 和 Loglogistic 模型的形式如下：

$$f_{\text{Lognormal}}(t) = (p/t)\phi(p\ln(\lambda t)), S_{\text{Lognormal}}(t) = \Phi(-p\ln(\lambda t))$$

$$\lambda_{\text{Loglog}}(t) = \lambda p\,(\lambda t)^{p-1}/[1 + (\lambda t)^p], S_{\text{Loglog}}(t)$$

$$= \Lambda(-p\ln(\lambda t)) = \frac{1}{1 + (\lambda t)^p}$$

实际上，对于 Lognormal 和 Loglogistic 模型来说，观察取对数的违约时

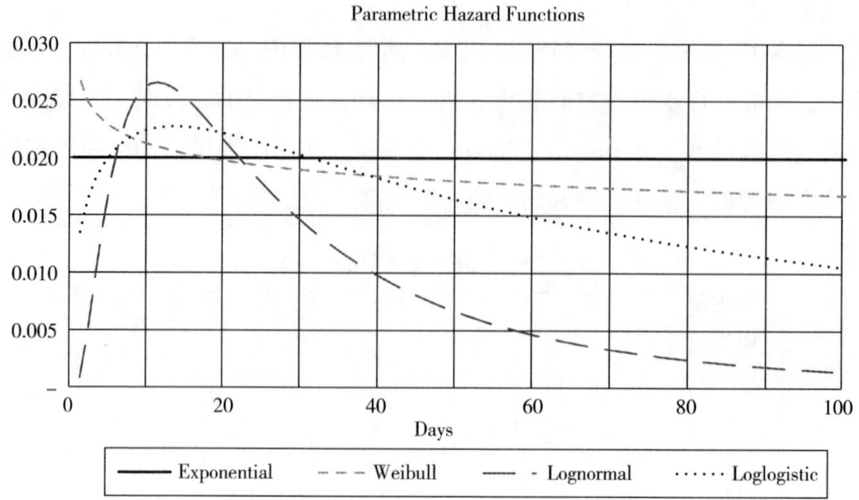


**图 3.18 参数风险函数**

间（ln$T$）的累积分布更好；标准正态分布①的平均值$\mu = -\ln\lambda$ 和标准差 $\sigma = 1/p$ ；*Logistic* 分布的平均值为$\mu = -\ln\lambda$ ，方差为$\sigma^2 = \pi^2/(3p^2)$ 。所以，Lognormal 模型是适合大多数信贷产品的最简选择。

所有情况下，系数 $\lambda = e^{-x'\beta}$ 都取决于 x 的协方差向量（除了 1）。通过最大似然估计方法估计系数 $\theta = (\beta, p)$ ，最大化似然方程：

$$\ln L(\theta) = \sum_{\substack{\text{uncensored}\\ \text{observation}}} \ln\lambda(t \mid \theta) + \sum_{\text{allobservations}} \ln S(t \mid \theta) \qquad (3.15)$$

Lognormal 和 Loglogistic 参数化也称作加速失败时间模型（accelerated failure models），其中 $\ln T = x'\beta + \varepsilon$ 和 $\varepsilon$ 都有特定的分布。

参数模型的优点在于它们简化了模型，但是也给数据结构强加了很多限制条件。Cox（1972）提出了限制条件很少的比例风险模型（proportional hazard model），在此我们要关注该模型。比例风险函数是半参数化形式：

$$\lambda(t,x) = \lambda_0(t)\exp(x'\beta)$$

其中，$\lambda_0(t)$ 被称作基线风险函数，与解释变量 $x$ 无关，exp（$x'\beta$）决定

① 这里，$\Phi$ 和 $\phi$ 分别表示累积分布和标准正态分布的概率密度函数。

了风险水平。

基线风险函数是一个阶梯函数，根据退出或删减出现的离散点集进行估计。对应的生存函数的形式为

$$S(t,x) = \exp(-\int_0^t \lambda_0(s)\exp(x'\beta)) = S_0(t)^{\exp(x'\beta)}, \text{其中} S_0(t)$$

$$= \exp(-\int_0^t \lambda_0(s)) \tag{3.16}$$

系数向量 $\beta$ 是由偏似然函数估计得到：如果某个个体 $i$，在时间 $t_i$ 退出的协方差为 $x_i$，假设这一时刻只有一个退出发生，$A_i$ 是时间 $t_i$ 还存活的集合，那么 $i \in A_i$ 退出的偏似然函数为

$$L_i(\beta) = \frac{\lambda(t_i, x_i)}{\sum_{j \in A_i} \lambda(t_i, x_i)} = \frac{\exp(-x_i'\beta)}{\sum_{j \in A_i} \exp(-x_i'\beta)} \tag{3.17}$$

然后系数 $\beta$ 由最大化 $\ln L = \sum_{i=1}^{K} \ln L_i$ 得到，该过程使用了牛顿—拉夫逊算法。通常，同一时间有多个退出发生。特别是当我们只有每月数据的时候。偏似然函数［公式（3.17）］可以直接推广到同一时间 $ti$ 发生的案例 $di$（频率权重）。但是，由于计算复杂[①]，准确的偏似然函数通常由 Breslow（1974）或 Efron（见 Kalbfleisch 和 Prentice，2002）的方法近似估计。给定 $\beta$，基线风险函数是由每个单位时间段分别估计的，其中函数被假定为最大化似然函数的分段常数：

$$L_t = \prod_{i=1}^{n} [\lambda_0(t)\exp(x_i'\beta)]^{dN_i(t)} \exp(\sum_{u=0}^{t} -\lambda_0(u)\exp(x_i'\beta)\, Y_i(u))$$

这里 $dN_i(t)$ 反映了个体 $i$ 在时间段 $(t-1, t]$ 内死亡的事实，$Y_i(t)$ 反映了个体 $i$ 在时间 $t-1$ 还生存的事实。区分关于 $\lambda(t)$ 的最大似然估计量的对数似然函数可以由 Breslow – Crowley 形式导出：

① 通常，公式（3.17）的分母需要计算所有子集 $A_i$。

$$\hat{\lambda}_0(t) = \frac{\sum_{i=1}^{n} d\,N_i(t)}{\sum_{i=1}^{n} \exp(x_i'\beta)\,Y_i(t)} \tag{3.18}$$

如果没有解释变量，例如 $\exp(x_i'\beta) = 1$ ，那么估计值为 Kaplan – Meier 风险率函数，对应这 Kaplan – Meier 的生存函数。

所以，为了应用生存分析，我们需要生存时间（survival – time）数据集，其特征向量为 $x_i$，而且对于借款人 $i = 1, \cdots, N$，违约时间或截尾 $t_i$ 都要求 $c_i \in \{0,1\}$ 。时间的度量是从贷款批准到违约或观测期间结束。第一步是根据主要的统计软件包得到 Kaplan – Meier 生存函数和风险函数。然后再决定是使用参数模型还是无参数模型。最后是通过有着标准违约范围的经典 Logistic 回归得到最佳解释变量。此后我们就可以相对简单地比较不同的生存模型。无参数 Cox 模型适合特定形态的风险函数。另外，参数模型的回归结果更好，而且当我们想利用短期数据进行长期分析的时候参数模型的效果更好。最佳生存模型与 Logistic 回归模型的结果相似，但是其优点是对于不同的时间范围，生存模型能得到连续的 PD 估计。但是模型的区分能力（discrimination power）方面，固定时间期限比较好。更多关于生存模型的讨论见 Stepanova 和 Thomas（2002）的研究。

实际上，生存分析通常与标准评分或评级结果相结合。Logistic 回归允许我们进行单变量分析和解释变量的选择，但是正如上文的解释，Logistic 回归在生存分析中并不是最佳的。尽管如此，生存分析可以将分数作为数字变量或将评级级别作为分类解释变量。

例如，图 3.19 分别展示了大型抵押贷款组合评级级别为 A、B 和 C 的 Kaplan – Meier、指数化、Weibull 和 Lognormal 风险函数估计。观察期间为 1 ~ 73 个月。当然观测值的数量会减少，而当我们接近最大观测值区间时，经验风险率会变得越来越大。如果我们想使用 Cox 模型的经验风险率，那么在 73 个月之后就不会有任何估计值。因此，选择一个参数化模型更合适，可以使经验风险函数更平滑并推断出超过 73 个月观察期的估计值。将指数、Weibull 和 Lognormal 的 log – likelihood 值相比较，发现在图 3.19 中

Lognormal 模型的效果最佳。Lognormal 的平均值取决于评级级别，而所有级别的标准方差是一样的。图 3.19 的风险率是月风险率，例如，月风险率为 0.3%，那么年违约概率为 3.5% 等。风险率和相应的生存概率可以用来估计范围为 0.2% ~0.8% 的信贷风险，如第 3.5 节所述（基于较低的损失，给定的抵押贷款产品的违约率低于 20%）。

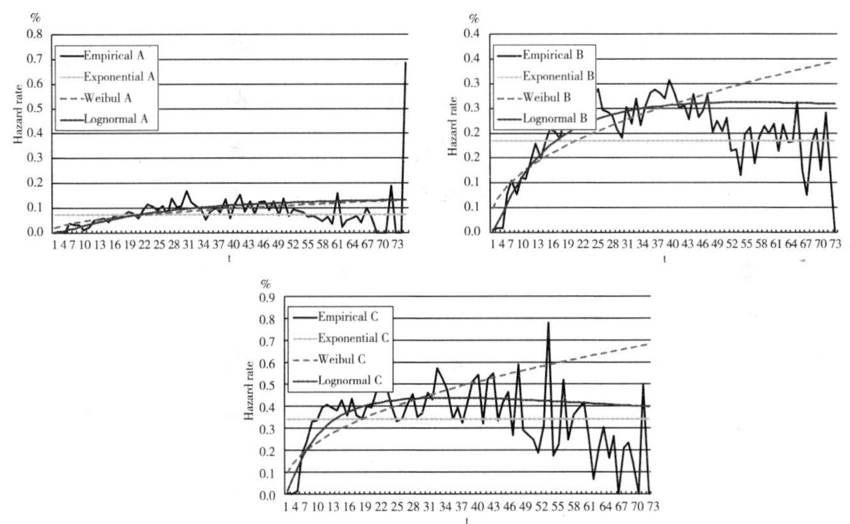


图 3.19　不同评价的抵押贷款组合的生存模型比较

## 3.4　其他可选择的自动评估系统

虽然 Logistic 回归是较好的预测方法，但是对于特定情境下的分类系统，其他更好方法的探索却从未停止过。例如，收集评分的目的是为了预测各类收集行为的影响（电话、邮件、合法行为等），这些行为造成的后果是不需要向客户或银行内部销售人员解释的。最关键的是预测效果，而神经网络、支持向量机（SVM）或随机森林也许优于 Logistic 回归。

## 分类树（Classification Trees）

我们首先从分类树入手了解其他可选择的系统，因为从某种程度上说，目前分类树是一种比 Logistic 回归更简单且透明的方法。但是，分类树的效果没有 Logistic 回归好，所以它一般作为补充分析工具，例如，为了确定重要变量等。

给定一组借款人，通过分类树会很自然地将信誉好的借款人从信誉差的借款人中区分出来（递归分割算法，Breiman 等，1984）。首先，根据相关度最高的变量对借款人进行区分，其次根据其他变量或者值域更小的第一个变量对借款人进一步细分，依此类推。细分原则必须依照训练样本（training sample），我们已经掌握了这些样本在给定时间内违约的初始特征和指标。而且要对细分原则进行筛选，由此最大化两个子集的同质性或者提供两个子集违约风险差异的散度测量。对于有序或连续变量，树算法（tree algorithm）寻找可能的分割阈值（split thresholds），同时对于分类变量，树算法需要考量所有子集的分类变量值。基于一定标准不断重复分割，直到没有子集可以在继续细分。这些标准包括同质性或差异性没有明显提升，子集已经很小了，或者分类树的分支太多了等。节点中“差”的比例可以作为违约率（PD）的预测值或评分。然后基于参考区间将终端节点分类为“好”或“差”。

每当有新的借款人时，都可以根据相关原则对其进行有效评级，甚至有可能评估违约率（PD）。通常分类树的效果（基尼系数、KS 统计、分类精度等）可以根据验证集数据评估。

训练集有时是用来“修剪”（pruning）的。这种观点认为通过修剪一些树枝将有利于树的“生长”，由此基于验证组优化分类树的效果。修剪的方法有很多，而且都很科学。因此，在此需要第三个数据集来评估修剪后的树，因为验证组数据已经在修剪树时用过了。

著名的分段方法包括 KS 统计、基尼指数、熵指数、卡方统计。

KS 统计的计算见第 3.2 节，但是对于简单的二值分类将集合分为左

($l$) 右 ($r$)，其计算也更简单：

$$KS = |\Pr[l \mid B] - \Pr[l \mid G]|$$

基尼指数是一种不纯度值，不能和基尼系数相混淆，其目的是为了测量分类树的每一个节点 $v$（如果子集都是好的或者差的，那么节点是最佳纯度）。如果 $i(v)$ 代表该指数，那么要将节点分割为左右两个子集，由此最大可能地降低加权的不纯度。因此，要最大化不纯度的变化

$$I = i(v) - i(l)\Pr[l] - i(r)\Pr[r]$$

一个节点中好与差的最低比例可以作为一般不纯度指标，$i(v) = \min(\Pr[G \mid v], \Pr[B \mid v])$。虽然这看上去很有用，但该指数在实际操作中效果不佳：例如，如果母节点 $v$ 和子节点 $l$ 和 $r$ 都包含少量“差”，那么不纯度的变化将始终为零，也不利于找到最佳分割点。基尼指数是非线性的二次函数，而且纯度越高的节点权重越高（见图 3.20）：

$$i_G(v) = \Pr[G \mid v] \times \Pr[B \mid v] = \Pr[G \mid v] \times (1 - \Pr[G \mid v])$$

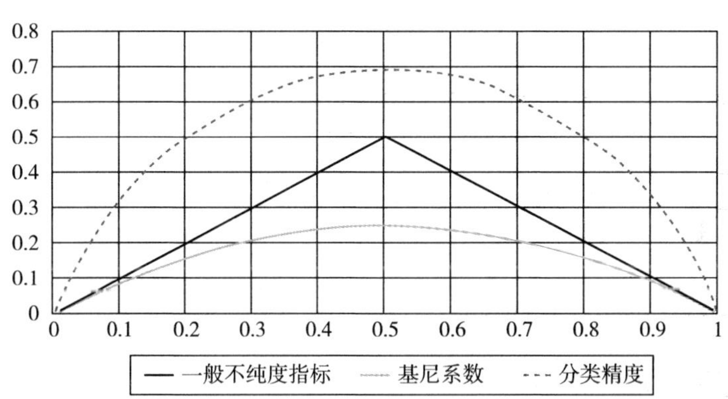


**图 3.20　不纯度指标的比较（一般不纯度指标、基尼系数、分类精度）**

熵指数是另一种非线性的不纯度测量方式，即

$$i_E(v) = -\Pr[G \mid v]\ln(\Pr[G \mid v]) - \Pr[B \mid v]\ln(\Pr[B \mid v])$$

这种测量与信息统计有关，可以被直观地定义为无序程度。换句话说，该测量反映了给定比例中“好”与“差”的平均信息量。

最后，我们来看卡方统计（CS）。给定 $K$ 组观测值 $n_1$，$\cdots n_k$，和每组

的违约率 $d_1 \cdots d_k$，该统计的目标是检验“每组的违约分布情况是一致的”的假设。所以，将预期违约率设为 $PD = \sum_{k=1}^{K} n_k / \sum_{k=1}^{K} d_k$。与拟合优度检验（HL）相似（见第 3. 2 节），计算违约率预期与观测值标准差的总和：

$$CS = \sum_{k=1}^{K} \frac{(n_k PD - d_k)^2}{n_k PD(1 - PD)} \tag{3.19}$$

将方差定义为 $n_k PD(1 - PD)$（假设违约事件是相互独立的，违约率为 $PD$）。该统计为自由度为 $K-1$ 的卡方分布，所以可以比较不同组的 $p$ 值。对于分类树来说，$K=2$，最大化 $CS$ 值作为左右两个子集的散度测量。

## 案例

图 3. 21 是 SAS 矿工企业建立的分类树模型，使用的数据与第 3. 3 节的案例相同。在第 3. 3 节的案例中，分类样本已经被大致分为实验组与检验组，比例为 70:30。图 3. 12 的分类树只有三层，这样节点较少、易于展

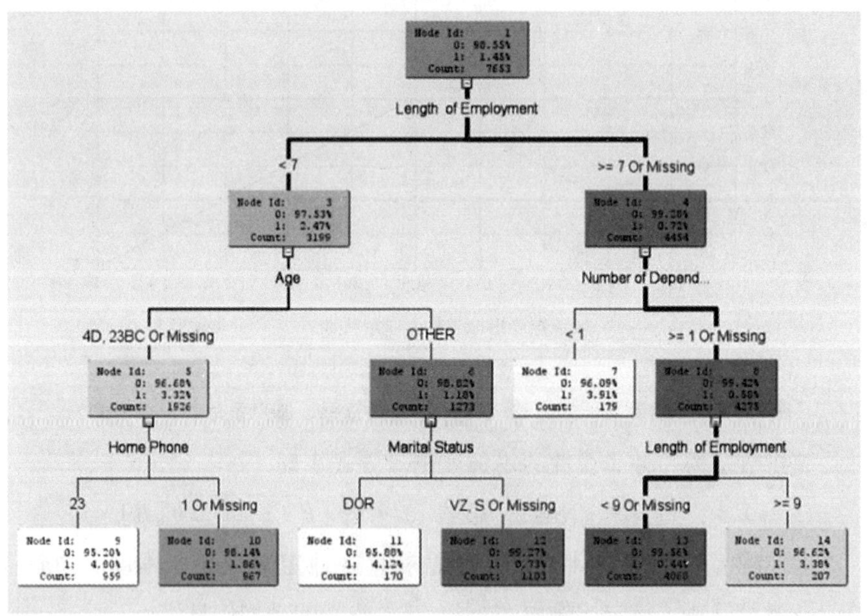


图 3. 21　SAS 矿工企业分类树模型

示。将基尼不纯度指数作为分类标准，工作年限最为重要，其次是年龄、子女等。1.45%的违约率（基于7653个观测值）被分为左侧的2.47%和右侧的0.72%，左侧的借款人工作年限小于7年，右侧的借款人工作年限大于或等于7年。接着看右侧的分支，没有子女的借款人违约率为3.91%，而有子女的借款人违约率为0.58%。继续往下看，工作年限大于或等于9年的违约率比工作7～8年的人高。这就会削弱子女人数的影响，因此可以通过科学的方式将其"修剪"。

这样，分类树对各种变量及其组合的重要性提供了一个相对较好的解释。

完整的分类树是根据基尼不纯度指数自动建立的，且将150作为左侧子集的最小规模。分类树一共有7层，很难在此清晰地展示。表3.20和图3.22是SAS矿工企业的分类树与Logistic回归、神经网络的对比。通过比较实验组与检验组的结果，可以发现，在训练集中分类树和神经网络模型优于Logistic回归，但在测试集中，Logistic回归更好。Logistic回归的稳健性在于对变量的谨慎选择。为了得到较好的比较结果，需要对Logistic回归的数据进行粗分类。但是分类树与神经网络却不需要，而粗分类也许会带来分类过度风险。分类树的稳健性可以通过"修剪"提高，而一般情况下，logistic回归的稳健性很难通过标准方法提高。

**表3.20**

| 数据库 | 训练样本 | | 测试样本 | |
|---|---|---|---|---|
| 表现 | KS统计 | 基尼系数 | KS统计 | 基尼系数 |
| Logistic 回归值 | 0.44 | 0.62 | 0.41 | 0.53 |
| 分类树 | 0.55 | 0.70 | 0.39 | 0.47 |
| 神经网络 | 0.54 | 0.69 | 0.37 | 0.52 |

## 人工神经网络（Artificial Neural Networks）

神经网络源于人脑的构造，人脑中大量的树突接受神经元传来的信号，并将转换后的信号传递给其他神经元。在计分卡的发展中，人工神经

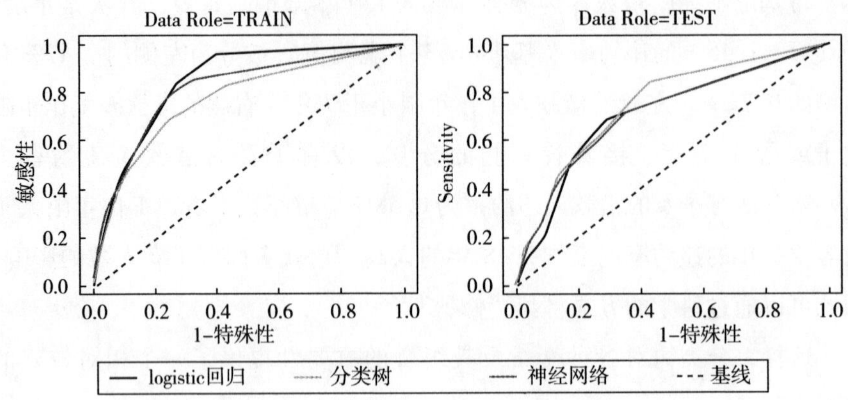


图 3.22 Logistic 回归、分类树和神经网络的对比

网络被分类为非统计方法（Thomas 等，2002）。但是，人工神经网络可以通过数学方法描述，将其定义为 $f(x;w)$ 的非线性预测函数，它的预测效果可以通过标准统计方法检验，而且其参数 $w$ 可通过多种统计方法估计。其结果是可量化的，分类值取决于解释变量 $x$，且其函数模型是依据神经网络结构构造的。最简单的结构是一层神经网络，如图 3.23 所示。

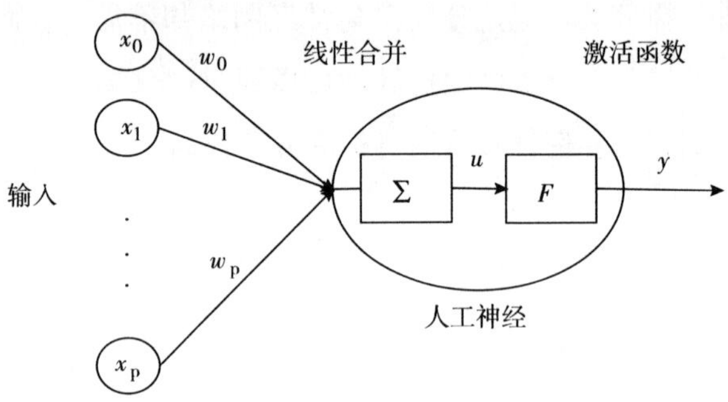


图 3.23 一层神经网络

当 $u = \sum_{j=0}^{p} w_j x_j$（通常设 $x_0 = 0$，而 $w_0$ 为常数）为解释变量的线性组合时，神经网络的输出结果是 $y = F(u)$，且 $F$ 为非线性激活函数（activation function）。最常见的 Logistic 函数形式为 $F(u) = \frac{1}{1 + e^{-au}}$，将线性组合 $u$ 转换

为值域为（0，1）的变量。其他 logistic 函数的形式比较简单（$F(u)=1$，$u\geqslant 0$；$F(u)=0$，$u<0$），或者双曲正切函数 $F(u)=tah(u)$ 等。

含有 logistics 激活函数的的一层神经网络与 logit 模型等价。但是很多分类问题，简单的神经网络模型没法解决，例如著名的 XOR 问题（除非利用非线性变化和组合的输入值）。如果在原有一层网络的基础上增加神经元和层数，那么神经网络的灵活性将大大提升。图 3.24 是一个两层的神经网络，包括三个隐藏层（hidden layer）神经元。输入值经过三个隐藏层神经元的转换与组合后，由输出神经元输出结果。这一过程中，要对系数进行指数化，调正输入/输出值，变量的上标代表层数。神经网络模型中还可以有多个输出神经元，任意数目的隐藏层神经元和层数。随着隐藏神经元的增加，参数也会随之增加，这就会增加计算的难度，甚至会造成过度参数化。不过随着计算能力的增强，多层级的神经网络模型备受关注且在人工智能领域成功运用，例如自动录像系统和测速仪。

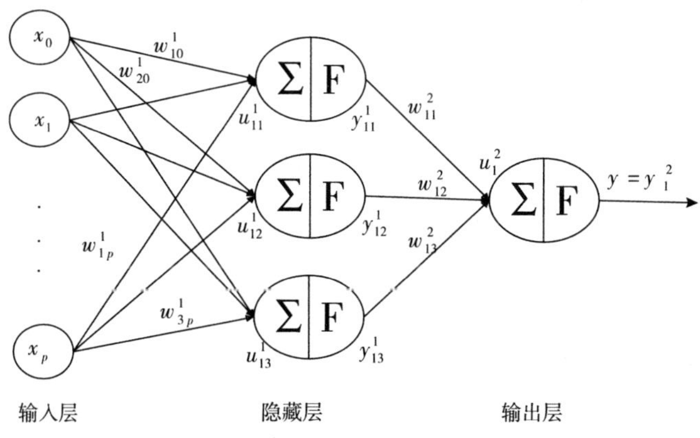


**图 3.24　多层神经网络**

神经网络 $y=f(x;w)$ 是通过训练集得到的，例如，其系数的校准是利用与基于训练集 $<y_t,x_t>$ 的统计模型相似的数学计算。在此为了简化运算，只考虑一维输出值 $y_t$，其中 $t=1,2,\cdots$，表示训练过程可以无限延伸。首先，已知参数 $w$，定义观测值 $<y_t,x_t>$ 和估计值 $\hat{y}_t=f(x_t;w)$ 的误差，例如均方误差：

$$E(t) = \frac{1}{2}(y_t - \hat{y}_t)^2$$

若考虑所有观测值，则用平均值表示：

$$E_{\text{mean}} = \frac{1}{N}\sum_{t=1}^{T} E(t)$$

为了校准神经网络，需要找到使 $E_{\text{mean}}$（$w$）最小的参数向量 $w$。如果要进行深度学习，那么需要调整权重 $w$，使其大致能反映训练案例 $t$ 包含的信息。反向传播算法（BP 算法）基于梯度递减进行迭代计算，负梯度为 $-\nabla E = -<\frac{\partial E}{\partial w_{ij}^c}>$，例如 $\Delta w_{ij}^c = -\eta\frac{\partial E}{\partial w_{ij}^c}$，其中 $\eta$ 为正系数，能扩大或缩小变化。假设激活函数可导，那么偏导数可由链式法则计算得到。例如，在单层神经网络中 $\hat{y} = F(u)$，$u = \sum_{j=0}^{P} w_j x_j$，且对于训练集 $<y,x>$，$E = 0.5(y - \hat{y})^2$。那么，

$$\frac{\partial E}{\partial w_j} = \frac{\partial E}{\partial \hat{y}} \cdot \frac{\partial \hat{y}}{\partial u} \cdot \frac{\partial u}{\partial w_j} = -(y - \hat{y}) \cdot F'(u) \cdot x_j$$

$w_j$ 变化 1 单位将会使 $E$ 变化 $(y - \hat{y}) \cdot F'(u) \cdot x_j$ 单位。在多层神经网络中，多次运用链式法则。例如，两层神经网络中，如图 3.24 中输入值的系数 $w_{ij}$，其中 $\hat{y} = y_1^2 = F(u_1^2)$，$u_1^2 = \sum w_{1k}^2 y_{1k}^1$ 等，其偏导数如下：

$$\frac{\partial E}{\partial w_{ij}^1} = \frac{\partial E}{\partial y_1^2} \cdot \frac{\partial y_1^2}{\partial u_1^2} \cdot \frac{\partial u_1^2}{\partial y_{1i}^1} \cdot \frac{\partial y_{1i}^1}{\partial u_{1i}^1} \cdot \frac{\partial u_{1i}^1}{\partial w_{ij}^1} = -(y - \hat{y}) \cdot F'(u_1^2) \cdot w_{1i}^2 \cdot F'(u_{1i}^1) \cdot x_j$$

通常，偏导数的计算是由输出层的变量倒推至隐藏层变量。与 Newton - Rapson 算法不同，梯度递减算法不能确定最优的训练常数 $\eta$，即使使用所有的数据。$\eta$ 值太小会使计算结果太小或陷入局部最小区间，而 $\eta$ 太大则会造成权重波动和偏离算法。这就是连续反向传播算法（sequential BP 算法）更好的原因。BP 算法结束时，理论上 $\nabla E = 0$。但是，实际操作中，只要 $\Delta E(t) = E(t) - E(t-1)$ 足够小即可停止 BP 算法。有很多数学方法可以改进基础的 BP 算法。例如，动量法将其设置为

$$\Delta w_{ij}^{c}(t) = \alpha\Delta w_{ij}^{c}(t-1) - \eta\frac{\partial E(t)}{\partial w_{ij}^{c}}$$

其中，$0<\alpha<1$，可以降低权重的波动。

表 3.20 和图 3.22 表明神经网络比 Logistic 回归更好。通过增加神经元，可以优化输入效果，但由于过度拟合不一定能优化输出效果。不过就算有较好的输出效果，信用分析员也会持怀疑态度，因为很多估计系数难以解释和该模型的黑箱性质。

## 近邻分类算法

近邻分类算法的理念很简单：给定已知结果的目标变量 $<y_i, x_i>$ 的一组历史观测数据集合和一组新的解释变量的向量集 $x$ 和未知结果 $y$，找到 $k$ 个与历史数据相似或相近的变量 $x_{i1}$，$\cdots x_{ik}$，并在 $y_{i1}$，…，$y_{ik}$的基础上估计 $y$ 值，如平均值 $\hat{y} = \frac{1}{k}\sum_{j=1}^{k} y_{i_j}$。对于二值变量，其平均值就是分值，可利用大致的分段点进行二值估计。

在实际操作中，我们需要对“相似”与“相近”有一个更精准的定义。第一种方法是利用欧几里得距离（Euclidean metrics）$d(x,y) = \sqrt{(x-y)^T \cdot (x-y)}$，假设所有的变量都是数字（将分类转换为二值变量）。当然，也有更普遍的算法，例如将距离定义为 $d_A(x,y) = \sqrt{(x-y)^T A(x-y)}$，$A$ 代表正定矩阵。Henley 和 Hand（1996），对近邻分类算法在信用评分上的运用做了大量的研究，将欧几里得距离与判别或线性回归得到的使 $w$ 能最佳区分好差的距离，如 $d_A(x,y) = \sqrt{(x-y)^T(I + D_w^T \cdot w)(x-y)}$ 相结合。他们发现，在训练集中近邻分类算法的分类准确性比线性 logistic 回归以及其他方法更好。根据实证研究得到，最佳权重 $D$ 的值在 1.4 和 1.8 之间，而且该结果在 $k$ 值范围从 100 ~ 3000 时都是稳定的。他们强调如果训练集中“好”与“差”数量相当，那么结果为最佳。虽然近邻分类算法在信用评分中不常用，但也有一定的吸引力。特别是该算法是可以动态更新的，能增加新的变量和剔除旧的变量。$k$ 近邻算法能分析个人决策，特别是当 $k$ 值不大时。不过另一方面，该算法相比神经网络更属于“黑箱”，因为没有明确的内部构造。Henley 和 Hand 的方法至少也要对解释变量进行一次回归。这就会导致人们更倾向于直接使用回归，而无须深究近邻分类算法。

## 线性规划（Linear Programming）和支持向量机（SVM）

计分卡 $s(x_i) = \sum_{k=1}^{n} \beta_k x_{ik}$ 的目的是区分好与差。设定分段值 $c$，当 $s(x_i) \leqslant c$ 时，$x_i \in A_B$ 为“差”集合，反之，则 $x_i \in A_G$ 为“好”集合。这样能对新的观测值进行事前预测。在此不需要考虑截距 $\beta_0$，分段值 $c$ 一般非为零。如果所有解释因素可用数字表示（分类变量转换为二值变量），那么可以将该问题构造为集合 $A_B$ 和 $A_G$ 的线性可分问题。因为通常不能将“好”与“差”完全区分，所以会存在一定的误差，即对于集合 $x_i \in A_B$，$s(x_i) \leqslant c + \varepsilon_i$；对于集合 $x_i \in A_G$，$s(x_i) \geqslant c - \varepsilon_i$；其中对于所有 $i$，$\varepsilon_i \geqslant 0$。为了最小化误差和 $\sum_i \varepsilon_i$，需要使用线性规划，古典线性规划可以达到这一目的。为了简化该方法，假设误差恒定 $\varepsilon_i = \varepsilon$，在给定系数向量 $\beta$ 和分段值 $c$ 的基础上最小化 $\varepsilon$。线性规划的优点是可以增加额外的约束，例如，使一个变量的系数大于另一个变量的系数，即 $\beta_1 \geqslant \beta_2$。但是线性规划有一个缺陷，如果设所有 $\beta_i = 0$ 和 $c = 0$，那么 $\varepsilon_i = 0$，则最小化问题便失去了意义。最简单的解决方法是扩大两个集合的间距，如增加一个很小的值 $\alpha$，“好”集合 $A_G$，$s(x_i) \geqslant c + \alpha - \varepsilon_i$。接下来需要解决的是怎么选择合适的 $\alpha$ 和怎么处理两个集合间距中的数据。Glover（1990）提出的解决方法是将“差”集合的平均值与“好”集合的平均值的差控制为 1。这样线性规划的最小化问题就不会轻易为零了。另外，因为系数乘以任何一个不为零常数，评分不会都为零。因此，Glover 的方法不会影响结果且可以解决最小化非零的问题。

分离问题可以转换为最大化两个超平面间的距离问题，该超平面将好与差的点分离开（见图 3.25）。

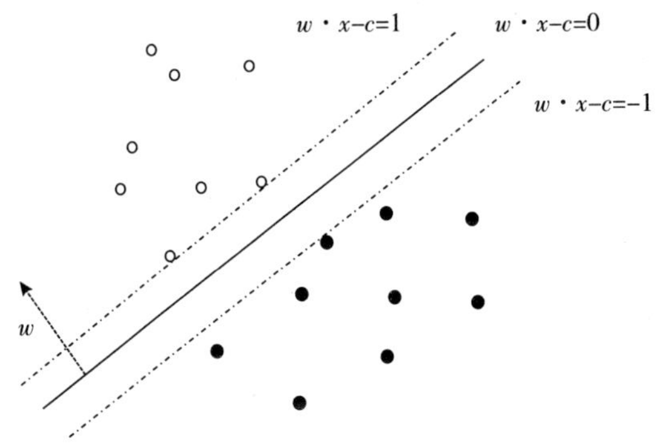


**图 3.25　好和坏的点分离开的超平面**

将系数向量标准化之后，这两个超平面可以表示为如下两个向量等式：

$$w \cdot x - c = -1 \text{ 和 } w \cdot x - c = 1$$

因此，硬间隔（hard－margin）如下：

$$w \cdot x_i - c \leqslant -1, x_i \in A_B; \text{和 } w \cdot x_i - c \geqslant 1, x_i \in A_G$$

两个平面的距离等于 $2/\|w\|$，距离最大化可以在以上约束的前提下，最小化 $\|w\|^2 = \sum w_k^2$ 实现。最优化问题不再是一个线性规划，而是一个二次规划。这是机器学习中一个基础方法，称作支持向量机（Cortes 和 Vapnik，1995）。简单解释这个术语，在图 3.25 中，最接近中间 $w \cdot x - c = 0$ 的向量 $x_i$ 即支持向量，决定了两个超平面的最大间隔。

在线性规划中，只能解决硬间隔问题，而这里引出了一个新概念软间隔（soft－margin）：

$$w \cdot x_i - c \leqslant -1 + \varepsilon_i, x_i \in A_B; \text{和 } w \cdot x_i - c \geqslant 1 - \varepsilon_i, x_i \in A_G$$

$\varepsilon_i \geqslant 0$。可以直接定义 $\varepsilon_i = \max(0, 1 - (w \cdot x_i - c))$，$x_i \in A_G$；$\varepsilon_i = \max(0, 1 + (w \cdot x_i - c))$，$x_i \in A_B$。然后最小化误差和 $\|w\|^2$，可通过最小化 $\frac{1}{N}\sum_{i=1}^{N} \varepsilon_i + \lambda \|w\|^2$ 实现，$\lambda$ 为预先设定的正常数。$\lambda$ 值足够小且如果数据具有线性可分性，那么 SVM 的软间隔和硬间隔的解决方法一样。

线性 SVM 算法可以推广到更高维度（甚至无限维度）空间 $\varphi(x_i)$ 中点

$x_i \in R^n$ 的非线性转化，这样最初线性不可分的集合也许也能线性可分。另外，给定新的解释向量 $x \in R^n$，基于 $\varphi(x)$，分开的超平面可用于预测。为了保证非线性 SVM 分类算法有效，需要运用核机制（kernel trick）。这样可以指定点积 $\varphi(x)$。$\varphi(y)$ 函数用 $k(x,y)$ 表示而不是直接写成 $\varphi$ 的函数。

范例 $x,y \in R^2$ 且

$$k(x,y) = (x \cdot y)^2 = x_1^2 y_1^2 + 2 x_1 y_1 x_2 y_2 + x_2^2 y_2^2$$

$$= < x_1^2, \sqrt{2} x_1 x_2, x_2^2 > \cdot < y_1^2, \sqrt{2} y_1 y_2, y_2^2 >$$

因此，利用 $\varphi(x) = < x_1^2, \sqrt{2} x_1, x_2^2 >$ 将 $R^2$ 转换为 $R^3$。

最著名的核机制包括：其次与非其次多项式 $k(x,y) = (x,y)d$ 或 $k(x,y) = (x \cdot y + 1)d$，高斯径向基 $k(x,y) = \exp(-\gamma \|x - y\|^2)$。上面范例中的非线性转换为解释变量间的多种相互作用提供了可能。

另一种核机制可以使算法更有效率，即使在高纬度空间也能找到充足分开的超平面，这些超平面存在转换后的向量 $\varphi(x_i)$。因此，寻找垂直向量 $w = \sum \alpha_i \varphi(x_i)$，如最小化 $\frac{1}{N}\sum_{i=1}^{N} \varepsilon_i + \lambda \|w\|^2$，取遍$R^n$ 中的所有 $\alpha$，$N$ 代表观测值数量。$k(x_i, y_i)$ 的矩阵积 $w \cdot \varphi(x_j) = \sum \alpha_i k(x_i x_j)$ 是二次最优问题的唯一输入值，在大量的 SVM 文献中有解决这一问题的较有效的方法。当 $\varphi(x_i)$ 刚还在边界上且向量 $w$ 可以被支持向量的线性组合表示时，$\alpha_i = 0$。因此，非零参数的个数也许会小于 $N$。

在信用评分的运用中，大量的实证研究将 SVMs 与 Logistic 回归、判别分析和其他方法进行比较，与最佳模型即 Logistic 回归和神经网络模型的比较重，SVMs 的效果更好。虽然实证效果不错，但是 SVMs 却很少用在银行信用风险管理的实践中，因为难以解释估计变量和存在过度拟合风险。

## 集成模型和随机森林

集成模型受到了谚语“三个臭皮匠赛过诸葛亮”的启发。换句话说，收集多个模型的结果，利用其均值或者多数投票的原则确定最后的估计结果，集体智慧总是强于单个模型。更准确地构造该模型，假设存在大量模

型 $M_1,\cdots,M_n$，得到目标变量 $y$ 的无偏估计 $\hat{y}_{M_i}=y+\varepsilon_i$，其中被解释变量为 $x$，所有误差 $\varepsilon_i$ 的均值为零，标准差为 $\sigma$。为了简化模型，假设 $y$ 是连续变量，或假设 $x$ 的二元结果遵循客观概率。如果模型的误差是相互独立的，那么误差估计的均值

$$\hat{y}_{Ens}=\frac{1}{n}\sum_{i=1}^{n}\hat{y}_{M_i}=y+\bar{\varepsilon}$$

等于零，但由于模型误差的“分散化”效应，标准差为 $\sigma/\sqrt{n}$。当然，实际中单个模型的误差不需要是独立的，标准差也不是相同的，但是一旦相关性小于 1，那么集成模型的效果会比单一模型更好。

图 3.26 是一个集成模型，将基于 SAS 矿工企业数据得到的 Logistic 回归、分类树和神经网络相结合。该模型只是简单平均计算了估计值的后验概率。该模型（见表 3.21）的判别效果的确比单一模型好（见表 3.20）。

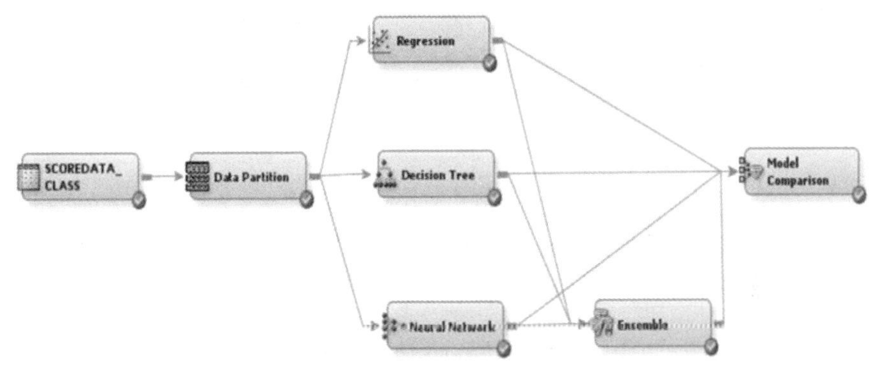


**图 3.26　集成模型**

**表 3.21　集成模型和随机森林的表现**

| Data set | Training Sample | | Testing Sample | |
|---|---|---|---|---|
| 表现 | KS 统计 | 基尼系数 | KS 统计 | 基尼系数 |
| 集成模型（Logistic 回归 + 分类树 + 神经网络） | 0.56 | 0.71 | 0.41 | 0.534 |
| 集成模型（分类树） | 0.65 | 0.65 | 0.40 | 0.49 |
| 随机森林 | 0.535 | 0.68 | 0.327 | 0.512 |

同样地，我们可以建立多个分类树的集成模型。但是，需要利用相互独立的分类树。这可以手动完成，比如从用于将分类树分割节点的不同变量开始。图3.27是三种不同分类树的ROC，很明显集成模型的ROC最佳。分类树是基于数据集的不同随机训练集的子样本得到的，分割节点的变量是经过交互模式（interactive mode）修正的。单一分类树的基尼系数约为40%，而集成分类树的基尼系数为49%（见表3.20）。

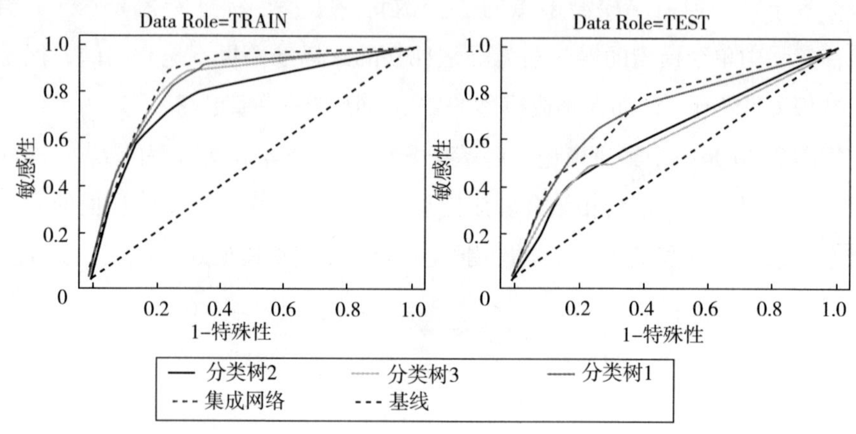


**图3.27 三种不同分类树的ROC**

该结果可以进一步优化，通过随即森林（Random Forest）的“生长”，许多分类树随机自动产生（Breiman，2001）。为了保证分类树之间的独立性，该算法首先要选择一个随机子样本或者自动重取样（bootstraps with resampling），然后选择解释变量的随机子集，这些变量是用于构造分类树的。因为单个分类树的效果不佳（由于只选择了相同的解释变量），所以构造大量的分类树很重要，如构造一片森林。实际上，在SAS矿工企业的案例中，分类树能很容易“生长”成随机森林。表3.20展示了1000个分类树组成的随机森林的基尼系数。

最后，我们谈谈比较不同分类方法的大量实证研究。比如，Baesens等（2003）基于8组真实的信用评分数据，比较了不同信用评分算法，如Logistic或线性回归、神经网络、支持向量机。他们总结最小二乘法、支持向量机、神经网络的效果比其他方法好，但是简单的分类方法，如 Logistic 和线性回归在信用评分上的表现也不错。其他研究如 Haltuf（2015）或 Kesely（2015）证明古典 Logistic 回归最佳。Lessmann 等（2008）基于 10 组公开数据，比较了 22 种分类方法：随机森林在 5 组数据中其 AUC 值最佳，神经网络和 SVM 在两种数据中 AUC 值最佳，最后才是古典统计推断方法，如 Logistic 回归只在一种数据中的效果优于其他方法。Lessmann（2015）证明集成模型用于信用评分的效果最佳。Baesens 等（2003）的研究拓展到了大量的同质和异质（homogeneous and heterogeneous）集成方法。同质集成（如随机森林）利用单一的基础模型生成大量随机的分类器（classifiers）。异质集成通过不同的分类算法生成分类指标。与图 3.26 中三种简单的异质集成不同，该模型需要一个随即元素的选择环节，以便自动产生大量的分类器。基于 8 组信用评分数据，比较了 41 种分类方法的效果，排名前 11 的都是异质集成，其次是同质集成，最后才是单分类器。随机森林排名第 12，人造神经网络排名第 14，Logistic 回归排名第 16。

通神经网络和其他模型一样，集成模型同样也有“黑箱”的缺点。但是，最新的实证检验说明运用系统化的方法，集成模型的效果优于 logistic 回归，所以当模型及其参数的解释并不重要的时候，可以考虑使用集成模型。

### 马尔科夫链模型（Markov Chain Models）

捕捉违约和损失动态变化可替代的更简单方法是马尔科夫链模型。该模型假设有无限的信用行为状态（credit behavior states），包括违约状态，贷款转移也属于这一状态，我们也许会估计转移概率并进一步预测。状态可以作为评分级别，但是更简单的方法是用贷款逾期时间（如0～30、31～60、61～90、90+）或一些其他的基础特征。首先有一个基础时限，如一个月或一个季度，然后将长于这一时限的行为模型化。马尔科夫假设该过程是无记忆的，例如，向一种状态转移只取决于前一种的状态，与之前的状态转移历史记录无关。更准确地来讲，如果有 $J$ 种状态 $i=1$，…，

$J$，状态在时间点 $t=0$，1，2，…被表示为随机变量 $X_0$，$X_1$，$X_2$，…，那么根据马尔科夫假设，在 $t-1$ 时刻从状态 $i$ 转移到 $t$ 时刻的状态 $j$ 的概率与之前的状态 $k_0$，…，$k_{t-2}$无关：

$$\Pr[X_t = j \mid X_0 = k_0, \cdots, X_{t-2} = k_{t-2}, X_{t-1} = i] = \Pr[X_t = j \mid X_{t-1} = i]$$

概率 $p_t(i,j) = \Pr[X_t = j \mid X_{t-1} = i]$ 被称作转移概率（transitionprobability），且定义转移矩阵 $P_t = (p_t(i,j))_{i,j=1}^{J}$。很明显矩阵的所有元素都是非负的且每行的和为1。关键的观测值是对应多期迁移的矩阵乘法，例如：

$$\Pr[X_2 = j \mid X_0 = i] = \sum_{k=1}^{J} p_1(i,k) \cdot p_2(k,j) = (P_1, P_2)(i,j)$$

$P_1P_2$ 代表矩阵乘法。同样地，$T$ 时刻的迁移概率由 $P_1P_2\cdots P_T$ 表示。因此，如果 $J$ 代表违约状态，那么 $P_1P_2\cdots P_T(i,J)$ 代表借款者从时刻0 的 $i$ 状态开始在时间长度 $T$ 内的违约概率。所以，基于历史数据，如果估计迁移矩阵 $P_t$，那么将得到不同时间段的违约率的动态模型。迁移矩阵也许的确取决于“时点”，如 time on books，见图 3.27。然后计算迁移概率 $P_t$，从 $t$ 时期前授予的贷款开始。但是，需要注意我们并不需要一个很长的时间段来估计不同 $t$ 值的矩阵 $P_t$（因为 $t$ 代表的时间是从违约敞口（exposure）开始的，而不是绝对时间）。1 期的观察期就可以了，计算从状态 $i$ 开始、时间点 $t-1$ 的敞口数量 $n_{t-1}(i)$， 状态 $i$ 在时间点 $t-1$ 的敞口数量 $n_t(i,j)$ 和接下来 $t$ 时刻的状态 $j$。则估计的转移概率为

$$\hat{p}_t(i,j) = n_t(i,j) / n_{t-1}(i) \tag{3.20}$$

如果假设马尔科夫链是同质的，即 $P_t = P$ 与 $t$ 无关，那么可以简化估计。矩阵 $P^T$ 充分描绘了变量 $X_T$ 的分布。违约状态 $J$ 一般被定义为吸收状态（absorbing），一旦进入该状态将保持在该状态；如 $p(J,J) = 1$ 和 $j \neq J$ 时，$p(J,j) = 0$。吸收状态的其他形式有偿付和未评级（repayment or not rated）。

作为范例，表 3.22 是经常发布在评级经理数字报告上的标准普尔（S&P）评级迁移概率矩阵。实际上，该矩阵有两个吸收状态；“D”代表违约和“N. R.”代表未评级。所以，为了得到9 ×9 的矩阵，该表格可以

增加两行状态“D”和“N. R.”，在对角线上的值为 1，其他为零。但是该矩阵不能完全估计违约率，因为部分评级在状态“N. R.”会以正概率结束，但我们并不知道准确的违约比例。矩阵的调整也许可以解决该问题，假设评分等级在“N. R.”状态是平均分配的。

**表 3. 22　　标准普尔（S&P）评级迁移概率矩阵**

| From/To | AAA | AA | A | BBB | BB | B | CCC/C | D | N. R. |
|---|---|---|---|---|---|---|---|---|---|
| AAA | 87. 44 | 7. 37 | 0. 46 | 0. 09 | 0. 06 | 0. 00 | 0. 00 | 0. 00 | 4. 59 |
| AA | 0. 60 | 8. 65 | 7. 78 | 0. 58 | 0. 06 | 0. 11 | 0. 02 | 0. 01 | 4. 21 |
| A | 0. 05 | 2. 05 | 8. 96 | 5. 50 | 0. 43 | 0. 16 | 0. 03 | 0. 04 | 4. 79 |
| BBB | 0. 02 | 0. 21 | 3. 85 | 84. 13 | 4. 39 | 0. 77 | 0. 19 | 0. 29 | 6. 14 |
| BB | 0. 04 | 0. 08 | 0. 33 | 5. 27 | 75. 73 | 7. 36 | 0. 94 | 1. 20 | 9. 06 |
| B | 0. 00 | 0. 07 | 0. 20 | 0. 28 | 5. 21 | 72. 95 | 4. 23 | 5. 71 | 11. 36 |
| CCC/C | 0. 08 | 0. 00 | 0. 31 | 0. 39 | 1. 31 | 9. 74 | 46. 83 | 28. 83 | 12. 52 |

## 马尔科夫链模型的运用：估计准备金

一个简单的矩阵能用来估计现有信用状态在无限范围内违约敞口的贷款损失准备金（期望损失）（见 Prásškovaá 和 Lachout，2012）。假设状态 $j=1,\cdots,J$ 与 DPD 相对应，或主要敞口的其他特征，这些敞口的偿付情况可能优化也可能恶化，是可以转移的；这里有三种吸收状态：“偿付”(repaid)“还清”（cured）“注销”（written - off），用 $R$、$C$ 和 $L$ 表示。为了估计在状态 $k$ 时违约敞口的准备金，需要估计在无限期内即将注销的主要敞口的比例，如

$$p_{\infty}(k,L) = \Pr[X_{\tau} = L \mid X_t = k] \tag{3.21}$$

$\tau$ 代表达到吸收状态的时间。$P=(p(i,j))_{i,j=1}^{J}$ 代表转移状态和 $U$ 之间的时间齐次转移矩阵，$U$ 是 $3\times n$ 矩阵，行转移概率为 $p_{\infty}(k,L)$、$p_{\infty}(k,C)$、$p_{\infty}(k,R)$，其中 $p_{\infty}(k,C)$、$p_{\infty}(k,R)$ 的表示与式（3.21）相似。注意式（3.21）隐含着假设 $t$ 时刻从一状态转移到吸收状态的概率与 $t$ 无关。在一期之内，可以从状态 $k$ 直接转移到吸收状态，也可以先转移到状态 $j$ 再转移到吸收状态。因此，得到以下的递归等式：

$$p_{\infty}(k,L) = p(k,L) + \sum_{j=1}^{J} p(k,j)\, p_{\infty}(j,L)$$

$p_{\infty}(k,C)$、$p_{\infty}(k,R)$ 与之相似。这三个递归等式可以用矩阵形式表示：

$$U = Q + PU \tag{3.22}$$

$Q$ 代表转移到吸收状态的一期转移概率矩阵，如行矩阵 $p(k,L)$、$p(k,C)$，$p(k,R)$。利用一期观测值可以估计矩阵 $P$ 和 $Q$，未知矩阵 $U$ 可由式（3.22）得到

$$U = (I - P)^{-1} Q$$

## 马尔科夫性质检验

有大量关于马尔科夫链矩阵运用的文献（Thomas，2009；Trueck 和 Rachev，2009），但是很少有论文讨论马尔科夫性质的检验。通常隐含假设马尔科夫性质成立，但是给定数据集和状态的定义，很难数字化地检验它。例如，Ait - Sahalia（1996）基于查普曼—科莫高洛夫方程（Chapman - Kolmogorov）提出一个检验统计量，简单来说就是将两个连续的转移矩阵相乘，得到与之对应的两阶段（2 - stage）转移概率：

$$\Pr[ = X_{t+1} = j \mid X_{t-1} = i] = \sum_{k=1}^{J} p_t(i,k) \cdot p_{t+1}(k,j) = (P_t P_{t+1})(i,j)$$

Chen 和 Hong（2012）认为含有非马尔科夫过程（non - Markovian process）的检验还有改进之处，他们提出了一个更复杂的检验方法，检验条件特征函数不断增加的滞后变量。

马尔科性质的简单检验由 Thomas 等（2002）提出，给定有限的信用数据和状态定义。$n_{t-1}(i)$、$n_t(i,j)$ 的定义与式（3.20）中的一样，$n_t(i,j,k)$ 表示时间点 $t-2$ 时状态为 $i$，$t-1$ 时状态为 $j$，$t$ 时状态为 $k$。从状态 $i \sim j$ 的时间齐次概率估计为：

$$\hat{p}(i,j) = \sum_{t=1}^{T} n_t(i,j) / \sum_{t=1}^{T} n_{t-1}(i)$$

到状态 $k$ 的概率由之前的状态 $i$，$j$ 确定

$$\hat{p}(i,j,k) = \sum_{t=2}^{T} n_t(i,j,k) / \sum_{t=2}^{T} n_{t-1}(i,j)$$

这是概率 $p(i,j,k)$ 和 $p(i,j)$ 的估计值。满足马尔科夫性质，则对于所有 $i$, $p(i,j,k) = p(i,j)$，可以利用 $\chi^2$ 检测。根据 Thomas 等（2002）的计算

$$S = \sum_{i,k=1}^{J} \frac{n(i,j)\,(\hat{p}(i,j,k) - \hat{p}(j,k))^2}{\hat{p}(j,k)}$$

是自由度为 $(J-1)^2$ 的 $\chi^2$ 分布。

## 连续时间马尔科夫过程（Continuous Time Markov Process）

信用状态转移可以在任何时间发生，所以考虑连续时间过程更合适。马尔科夫链变量 $X_t \in \{1,\cdots,J\}$ 现在将被连续时间 $t \geqslant 0$ 指数化。实际上，这是一个离散状态（discrete state）的随机过程，其演变过程由转移矩阵 $P(s,t)$ 描述，该矩阵的元素是从时间点 $s$ 的状态 $i$ 到时间点 $t$ 的状态 $j$ 的转移概率 $p_{ij}(s,t)$。马尔科夫性质暗示着相似的矩阵特征：

$$P(s,u) = P(s,t)P(t,u)s < t < u \tag{3.23}$$

连续时间离散状态可以通过类似生存分析（survival analysis）的方法研究，该方法存在两个状态。给定状态 $i \neq j$，可以定义转移强度（transition intensity）（或风险率（hazard rate））

$$\lambda_{ij}(t) = \lim_{\Delta t \to 0} \frac{p_{ij}(t,t+\Delta t)}{\Delta t}$$

假设该极限永远存在。注意当 $i=j$ 时，该极限不存在，因为 $p_{ij}(t,t+\Delta t)$ 接近 1。因此，如果 $\Lambda(t)$ 是对角线为零，其他为 $\lambda_{ij}(t)$ 的矩阵，那么可以得到 $P(t,t+dt) = I + \Lambda(t)dt$，且根据式（3.23）得

$$P(0,T) = \prod_{0}^{T} (I + \Lambda(t)dt)$$

该等式为当 $dt = T/K$，$K$ 无限大时极限的有限积。风险率恒定时的指数生存分析（exponential survival analysis）模型与转移强度恒定的矩阵 $\Lambda = \Lambda(t)$ 假设相对应。那么

$$P(0,T) = \exp(I + \Lambda T) - I + \Lambda T + \frac{1}{2}\Lambda^2 T^2 + \cdots$$

可以直接利用历史转移数据估计恒定强度值。考虑两种状态 $i \neq j$ 且风险敞口已经在 $i$ 状态出现，经过时间 $T_l$ 将转移到状态 $j$，或者进入其他状态，或者继续在状态 $i$ 直到观察期结束。后两者是截尾观察，第一种不是。设 $T^* = \sum T_i$，$N$ 是未截尾的观察数目，如生存（exits）[①]。由此得到如下估计值：

$$\hat{\lambda}_{ij} = N/T^* \tag{3.24}$$

$T_l$ 用年计量，利用日常数据，最大限度地利用可获得的历史信息包括截尾观察。

**评论** 很明显式（3.24）是一个指数生存模型的极大似然估计。$S(t) = \exp(-\lambda_{ij}t)$ 是生存函数，也是持续在状态 $i$，到时间点 $t$ 都不转移到状态 $j$ 的概率，根据式（3.15）的对数似然函数（log－likelihood），在此需要最大化

$$\ln L(\lambda_{ij}) = -\lambda_{ij} T^* + N \ln \lambda_{ij}$$

$N$ 和 $T^*$ 的定义如上。该等式最大化可以通过令其一阶偏导数等于零得到，

$$\frac{\partial \ln L(\lambda_{ij})}{\partial \lambda_{ij}} = -T^* + \frac{N}{\lambda_{ij}} = 0$$

$$\lambda_{ij} = N/T^*$$

## 3.5 期望损失、LGD（违约损失率）和违约风险敞口（EAD）估计

到目前为止，一直讨论的是评级和违约概率，作为是否接受贷款申请的决策工具。但是银行业的底线是最后的贷款产品组合的收益/损失比率，这取决于合适的贷款利息、违约率和违约贷款的实际损失。贷款利息率需要包括资金的内部成本（internal cost of fund）、风险溢价（risk premium）和管理成本（administration cost）。资金的内部成本也许是固定的或浮动

① 注意状态 $i$ 也许会持续多个观察期。

的，这与银行支付给储户的利息和银行间市场相关。被定义为边际融资利率（marginal financing rate），接近银行间市场报出的拆出利率。发行贷款的利率必须高于资金的内部成本，否则贷款发行将缺乏理论基础。贷款的利息收入，特别是交易保证金（business margin）至少要高于贷款的管理成本。风险溢价需要弥补投资组合的期望信用损失。除了这些成本之外，银行需要保证正的净利润，使之与其资本相匹配。通常，交易保证金并不能保证获利。贷款客户与银行存在其他业务往来，这些业务会产生额外收入，比如管理费、资产管理、保险等。计算企业毛利的时候需要考虑交叉销售（cross - selling）效应。

现在聚焦关键元素信用保证金的计算，即预期损失（Expected Loss）。给定时间期限 $T$，贷款 $i$，定义绝对损失 $L_i^{abs}(T)$ 为期限末发生贷款违约的准本金，其他情况下为零。根据 IAS 的规则，只有当信用减值（credit impairment）的时候才会提取准备金，通常与违约一致。一些情况下，银行会提前建立准备金，但是不作为确认损失（incurred loss），而是银行准备金。如果贷款在期限内被注销了，那么 $L_i^{abs}(T)$ 的值为注销时的数目。在违约情况下，准备金应该是违约敞口时的估计经济损失，反映预期可收回的现金流或坏账的市场价值。定义了随机变量 $L_i^{abs}(T)$ 后，可以定义理论上的绝对期望损失 $EL_i^{abs} = E[L_i^{abs}(T)]$。相对期望损失 $EL_i = EL_i^{abs}/EAD_i(T)$，$EAD_i(T)$ 是预期违约风险敞口。为了简化模型，假设给定 $N$ 个贷款组合在累积违约概率（$PD$）、时间期间 $T$、相对期望损失和其规模 $A$ 都是同质的。现在计算相对风险溢价 RP，只有未违约的贷款才有风险溢价，风险溢价刚好等于期望损失，

$$N \times (1 - PD) \times A \times RP = N \times A \times EL$$

$$RP = \frac{EL}{1 - PD} \tag{3.25}$$

如果时间期限不是1年，那么需要计算 EL 和 RP 的年化率。可以通过考虑违约时间的随机性、风险敞口、可回收率、分期贷款，特别是资金的时间价值来改进模型。但是大多数情况下，式（3.25）足够估计最低的风险溢价，以便保证企业不亏损。风险溢价也许只是为了设定一个合适的价

格，或者业务单元保险费的内部成本。后者的预算需要涵盖建立“信用保险准备金”（credit insurance reserves）的信用损失。在该系统中，业务单元可以关注贷款的分配而不需要担心非预期的信用损失。该系统仍然需要能激励业务单元保证贷款组合质量的参与元素。

为了估计期望损失的关键参数，可以将期望损失分解为违约率和违约的绝对损失：

$$EL^{abs} = E[L] = E[L^{abs} \mid \text{Default}] = E[L \times Exp \mid \text{Default}] \times PD$$

变量 $Exp$ 和损失比 $L = L^{abs}/Exp$，在大多数情况下是独立的，所以我们可以进一步分解

$$E[L \times Exp \mid Default] \cong LGD \times EAD$$

当

$$LGD = E[L^{abs}/Exp \mid \text{Default}] \text{ 和 } EAD = E[Exp \mid \text{Default}]$$

当循环敞口是诸如信用卡、透支、信用卡最高限额等时，$EAD$ 估计是非零的。而其他产品下，$EAD$ 等于最突出的风险敞口。因此，绝对损失可以分解为

$$EL^{abs} = PD \times LGD \times EAD \tag{3.26}$$

当 $EAD$ 等于实际风险敞口时，损失率可以简单表示为 $EL = PD \times LGD$。

根据式（3.25），可以计算每个信用等级的风险溢价或者整个池子（pool）的风险溢价。零售产品如信用卡或消费者贷款通常有一个基于市场标准的统一利率。通常，信用风险和市场管理的任务是找一个最佳分段点 $s_0$，作为申请产品的准入点（只有客户评分高于 $s_0$ 时才能通过申请），以此最大化总收益。给定 $s_0$，可以根据式（3.25）估计平均 $PD(s_0)$、期望损失 $EL(s_0)$ 和风险溢价 $RP(s_0)$。实际上，因为平均 $PD$ 与分段点评分一一对应，所以最佳分段点 $s_0$ 也可以基于目标平均违约率 $PD_0$。估计必须使用一个假设，该假设基于核准贷款评分值的分布和 $LGD$ 估计。如果贷款固定利率为 $R$，资金成本为 $R_0$，管理费用按百分比为 $C$，则平均净收益的百分比为 $NI^{rel}(s_0) = R - R_0 - RP(s_0) - C$。分段分数越高，贷款质量越好，

净收入百分比也越高。另外，分段分数越高那么贷款通过率越低。如果 $V$ 代表市场部门估计的贷款申请的数量，那么通过的贷款数量为 $V(s_0) = V \times Pr[s \geq s_0]$，随着 $s_0$ 的增加，其值会降低。图 3.28 描述了分段分数（平均 $PD$）和总净收益的关系。若分段值选择太低，比如 $PD_0 = 1\%$ 或者太高，如 $PD_0 = 8\%$，其结果都不是最好的。实际上，在简单模型中，最优点为 $PD_0 = 4.3\%$，边际净收益为零（见第 3.1 节）。最优化也要考虑不同层次的产品价格、风险资本成本，这些将在第 4 章中讨论。

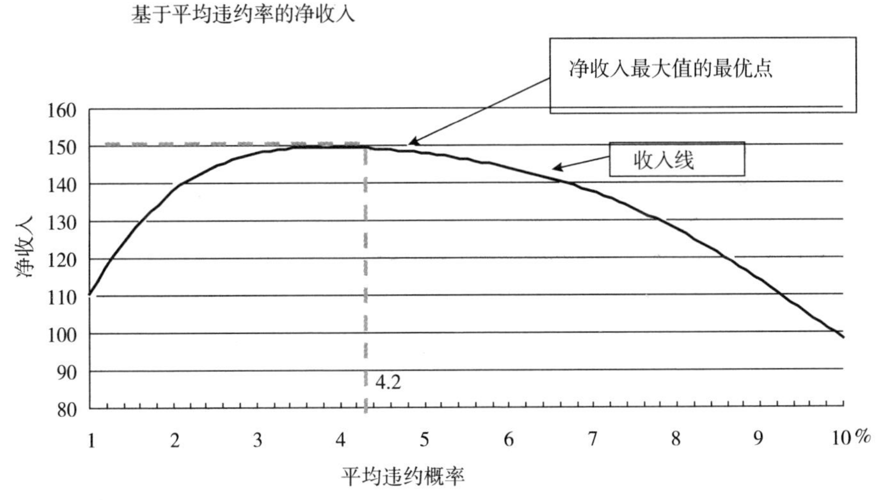


**图 3.28　分段最优化举例**

## LGD 和违约回收率（Recovery Rate）估计

为了估计 LGD，首先要准确定义实现的（事后的 ex post）和预期的（事前的 ex ante），回收率（$RR$），还有违约损失率（LGD）。已实现的 $RR$ 只能通过违约应收账款计算，而预期 $RR$ 需要根据未违约应收账款的已有信息估计。$RR$ 和 LGD 以百分比的形式表示，且 LGD = 1 − $RR$，通常 $RR$ 的值小于 1。对于像债券或其他债权证券的市场工具，已实现的市场 $RR$ 为被定义为证券本金（包括违约前已经发生的利息）在违约后短期内（通常为

1 个月）的市场价值。该定义成立的假设是违约债存在有效的、流动性充足的市场。对于其他应收账款，需要计算净回收现金流 $CF_t$。清算过程（workout process）可能是内部的也可能是外部的，收账公司代表应收账款方收取账款并获得相关收入。该过程也可以将一般收账与部分销售应收账款给第三方相结合。无论在何种情况下，清算过程的成本必须从总回收金额中扣除。净现金流最后会贴现，贴现率 $r$ 反映了风险（BCBS，2005a，2005b，c）。

$$RR = \frac{1}{EAD}\sum_{i=1}^{n}\frac{CF_{t_i}}{(1+r)^{t_i}} \tag{3.27}$$

清算回收率应该仿照市场回收率。这两个事前概念的关系与股票的基本价值和市场价值的关系相似。因此，贴现率可以基于 $RR$ 的系统风险和风险的一般溢价确定（见 Witzany，2009）。因为市场回收率绝对不为负，也不会大于 1，所以通常假设 $RR$ 的值域为 [0，1]，同样 LGD = 1 - $RR$。但是，根据式（3.27）计算的 work - out RR 也许会为负，因为成本过高或回收账款过低、甚至为零；另外，该值也可能大于 1，由于成功回收的账款很多。

计算了已实现的回收率之后，接下来的任务就是估计未违约的 LGD。对于新贷款申请，银行不仅需要估计给定期限的违约率（PD），还有给定期限的 LGD。

原则上，可以将债券池（pool level）和债券账户（account level）回归估计 LGD 相结合。最基础的债券池（pool level）方法是基于担保水平（如贷款价值率 LTV）等基本规则、债务人类型、贷款偿还顺序等构造的，以此将历史违约敞口、已实现的 LGD 观察值、未违约敞口和 LGD homogeneous pool 分开。每个池子都要计算平均历史 LGDs 和与之对应的置信区间。LGD 估计值相差不大的池子可以合并，该估计作为事前估计。

基于回归方法，得到一个回归估计模型：

$$\mathrm{LGD}_i = f(\beta' x_i) + \varepsilon_i \tag{3.28}$$

$x_i$ 是 LGD 的解释变量（如，但报价格、财务比率等），$\beta$ 是回归系数向量，$f$ 是一个联系函数（link function）。使用联系函数是因为普通线性回归值 $\beta' x_i$ 的值在 $(-\infty, +\infty)$ 之间，而 LGD 值在 [0，1] 之间。联系函数可以是简单的 Logit 函数或是能将正态分布转换为 LGD 分布的函数，如 $\beta$、混合 $\beta$ 或经验分布函数。图 3.29 是穆迪报告中不同等级公司债的回收率分布。至少其中一种债务（Sr. Unsecured）为双峰分布（其回收率既不是最高的，也不是最低的）。对于个人债该特征更加明显，可以采用介于最低与最高回收分布的 Logistic 回归。

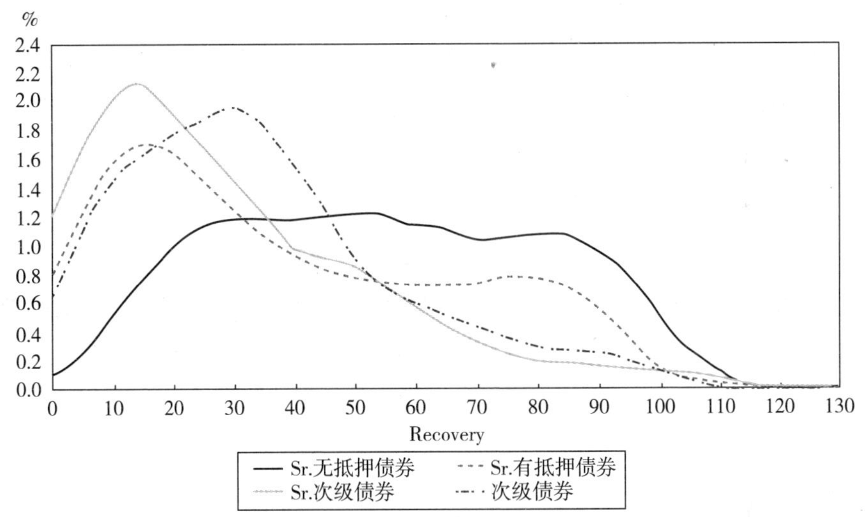


资料来源：Schuermann，2002。

**图 3.29　不同等级公司债回收率分布情况**

通常地，该模型可以通过古典统计 $R^2$ 检验（见 Greene，2003）。也可以用 Spearman 相关系数或 Somers' D（基尼系数）检验。LGD $(a) = f(\beta' x(a))$ 的预测值可以作为债券账户（account level）LGD 估计，或用来定义 LGD 等级（LGD ratings）和相对应的 LGD 池（LGD pools）。与 PD 修正相似，LGD 预测可以在等级池（rating pools）上重新修正。该方法的优点是回归单因素和多因素分析有利于分析关键解释因素，定义最佳的 LGD 池。

银行估计 LGD 会遇到很多问题。第一，通常没有足够的观测值。一些产品，如抵押或大公司债务人很少违约，而且银行以前很少关注系统收集的回收数据。即使银行几年前已经开始收集数据了，但问题是标准的内部回收过程是需要很长时间的，通常三年或更长；所以最近发生的违约事件的最终回收率很难确定。这个问题可以通过一种拓展方法解决，该方法利用已经完成的回收观察值推断部分回收率。与之相似，也可以运用修正的生存分析（见 Witzany 等，2010）。

第二，大量研究（见图 3.30）发现回收率和 LGD 的周期变化（Schuermann，2002；Altman 等，2002），银行必须决定估计是在时间点上（Point - in - Time，PIT）还是跨周期（Through - the - Cycl，TTC）的。对于债券池水平估计（pool level），可以分析每月或每季度的 LGD 时间序列，如应收账款的平均 LGDs 时间序列，该应收账款会在给定时间内违约且属于这个债券池。如果时间序列足够长，那么可以得到合适的 PIT LGD 估计（给予计量经济学模型延长序列）或 TTC LGD 估计，通常作为加权长期均值。对于债务账户水平（account level），一种可能的方法是将相关宏观指标纳入解释变量 $x$ 向量中。则含有设置为未来区间预测值的系统变量的 LGD（$a$） $= f(\beta' x(a))$ 为 PIT 估计。另外，如果将宏观解释设置为长期平均值和其他 TTC 变量，那么估计为 TTC 估计。

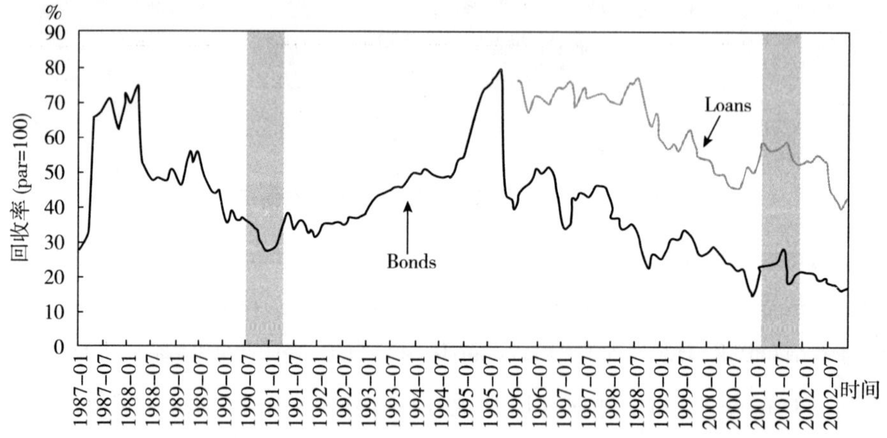


资料来源：Schuermann，2002。

**图 3.30　违约债和贷款的回收指数，美国债市，阴影部分为经济萧条时期**

第三，清算过程是会改变的，一些应收账款被出售，一些被内部收回，而另一些由外部公司按计划收回等。所以，回归需要依照主要的确定过程。

LGD 与 PD 一样，都很重要。但是，LGD 的估算方法和经验都更为有限。有许多关于这一主题新的论文，也许将来会有一些新的有趣且复杂的方法，可用来构建 LGD 模型。

## 准备和注销

LGD 估计应该考虑准备的计提。准备会降低不良贷款人应收账款的价值。因为这回直接影响银行的损益表（P/L statement），计提准备是一个很严谨的过程，不应该受到银行业务部门或是同意发放该贷款的信用分析师的控制。计提准备十分重要，需要外部审计师每年仔细审查。

该过程（对于国际银行）受到国际会计准则的监管（IAS 39 由国际会计准则委员会颁布，被国际财务报告准则替代——IFRS9 在 2014 年颁布且于 2018 年生效）。根据 IAS 39 的规定，如果有客观证据表明资产受损（impairment），则需要计提准备降低资产价值。IAS 对“资产受损”（impairment）的定义与《巴塞尔协议Ⅱ》对违约的定义略有不同。应收账款受损通常被认为违约。但是，一些违约应收账款因为有高质量的担保，所以到期日并不会发生实质损失。因为资产受损（impairment）与实质损失相关，所以这类应收账款不属于资产受损。资产受损的典型证据是法律事件（破产，重组）、逾期等。计提的准备应该与资产损失额一致［现金流按实际利率（EIR）折现］。发生资产损失之后的利息按照“摊销成本”（amortized cost）原则计算，例如，由 EIR 计算净现值。对于大额的损失，由专家分析确定准备。对于小额损失，可运用多种统计方法。实际上，如果某一关键指标整体恶化（例如，信用卡借款者的支付原则、抵押的资产价格、个人贷款情况下的区域性失业），IAS 允许在在组合的基础上计提准备。这是基于马尔科夫链的流量模型（flow rate model），根据到期日对应收账款分类并计算转移概率，包括偿还（repayment）和注销（written - off）这两个持续状态。

IFRS 9 附加条件要求建立一个基于违约之后信用损失在未来 12 个月

的预期现值的损失准备（impairment allowance），除非借款者的信用风险有很大提高。计提应收账款时也需要同时计提该准备。如果信用风险增加，该准备需能承担预计的损失，但是利息仍然是依据总账面价值（gross carrying amount）计算。违约时，该原则也不能变——该准备需能承担预计的损失，但是利息按照“摊销成本”（amortized cost）原则计算。新的会计标准目的在于提高银行的预见能力，能及时识别损失，特别是，遵循最近金融危机的经验。损失准备（impairment allowance）可以为传统的资产损失提供额外的缓冲，并可能使银行业更安全。但是，预期信用损失的估计更加复杂，特别是整个生命周期的估计，这也许会给银行 P/L 管理带来过多的灵活性，或成为 P/L 周期波动的新来源，该波动与一般信贷预期波动有关。

### EAD 和转换因子（Conversion Factor）

违约风险敞口（EAD）是预期损失分解式（3.26）中的第三个关键因素。对于自动展期贷款、信贷额度来说，EAD 的准确估计很重要，因为其风险敞口与表内业务或许有很大不同。但是关于这方面的文献很少（Araten 和 Jacobs，2001；Moral，2006；Jacobs，2008），所以在此主要遵循 Witzany 的方法（2009c）。

一种流行的方法被纳入 CAD（2006），CRR（2013）是基于转换因子（CF）的概念；在违约时估算未提款部分（undrawn amount）的使用情况。如果知道了转换因子，可以计算

$$EAD = \text{CurrentExposure} + CF \times \text{UndrawnLimit}$$

CEBS（2006）中提到了另一种方法，用总信贷额表示转换因子，而不是未提款部分。该系数被称作信贷转换因子（Credit Conversion Factor，CCF）。该方法也被称作动量法（momentum approach），$EAD = CCF \times \text{Limit}$。

首先，准确定义关键概念。对于违约项目，事后 EAD（Ex - post EAD）简单定义为违约时点 $t_d$ 的总违约风险敞口 $Ex(t_d)$，其中 $Ex(a,t) =$

$Ex(t)$ 表示时点 $t$，项目 $a$ 的表内风险敞口。

不能直接定义违约项目的事后转换因子，因为需要参考日期（reference date）$t_r$，则未提款部分为 $L(t_r) - Ex(t_r)$，$L(t_r)$ 代表时点 $t$ 的总信贷额。因为转换因子测量的是未提款部分的使用率，所以需要 $L(t_r) - Ex(t_r) > 0$。则事后 $CF$ 的定义如下：

$$CF = CF(a,t_r) = \frac{Ex(t_d) - Ex(t_r)}{L(t_r) - Ex(t_r)} \tag{3.29}$$

实际上，如果参考日期和违约日期间的风险敞口降低，那么事后 $CF$ 可能为负；但如果违约日期的风险敞口大于参考日期时的风险敞口，那么该值也可能大于1。因为利息和滞纳金的影响，限额可能提高或降低。事后 $CF$ 的值可以为负，但是事前 $CF$（Ex - ante $CF$）不能为负（规则要求），而且最好小于或等于1（例外情况下可以大于1）。当未提款部分很小时，式（3.29）对已提款部分很敏感。

首先定义和分析事前 $EAD$ 和 $CF$。$T$ 表示未违约项目 $a$ 从时点 $t$ 开始发生违约的时间。因为不知道什么时候会违约，所以 $T$ 是一个随机变量且 $T < \infty$，假设每个借款者在无限时限内一定会违约。如果将 $EAD$ 定义为1年期，那么理论定义为

$$EAD = EAD(a,t) = E[Ex(T) \mid t < T \leqslant t+1] \tag{3.30}$$

为了分析未知的违约时间（time to default）和违约时的 $EAD$，需要引入违约时间密度函数 $f_a(s)$；如 $f_a(s)\Delta s$ 为在时间区间 $[s, s+\Delta s]$ 内发生违约的非条件概率（unconditional probability）。通常违约时间密度函数受到项目 $a$ 特性的影响。所以，$EAD$ 能被表达为 $T=s$ 时违约的 $f_a(s)ds$ 加权平均期望风险敞口。

$$EAD = EAD(a,t) = \frac{\int_t^{t+1} E[Ex(T) \mid T = s] f_a(s) ds}{P[t < T \leqslant t+1]} \tag{3.31}$$

因此，根据分析，事前 $EAD$ 也取决于违约时间概率分布（密度函数）。特别是，对于短期零售贷款违约事件密度函数值在刚提款的时候会很大，随后会逐渐降低。

违约时间分布受到项目本身和项目开始时间的影响。Araten 和 Jacobs（2001）的研究证明，*EAD* 与违约时间有很强的相关性。所以使用式（3.31）的定义，也被称作 PD 加权方法（PD - weighted approach）。

实际操作中，需要不断近似积分式（3.31）。可以将积分分段求和以便近似：将 1 年的区间细分为无数连续的小区间 $(t_0, t_1], \cdots, (t_{n-1}, t_n]$，其中 $0 = t_0 < t_1 < \cdots < t_n = 1$。然后估计在违约区间 $(t_{i-1}, t_i]$ 中违约时间 $T$ 的 $EAD_i$ 和概率 $\hat{p}$，$i = 1, \cdots, n$。所以 $\hat{p} = \sum_{i=1}^{n} \hat{p}_i$，为一年内违约的概率。这些概率可以以组合为基础或以项目特征为条件。那么，结合式（3.31）可以得到简单的近似：

$$EAD = \frac{1}{\hat{p}} \sum_{i=1}^{n} \hat{p}_i EAD_i \tag{3.32}$$

Witzany（2009c）的实证研究发现，该估计得到的结果与固定时间期限估计的 EAD 差别很大。

参考日期集合（reference date set）是用于估计事前 EAD 的事后观察值的集合。我们的概念源于 Moral（2006）。观察值 $o = (a, t_r, t_d, \overrightarrow{RD})$ 包括违约项目特征、参考日期、违约日期和风险驱动向量，该向量至少包含风险敞口信息和参考和违约日期的限额 $(Ex(t_r), L(t_r), Ex(t_d), L(t_d))$。

如事后 EAD 和 CF 的定义，单个观测值不仅取决于在 $t_d$ 时违约的项目，也取决于参考时间 $t_r$，需要计量 $t_r$ 时的提取和未提取额度。不排除单个违约项目有多个参考日期，以便获得 EAD 和 CF 在违约时点的相关性。最普遍的选择是（也是最传统的，且符合以上分析）1 年期，与非预期信用损失估计期限相对应。通常也有别的选择（Moral，2006）：固定时间期限（fixed time horizon），队列方法（cohort approach），时间可变方法（variable time approach）。

固定时间期限方法设 $t_r = t_d - T$，其中 $T$ 为固定期限（见图 3.31）。得到的 RDS 可用于估计 $T$ 时点违约的 EAD 和 CF。因此，基于相同违约项目的不同固定期限的 RDS 可以在 PD 加权方法中构建。银行通常将 $T = 1$ 作为标准选择。

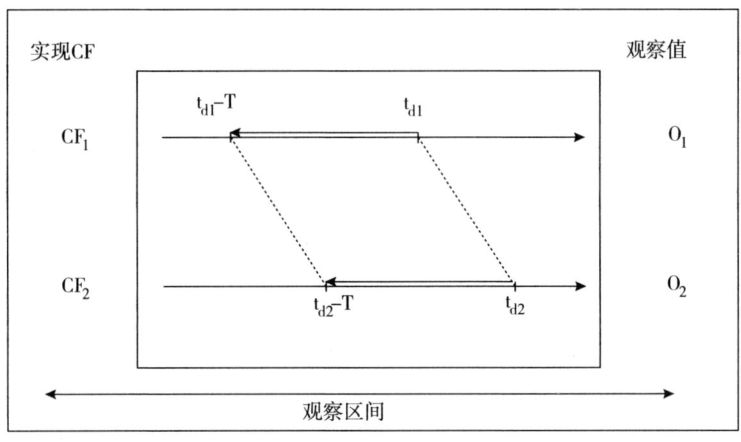


**图 3.31　固定时间期限法**

队列方法将观察区间分为多个区间 $(T_0, T_1], \cdots, (T_{n-1}, T_n]$，观察区间的长度固定，通常为 1 年（见图 3.32）。根据违约日期将违约项目分成不同的队列。观察值的参考日期为区间的开始时间，如 $t_d \in (T_{i-1}, T_i]$，那么 $t_r = T_i$。在这种情况下，违约时间概率分布隐含在这些数据中。但是，区间的开始时间也许会带来季节性偏差（例如圣诞节之前的 $Ti$，信用卡的提款

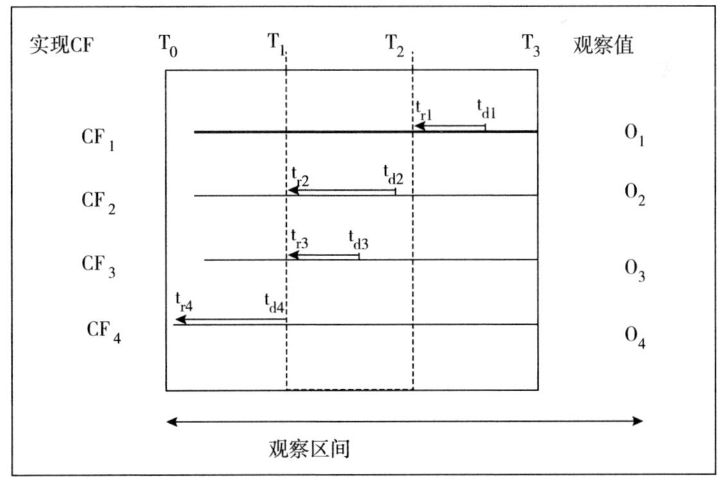


**图 3.32　队列方法**

额会比日常高，或透支概率也更大）。所以建议将 $T_i$ 设在提款较为平均的“正常”时限内。

时间可变方法利用一系列的固定期限值 $T_1,\cdots,T_k$，例如 1～12 个月或 3 个、6 个、9 个、12 个月（见图 3.33）。计算每一个观察值在参考日期 $t_r = t_d - T_i$，$i = 1,\cdots,k$ 的转换因子。与固定时间期限相比，其不同之处在于将所有的观察值（$a,t_d - T_i,t_d,\cdots$）都放进了一个 RDS。在固定时间期限中，估计 EDA 时不同时间期限要使用不同的参考日期。当所有观察值被放进一个 RDS 时，会出现同质性问题（problem of homogeneity），例如，已标注为风险且限制进一步提款的项目应该被单独处理。而且，一个违约账户下的观察值有很强的相关性。另外，RDS 显示了 EAD 和 CF 在违约时点可能的相关性，但是违约事件分布（在 RDS 中很平稳）并没有得到真实的反映。根据定义，其并不适合 PD 加权方法。

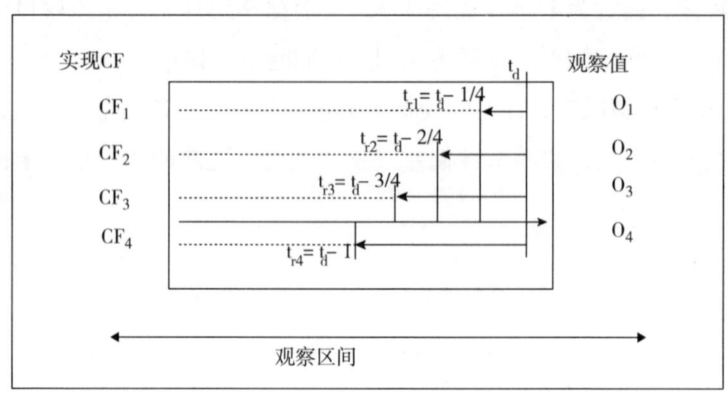


**图 3.33 时间可变法**

总之，针对 PD 加权方法（不同时间期限有不同的 RDS），建议使用固定时间期限的 RDS。而在其他情况下，使用队列方法更好，除非提款有很强的季节性。如果存在季节性，那么建议使用可变时间方法。

当用池水平方法（pool level approach）估计 EAD 时，违约和未违约应收账款被分到数个不相交的池子里 $l = 1,\cdots,m$，它们有相同的风险驱动，在相同时间内也有充足的历史数据。池子 $l$ 的 $RDS(l)$ 是用来估计转换因子

$CF(l)$ 的。则基于该转换因子，对于属于池子 l 的非违约项目 $a$ 有：

$$EAD(a,t) = Ex(a,t) + (L(a,t) - Ex(a,t)) \times CF(l)$$

有很多估计转换因子的方法。最简单的是计算样本（违约加权 defaulted－weighted）平均：

$$CF(l) = \frac{1}{|RDS(l)|}\sum_{o \in RDS(l)} CF(o)$$

给定参考日期计算事后转换因子 $CF(o)$，$o \in RDS$，每个观察值的权重都一样，没有考虑未提取额的数额和观察时间。特别是，当观察值的未提取额很低的时候，也许会对估计造成明显的随机误差。这些问题通常可以通过加权平均解决：

$$CF(l) = \frac{\sum w_0 \times CF(o)}{\sum w_0} \tag{3.33}$$

其中，$w_0(o \in RDS(o))$ 为正权重，正常是将未提款额作为权重 $w_0 = L(o) - Ex(o)$。那么，

$$CF(l) = \frac{\sum (EAD(o) - Ex(o))}{\sum (L(o) - Ex(o))}$$

为了选择最佳的方法，需要先计算标准拟合优度（goodness－of－fit）

$$GF = \sum_{o \in RDS(l)} (EAD(o) - EAD(o))^2$$

换句话说，寻找能使估计事前 EAD 与已实现的 EAD 之间平方差之和最小的估计方法。如果将估计形式限制为

$$EAD(o) = Ex(o) + CF(l) \times (L(o) - Ex(o))$$

那么需要最小化

$$GF = \sum (EAD(o) - E(o) - CF(l) \times (L(o) - Ex(o)))^2 \tag{3.34}$$

与没有常数的最小二乘回归等价

$$EAD(o) - Ex(o) = \alpha + \beta(L(o) - E(o)) + \varepsilon(o), \alpha = 0, \beta = CF \tag{3.35}$$

因此

$$CF(l) = \frac{\sum (EAD(o) - Ex(o)) \cdot (L(o) - Ex(o))}{\sum (L(o) - Ex(o))^2} \qquad (3.36)$$

这个公式与加权平均方法式（3.33）相对应，$w_0 = (L(o) - Ex(o))^2$。公式（3.36）是最稳定的 $CF$ 估计方法。

也可以进一步改善回归式（3.35），将 $\beta = CF$ 用其他解释变量（宏观经济、贷款项目或借款人的风险驱动因素）表示。CF 可以表现为不同的参数形式。最简单的线性形式是 $CF = b'f$，$f$ 是相关风险驱动因素的向量，$b$ 是线性回归系数的向量。也可以使用联系函数，例如，指数函数 $CF = e^{-b'f}$，该结果永远为正，但是可能大于 1。如果历史数据证明 $CF \in [0, 1]$，那么 Logit 函数更合适：

$$CF = \Lambda(b'f) = \frac{e^{b'f}}{1 + e^{b'f}}$$

这些系数是通过平方误差和/或极大似然估计最优化得到的。Account level 估计更应该用来分析相关风险驱动因素，而 pool level 估计用来定义最佳 pool。更多详细介绍见 Witzany（2009c）。

## 风险溢价

生存概率和 LGD、EAD 估计能用来更加准确地计算风险溢价。假设基于评级等级或单个风险敞口的特征，已经估计出了生存函数 $S(t)$。除此之外，假设 $EAD(t)$ 是时点 $t$ 的期望风险敞口，$LGD(t)$ 为常数。简单公式（3.25）中的等价原则现在可用于将产品整个生命周期的违约和生存概率都考虑进来。那么终身贴现期望损失（life – time discounted expected loss）近似为

$$EL_{LT} = \sum_{k=1}^{K} LGD(k\Delta t) \times EAD(k\Delta t) \times e^{-rk\Delta t} \times (S(k-t)\Delta t - S(k\Delta t))$$

其中，到期时间 $T = K\Delta t$ 被分解为许多小区间，例如，按分期还款频率，$r$ 为贴现率。因此，将 $k\Delta t$ 时的贴现损失相加，$k\Delta t$ 由区间 $((k-1)\Delta t, k\Delta t]$ 违约概率加权得到，$k = 1, \cdots, K$。另外，如果 $RP$ 总是表示 $k\Delta t$ 时未偿还账款（outstanding balance）和生存（conditional on survival）（到 $k\Delta t$ 时仍

未违约）的未知溢价，则期望收入为

$$EI_{LT} = RP \times \sum_{k=1}^{K} EAD(k\Delta t) \times e^{-rk\Delta t} \times S(k\Delta t)$$

最后，风险溢价可以通过等式 $EL_{LT} = EI_{LT}$ 得到

$$RP = \frac{\sum_{k=1}^{K} LGD \times EAD(k\Delta t) \times e^{-rk\Delta t} \times (S((k-1)\Delta t) - S(k\Delta t))}{\sum_{k=1}^{K} EAD(k\Delta t) \times e^{-rk\Delta t} \times S(k\Delta t)} \tag{3.37}$$

第3.3节最后提到，图3.19中估计的抵押组合生存函数能用来估计等级A、B和C的信贷保证金（credit margin）。根据分期还款日期很容易估计非自动延期产品如抵押的未来违约风险敞口 $EAD(t)$。假设违约损失率为常数，如与时间无关，估计其值略低于历史数据的20%。很明显，如图3.19，简单公式（3.25）和公式（3.27）计算的风险溢价差别很大。

## 3.6 基于《巴塞尔协议Ⅱ》的评级方法

第2.3节已经介绍了《巴塞尔协议Ⅱ》和《巴塞尔协议Ⅲ》的发展和主要目标。图2.9中有三大支柱，最低资本要求（Minimum Capital Requirement）、监管部门的监督检查（Supervisory Review Process）和市场约束（Market Discipline）。首先量化第一支柱，其规定了资本充足（capital adequacy）的计算。

资本充足率（capital adequacy ratio）为资本除以风险加权资产（RWA）：

$$\text{CapitalRatio} = \frac{\text{TotalCapital}}{\text{CreditRWA} + \text{MarketRWA} + \text{OperationalRWA}} \tag{3.38}$$

最低资本充足率为8%，还有《巴塞尔协议Ⅲ》要求的储备资本和逆周期资本（BCBS，2010）。最初（BCBS，1988），风险加权资产的计算分为表内、表外，且没有市场风险和经营风险这两部分。这是为了保证资本充足以应对经济不景气，当损失达到风险加权资产的8%及以上时。该原则在《巴塞尔协议Ⅱ》中也没有改变，但要求银行计算与信用、市场和经

营风险有关的监管资本（regulatory capital），包括非预期损失（见图2.7），且与股东资本相比较。则公式（3.38）可以写成

$$\text{CapitalRatio} = \frac{\text{TotalCapital}}{\text{RegulatoryCapital}} \times 8\% \tag{3.39}$$

如果银行资本高于或等于要求的监管资本，那么银行还不错。否则，就存在问题。RWA = 12.5 Regulatory Capital 或 Regulatory Capital = 8% RWA 时，公式（3.38）和公式（3.39）等价。

这里，主要讨论信用风险监管资本（或 RWA），可以由多种方法计算得到（见图3.34）：标准化（SA）和内部评级（IRB），IRB 又可分为基础的（IRBF）和改进的（IRBA）内部评级。

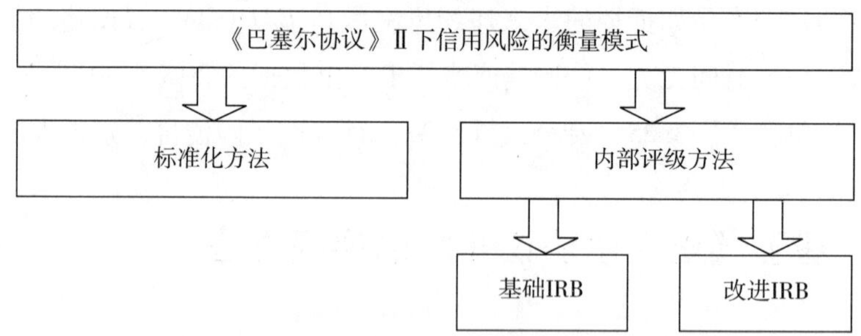


**图3.34 《巴塞尔协议Ⅱ》下不同信用风险的衡量模式**

与《巴塞尔协议Ⅰ》相比，所有《巴塞尔协议Ⅱ》的方法都纳入了信用评级：外部的 SA 和内部的 IRB。经验和理论证据表明非预期信用风险和预期损失相关，监管的目的是通过信用评级区分资产。标准化方法（Standardized Approach）只是改进了 RWA 计算中风险权重的区分，而内部评级方法（Internal Rating Based Approach）与 PD、LGD、EAD 和其他参数一起，估计每种资产的导致的非预期损失。PD 由内部评级评定，其他两个参数 LGD 和 EAD 可以由监管者使用基础内部评级方法（Foundation）评定，也可以通过改进的内部评级（Advanced）由银行评估。监管规则涉及五大资产类别，企业、主权、银行、零售和权益。企业和零售资产类别可细分为很多类别。银行针对每一类资产可以分别不同评级方法。SA 评级方法是最低要求，IRBF 和 IRBA 要根据监管需求使用。

在此并没有大量引用《巴塞尔协议Ⅱ》，是为了说明信用评级技术的发展是先于且独立于监管规则的。新规则借用了已经存在的概念，同时促进了其发展。由商业中发展起来的信用度量和监管者的信用评级是类似的，但不是一样的。监督需要更传统和稳定的（through－the－cycle）估计，而商业则是需要准确和不断更新的（point－to－time）估计。而且监督规则设定了大量的定性标准，这些会限制信用评级和管理的发展和运用。因此，最好使用相同的评级系统，PD、LGD和EAD的估计的目标一致，但偶尔也存在差异。

### 标准方法（The Standardized Approach）

与旧规定（old Accord）相比，标准方法最大的不同在于其风险权重取决于合格外部评级机构（ECAIs）指定的等级，如标普、穆迪或惠誉国际等信用评级机构。ECAIs名单由全国监理会（national supervisor）认可，基于以下的标准：客观性、独立性、国际通用/透明、披露性、可实现性、可靠性。表3.23是根据标普评级设定的权重，全国监理会（national supervisor）负责根据ECAI的评级等级设置合适的权重。

**表3.23　　主权风险银行风险和公司风险的权重**　　单位：%

| 级别 | 主权风险权重 | 银行风险权重 | 级别 | 公司风险权重 |
|---|---|---|---|---|
| AAA to AA－ | 0 | 20 | AAA to AA－ | 20 |
| A＋ to A－ | 20 | 50 | A＋ to A－ | 50 |
| BBB＋ to BBB－ | 50 | 100 | BBB＋ to BBB－ | 100 |
| BB＋ to B－ | 100 | 100 | BB＋ to BB－ | 100 |
| Below B－ | 150 | 150 | Below BB－ | 150 |
| Unrated | 100 | 100 | Unrated | 100 |

资料来源：BCBS（2006a）。

没有住宅房地产担保的零售贷款的权重为75%，抵押贷款的权重为35%。零售贷款逾期（90天及以上）权重会增加100%～150%，抵押贷款增加50%～100%。未参加评级的权重为100%，即参加评级权重的平均数。但是，这就会激励不良贷款人拒绝参加外部评级（等级 B－或更差的等级权重为 150%）。

因此，通常 RWA 由 $E \times w$ 计算得到，如违约风险敞口乘以风险权重。对于表内项目，$E$ 就是存在的风险敞口，而对于表外项目，$E$ 等于信贷转换因子（CCF）乘以表外风险敞口。例如，对于有担保的贷款，如果期限为一年之内 CCF 为 20%，超过一年为 50%。监督者也有很多降低信贷风险的方法。风险敞口也能降低，简单的方法是现金或贵金属担保，担保方的存在也会降低风险权重。复杂的方法是风险权重 $w$ 的降低基于担保质量并由公式计算得到。

RWA 系数表是基于经验和理论事实得到的，即非预期信贷损失与预期损失相关。比如，如果组合的预期损失率为 3%，那么非预期损失率为预期损失的 3～4 倍，如 11%。预期损失由保证金承担，那么非预期损失为 11% －3% ＝8%，需要由资本承担。8% 的非预期损失要求风险权重为 12.5 ×8% ＝100%（表 3.23 中 BB＋和 B－的权重）。对于 S&，等级 BB＋到 B－的平均违约率约为 5%，正常的 LGD 值为 60%，则预期损失约为 3% ＝5% ×60%。这只是很粗略的计算，用于说明风险权重的逻辑，取决于评级或相应的预期损失率。与旧规定相比，该方法的主要优点在于根据风险，其合理区分了重要资产类别（企业、主权和银行）。但是，该区分只是大致的，且计算也没有反映所有关键因素，如组合多元化和资产相关性。

## 内部评级方法

在内部评级中，表 3.23 被公式替代了，或者说一组公式，具体根据不同资产类别决定。公式的一般形式如下：

$$RWA = EAD \times w$$

$$w = K \times 12.5$$

$$K = (UDR(PD) - PD) \times LGD \times MA \tag{3.40}$$

*URD* 表示非预期违约率，*PD* 为其关键参数，*LGD* 是监管者或自己估

计的违约损失率，*MA* 是调整期限，根据应收账款期限计算得到。RWA 计算公式源自资本要求率（capital requirement ratio）*K*，适用于违约风险敞口 *EAD*。调整期限只适用于非零售应收账款，对于零售应收账款 *MA* = 1。不同资产的公式不同，特别是 *URD* 的计算不同，资产相关性可能为常数，也可能是关于 *PD* 和公司规模，如中小企业（SME）的公式。

经 LGD 设为 45%，期限 M 设为 3 年，图 3.35 说明了公司风险权重 *w* 与 PD 之间的关系。当评级等级由平均长期违约率取代，其权重与表 3.23 相近。

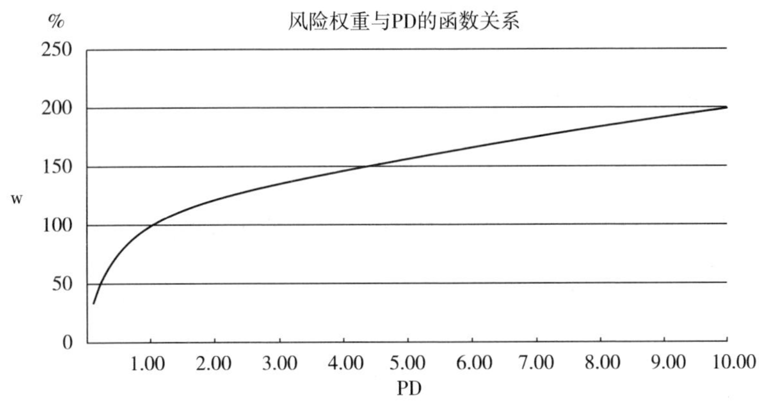


**图 3.35　公司风险权重（LGD = 45%；M = 3）**

本节将完整的公式删除了，因为相关公式和理论将在第 4.7 节概述。关键在于公式（3.40）是连续的，也是表 3.23 更高维度的替换，关键参数 PD 由内部评级系统估计。

合格的内部评级系统必须满足很多监管条件，并由全国监理会（national supervisor）批准同意。很难总结 BCBS（2006a）的所有定性要求。指导原则是更高标准的信贷风险评级，从而得到无偏的 PD 估计。内部评级系统可能是基于专家的、机械的或两者的结合。它必须将不同风险等级进行有意义的区分。在企业、主权和银行资产中，对于非违约应收账款应设置 7 个等级，再加一个违约等级。对于这些资产类别，评级系统必须有两个维度，具体是借款人和交易；而对于零售资产，则只需一个单维度评级系统。评级期限至少为一年。根据 BCBS（2006a）的 §415：“在进行评估时所考虑的经济条件的范围必须符合当前的条件，以及在相关行业区域/地域内可能发生的商业周期。”该要求使评级系统越来越接近 TTC（Through - The - Cycle），与商业导向的内部评级系统 PIT（Point - In - Time）越来越远。

PD 估计与评级等级相关。该估计必须基于该等级借款者平均期限为 1 年的长期违约率，且要谨慎考虑估计误差带来的波动。历史观察期的长度至少为 5 年。银行对违约的定义要符合监管环境，即不太可能支付或逾期 90 天的可划分为违约。要对评级和 PD 估计过程进行记录。而且，银行还要定期（至少一年）复核并向监管者汇报。

PD 估计也是强调 TTC，与商业导向价值 PIT 不同。

## 基础（IRBF）与改进（IRBA）的内部评级方法

在基础内部评级中，LGD 和 CF 参数都是由外部监管规则确定的，而在改进内部评级中，是由银行自己估计的。除了零售资产，银行可以自由在这两种方法之间进行选择。但是零售资产只能选择改进的内部评级方法。

在基础内部评级方法下，没有担保的企业、主权和银行资产的 LGD 为 45%，附属资产的 LGD 为 75%。担保会降低 LGD 值的大小。EAD 定义为表内风险敞口或者在 SA 方法中定义的表外风险敞口乘以转换因子 CF。

在改进内部评级方法中，银行估计其 LGD 和 EAD，要遵守大量与 PD 估计类似的定性要求。但是，由于式（3.40）中 PD 参数和 LGD、EAD 参数有很大的不同，所以监管规定要求除了要考虑估计误差，也要将其他保证金纳入最终估计的考量。根据 BCBS（2006a，b）的 §468：“银行必须估算每个项目的 LGD，以便在必要时反映经济下滑的情况以防范相关风险。LGD 不得低于长期违约加权平均损失率，该损失率基于该类项目数据库内所有被观察违约的平均经济损失。除此之外，银行也要考虑当信贷损失远高于平均值时，某项目的 LGD 也许会高于违约加权平均损失率。”而且，银行也要考虑借款者风险和担保、担保提供者或现金风险的相关性，贷款与担保价值也许不匹配。总之，LGD 和 EAD 估计并不是未来预期价值，而更像是风险价值。这些问题的合理解释和修正方法对于银行和监管者来说，都是一项挑战。实践与理论关于这两个令人费解的概念以及相关潜在系统风险的讨论从未停过（见第 4.7 节）。

银行需要估计违约资产的 LGD，也反映了在回收期间额外非预期损失的可能性。而且对于每一项违约资产，基于目前的经济环境和项目状况（BCBS，2007a 的 §471），银行需要估计最佳预期损失（BEEL）。则违约资产的资本要求为：

$$RWA = EAD \cdot w$$

$$w = K \cdot 12.5$$

$$K = \max(0, LGD - BEEL)$$

根据定义，LGD 一定要大于 BEEL。因此，违约资产的资本要求可以简单定义为非预期损失与预期损失之差。监督规则没有规定非预期损失的具体估计方法。因此，参数的统计估计比非违约损失的 LGD 估计更难。同时，应该将 BEEL 值与准备金（provision）和注销（written - off）相比较。前者小于后者则需要监督检查（supervisory scrutiny）和银行证明。前者小于后者是因为信贷风险管理和建模过程与传统的准备金计算过程相分离。最简单的是规定准备金大于或等于 BEEL，但是因为巴塞尔协议不能设置与会计（只能由会计部门监管）相关的规则，所以，只能由软规则（soft rule）要求银行同步这两个概念。

最后，运用 IRBA 的银行必须将总预期损失 $EL = PD \times LGD \times EAD$ 与准备金相比较（BCBS，2006a 的 §43，§375，§380）。如果总预期损失超过准备金，银行必须按照规定的方式从资本中扣除差额。银行目前根据 IAS 39，对所有与违约资产类别不同的受损资产设置了准备金。准备金需要反映已经发生的损失（单个或组合），而预期损失则是未来的、还未实现的，应该由保证金（margin）承担。准备金和预期损失之间的差异能部分由 2018 年实施的 IFRS 9 解决。

# 第4章

# 组合信用风险

目前一直在讨论合理度量信用风险和不断改进单个贷款交易的方法。但是即使掌握了该过程且贷款承销运行正常，一个谨慎的银行管理一定会问："什么时候需要停止?"银行的贷款组合可以无限增长，或是有一定的限制? 专门从事一个客户群或经济部门的承销是最佳的，还是将承销在不同客户群或经济部门中进行区分是最佳的? 更确切地说，可否利用马科维茨投资组合理论（Markowitz Portfolio Theory）（见图 4.1）最佳化风险/收益的关系?

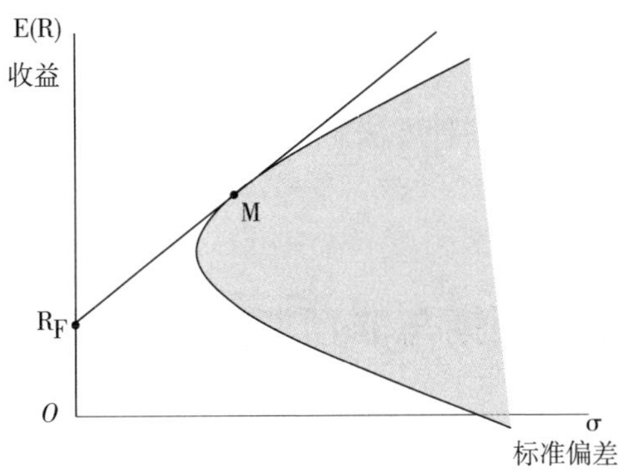


**图 4.1　最佳化风险/收益关系**

马科维茨理论适合组合股权投资，可以假设其收益为正常，且可由协方差矩阵表示。将不同权重的股票组合得到不同的风险/预期收益组合。因为收益假设为正态分布，与预期收益相比，其标准偏差更适合度量风险。关键是如果两个资产收益的相关性小于 1，那么存在风险分散效应。因此，最好将投资分散在两个或多个资产上，而不是只投资一类资产。而且因为投资者更偏好最小化风险和最大化收益，而不是寻求最佳组合，所以在图 4.1 阴影部分的组合是不可取的，因为这些组合的预期收益可以进一步提高而风险不变，或者风险可进一步降低但收益不变。阴影部分的边界被称为有效边界（Efficient Frontier），为最佳风险/收益组合的集合。当股票投资于风险为 RF 无风险投资组合时，得到资本市场线（Capital Market Line）（图 4.1 中的直线 RFM）；有效市场组合 M 是资本资产定价模型（CAPM）中的关键因素。

将组合理论运用在贷款组合中，首先需要定义一个合适的风险度量。不同之处在于贷款组合收益是非对称的，所以不是正态分布。不过直觉告诉我们，与将贷款贷给一个借款者或一个经济部门相比，将贷款分散在多个借款者或经济部门中更好。在此运用的风险度量方法是信用非预期损失或经济资本。

已经了解了银行监管要求的资本充足率，比如风险加权资产至少为8%，所以给定资本水平，贷款组合不能无限增长。同时监管规则也设置了一些限制，例如针对单个借款者或有经济联系的团体的风险敞口。但是需要首先独立于现有规则作答。需要解释信用组合的预期风险和非预期风险，讨论其模型和估计的多种方法。我们将看到，巴塞尔协议也受到了这一领域建模进展的影响。

## 4.1 经济资本、预期与非预期损失

让我们更准确地定义预期与非预期损失。假设有一组资产（或负债），$X$（其值为正，则发生损失；其值为负，则为收益）代表该组合在固定时间期限 $T$ 的损失。现在并不能确定 $X$ 的值，因为 $X$ 取决于未来的“是世界状态”（stata of the world），所以将它设为随机变量。因此，预期损失即被定义为 $EL = E[X]$，则非预期损失为随机变量的分位数与预期损失之差。假设 $F_X(x) = Pr[X \leqslant x]$ 是 $X$ 的分布函数，给定概率水平 $\alpha$（例如，95%或99%），定义分位为 $q_\alpha^X = inf\{x \mid F_X(x) \geqslant \alpha\}$。绝对风险价值（Value at Risk）等于分位数，$VaR_\alpha^{abs} = q_\alpha^X$ 表示在概率水平 $\alpha$，会实现可能的最大绝对损失。非预期损失或相对风险价值 $VaR_\alpha^{rel}$ 度量的是在概率水平 $\alpha$、发生的损失大于 $EL$ 的部分，即 $UL = q_\alpha^X - E[X]$。

VaR 的概念最先运用在投资或交易组合。最简单的模型是变量 $X$ 的分布平均值为 $\mu$，标准差为 $\sigma$，即 $N(\mu, \sigma^2)$。那么在任意概率水平，非预期与 $\sigma$ 成正比，所以标准差能完全衡量风险。特别是 $q_\alpha^X = \mu + q_\alpha^N \cdot \sigma$，其中 $q_\alpha^N$ 是分布为标准分布 $N(0,1)$ 的分位数［例如，可以由 Excel 里的

NORMSINV（α）函数得到]。因此，$UL = VaR_{\alpha}^{rel} = q_{\alpha}^{N} \cdot \sigma$。正态分布的假设在证券与外币组合中有效，这些组合的标准差通过分析个别资产回报差异（individual asset return variances）、相互联系和资产权重得到。当收益不符合正态分布或与标的资产的正常收益非线性相关的时候，例如期权或其他衍生品，情况就会变得更加复杂。实际上，这也会发生在债券工具中，例如内含期权的债券或贷款。这就使得风险价值的估计更加复杂，需要引入蒙特卡罗模拟（Monte Carlo Simulation Approach），这种方法中损失的分布是计算生成的，计算多种模拟情景下的组合价值。

预期损失或风险价值（Value at Risk）的概念可以直接运用在具有市场价值的公司债券组合中。为了分析未来损失 $X = V_0 - V_1$，我们需要对未来债券投资组合价值 $V_1$ 的分布进行建模。如果存在历史债券价格序列（实际上很少存在），则协方差矩阵可应用于价格变化不太大的短时间间隔。短期债券的价格变化大多数情况下与无风险利率的变动和金融市场中发行人信用质量的变化有关。当债券收益不对称时，基于正态分布的方法不适用于较长的时间期限。在这种情况下，需要寻找更加复杂的方法。

普通的银行贷款组合的情景更复杂。首先，没有市场价值。会计值定义为应收账款的未偿还金额，扣除应收账款减值准备。实际上基本没有收益可能（除了利息收益），期末的总损失等于组合的减值准备之和（也有可能冲回减值，则可能出现收益）。该项损失会出现在利润/损失报表中，这对于银行管理来说非常重要。因此，第一，基于市场价值的方法只能大致适用于该情景。第二，我们通常没有可以直接应用于我们资产的历史市场价格序列数据。

如果银行知道怎么在给定概率水平下估计其组合的非预期损失（市场、信用和操作风险），那么首先需要和银行的可用资本比较。比如如果我们估计在 95% 的概率水平上，1 年内的非预期损失为 20 亿捷克克朗，但是银行的资本只有 15 亿捷克克朗，这显然存在问题。该银行在 1 年内破产的概率至少为 5%，而股东、谨慎的银行管理或监管者都不会接受这一结果。银行应该选择一个较高的置信水平 α，例如 99%、99.5% 或 99.9%，计算非预期损失并与银行资本相比较。概率 $1-\alpha$ 应该与银行自身的目标年违约率相对应，如银行自身的目标信用评级。非预期损失应该小于或等于可用资本。如果二者已经相等，又有新的投资进入，那么资本必须随着非预期损失的增加而增加。因此很自然地将经济资本定义为非预期损失的增加额，并与预期收益比较。二者的比例要保证资本的最低回报，而且该方法可以用于连续比较一系列项目计划（贷款申请），最大化预期收益/经济资本比例。但是要注意资本分配机制——新投资的风险分散效应受到现有组合的影响。如果不知道新投资的顺序，那么组合中资本的分配会有点麻烦，因为不知道怎么实现组合的风险分散效应。这时候，也许按比例分配是最合适的。

经济资本的分配方法中处于主导地位的是美国信浮银行（Bankers Trust）1995 年提出的，该方法被称作 RAROC——风险调整资本收益（Risk Adjusted Return on Capital）。将收益与 RAROC 经济资本系数比较，该系数简单表示为 $2.33\times \text{Weekly volatility}\times\sqrt{52}\times(1-\text{Tax rate})$。2.33 为 99% 标准正态分布的分位数，$\sqrt{52}$ 将收益的每周波动率换算成了 1 年的波动率，（1 - Tax rate）则说明银行更关注税后净收益（或损失）。该公式区分了风险较低和较高的资产，但是没有考虑风险的分散效应。随后，美国信浮银行基于风险价值（Value at Risk）的概念，将原有的 RAROC 扩展为“更全面的风险管理系统”（comprehensive risk management system），命名为 RAROC2020。

估计组合的非预期损失可以帮助我们优化风险—收益的关系，该关系见图 4.1 中的马科维茨组合模型。不过风险的度量不再是标准差，而是非预期损失，例如经济资本。

## 4.2 信用计量（CreditMetrics）

JP Morgan1997 年发表的信用计量方法论，成为组合信用风险度量领域的标准方法。该模型是以评级为基础，并假设评级决定了个人贷款工具的价值。这是一种基于蒙特卡罗模拟（Monte Carlo Simulation）的方法，需要输入相对大量的数据。

这些方法最初设计的目的，是使债券能够根据市场价值定价，但是这个方法被更改了之后更适合贷款资产组合，并且损失是根据会计条款定义的。

这个模型可以用以下几个主要条例来说明：

（1）债券的现价是由它们的评级决定的。按照专业术语来讲，是根据在计算过程中固定不变的无风险利率决定的。关于评定量表，可以依据标准普尔或者穆迪的评级标准。因此，对于每种评级来说，都有一个特定的利率期限结构，允许我们评估各种期限不同的债券。这个期限机构，是在给定等级的前提下，根据债券的市场价格获得的，包含了各种不同期限的债券。这些趋势是由金融数据公司提供的，其中包括彭博公司等。在一些情况下，足够的市场数据是可以进行期限结构的计算的。包含一定信贷损失的特定评级利率和无风险利率之间的差别形成了信用差价的评级期限结构。

（2）远期债券价格（例如一年期）是由它们的未来评级决定的。重要的一点是，我们依据当前的利率评级结构去获得未来的利率评级结构。这允许我们确定远期债券价格。违约债券的市场价格是由恢复率参数决定的。要记住，当我们采用这种方式的时候，我们没有将利率风险考虑在其中。我们只分析信用风险。然而，这个模型可以延伸，将无风险利率与远期信用差价结合起来。

（3）能从历史数据中推测等级变动的可能性。所有的主要评级机构都能定期地出版和监控等级转换的可能性。所以，在一个给定的初始利率水平下，对于一个债券资产组合来说，模仿未来市场价值分配并不是一个问题。

（4）等级变动的相关性能从资产相关性中用模型计算出来。要推测出不同发行者发行的许多债券的波动关联，我们需要把他们自身的相关性考虑进去。这是默顿信用风险最优模型中重要的一个部分，这个模型将信用风险与公司资产和债务联系了起来。

（5）将公司划分为不同的经济类行业指数模块来评估资产相关性。并且，为了评估个人企业的相关性，我们需要行业指数（能够获取的数据，例如从股本市场数据）之间的相互关联。

（6）预测资产组合中所有债券的未来评级和市场价值，可以推测整个资产组合的实证价值分布，不可预期的损失。在实际中，我们首先估计在相关性结构确定时，指数回报率，这里使用的指数是有一些限定的。然后评估公司层面的一些具体的影响因素。计算出来的公司资产回报率会被转化为市场价值和公司等级。

下面，让我们来看一些具体的方法。

## 债券价值

关于价值，我们假定每个等级为 $s$，每一个期限为 $t$ 的无息有价证券的期限结构利率为 $Rs(t)$，当我给等级为 $s$ 的债券估价时，现金流为 $CF(Ti)$，$i$ 为 $1,\cdots,n$。债券现值的计算公式为：

$$P = \sum_{i=1}^{n} \frac{CF(t_i)}{[1 + r_s(t_i)]^{t_i}}$$

这个公式也能应用于评估时间为 $T_0$ 的远期债券价值，用无息有价债券利率计算出远期利率，可以应用下面这个公式：

$$(1 + r_s(t))^t = (1 + r_s(t_0))^{t_0}(1 + r_s(t_0,t))^{t-t_0}$$

对于远期利率来说，$R_s(T_0,T)$，$T > T_0$。如果我们假设已知债券在 $T_0$ 时间有一个新评级为 $u$，那么模拟远期价值的公式为：

$$P_u = \sum_{t_i \geqslant t_0} \frac{CF(t_i)}{(1 + r_u(t_0,t_i))^{t_i-t_0}} \tag{4.1}$$

对于在今天和时间 $T_0$ 之间的债券支付来说，情况会更加复杂。在这里，为了更加简便，我们假设第一个债券是在 $T_0$ 时间点被支付的，为 1 年期，所以适用于公式（4.1）。

## 评级变动

在一个初试给定的评级下，可以模拟债券级别的变动，正如表 4.1 中显示的那样，应该尊重历史上转换的可能性。

另外一个关键输入因素是恢复率，这个利率在评级较低的违约情况中使用。表 4.2 中记录了评级较高债券的恢复率（在破产时负债令人满意时的顺序，评级高的债券优先，初级次级债最后）。标准误差表明在违约情况下恢复率是不确定的。普遍来说，在一个适当的概率分布基础上，恢复率是可以模拟的（第 3.5 节），但是在一些简单的方法中通常使用平均价值。如果违约率与恢复率不相关的话，这种简化一般不会导致在巨额资产组合方面的重大错误。然而，大量的研究表明违约率和恢复率之间可能存在着负相关的关系，这是因为经济周期会使违约率升高，同时使恢复率降低。正如在 Witzany 中显示的那样，违约率和恢复率之间的关联可能是十分显著的，甚至是在一些大额同质资产组合中。最初的信用度量方法并没有考虑违约率和恢复率之间的关联。一个能够将这种关联合并进模型的方法在 Witzany（2009d）中得到了建议。

**表 4.1　　初始评级和年终评级关系　　单位：%**

| 初始评级 | 年终评级 | | | | | | | |
|---|---|---|---|---|---|---|---|---|
| | AAA | AA | A | BBB | BB | B | CCC | Default |
| AAA | 90.81 | 8.33 | 0.68 | 0.06 | 0.12 | 0 | 0 | 0 |
| AA | 0.70 | 90.65 | 7.79 | 0.64 | 0.06 | 0.14 | 0.02 | 0 |
| A | 0.09 | 2.27 | 91.05 | 5.52 | 0.74 | 0.26 | 0.01 | 0.06 |
| BBB | 0.02 | 0.33 | 5.95 | 86.93 | 5.30 | 1.17 | 0.12 | 0.18 |
| BB | 0.03 | 0.14 | 0.67 | 7.73 | 80.53 | 8.84 | 1.00 | 1.06 |
| B | 0 | 0.11 | 0.24 | 0.43 | 6.48 | 83.46 | 4.07 | 5.20 |
| CCC | 0.22 | 0 | 0.22 | 1.30 | 2.38 | 11.24 | 64.86 | 19.79 |

在表 4.1 的基础上，很直接地模拟了单只债券资产的未来价值。表 4.2 显示了在恢复率确定的情况下，一只 5 年期 BBB 级债券在一年之后的价值。

**表 4.2　　5 年期 BBB 级债券一年后的价值　　单位：%**

| 等级 | 中值 | 标准差 |
| --- | --- | --- |
| 安全债务 | 53.8 | 26.86 |
| 不安全债务 | 51.13 | 25.45 |
| 较好次级债务 | 38.52 | 23.81 |
| 次级债务 | 32.74 | 20.81 |
| 较差次级债 | 17.09 | 10.90 |

如果要模拟两个或者更多个债券资产组合的信用波动，我们必须要将相关性考虑进来。在给所有可能相关联的债券定级后，是有可能将历史上这些成对的债券的信用等级波动制成表格，例如，两个债券的历史上的等级从（A、BB）转换为（BB、BBB）。这个方法可以应用于两种债券的资产组合，但是对于包含很多种债券的资产组合几乎是不适用的。更重要的是，相对于债券个体初始评级的影响，两只债券间等级波动的关联性受系统性的因素影响更大。

信用度量方法是在正态分布的情况下，确定债券 $b$ 受到常量随机变量 $r$ 的影响时产生变化的这个参数。基于默顿机构性违约模型，这个变量可以被解释为标准资产回报，但是我们也可以将它单纯地从技术方面解释它，将它作为一个比例合适的信用评级变化。给定一个最初的级别，在等级转换概率基础上，我们可能会针对 R 定义一系列阈值，来触发等级波动。例如，根据表 4.1，从 BB 级到违约的转换概率是 1.06%。既然正值意味着信用质量的提高，负值代表信用质量的恶化，我们寻找一个量 $Z_{def}$，因此 $\Pr[r(b) \leqslant Z_{Def}] = 1.06\%$，结果 $Z_{Def} = \Phi^{-1}(1.06\%) = -2.3$，等级为 CCC 级的债券必须满足以下条件，$\Pr[Z_{Def} < r(b) \leqslant Z_{CCC}]$，既然 1% 是从 BB 级波动到 CCC 级的概率，因此，$Z_{CCC} = \Phi^{-1}(1.06\% + 1\%) = -2.04$。类似地，使用 BB 等级波动概率，我们能评估 $Z_CC$ 到 $Z_AAA$（见图 4.3）。

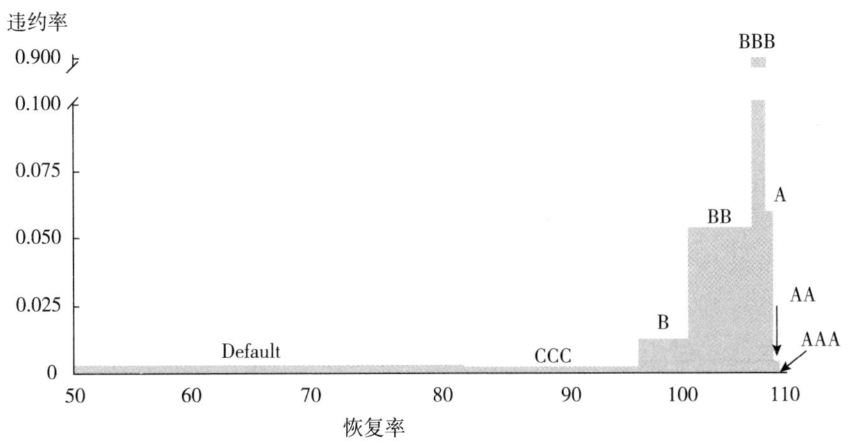


**图 4.2　同一风险水平的恢复率**

## 默顿结构模型

上文在描述的默顿结构模型的基础上，描述了评级波动模型。根据这个模型，如果一个公司的资产价值 A 比这个公司的贷款低，那么就认为这个公司贷款违约了，例如 $A<D$。资产的变动在时间上是和公司股权的变动相似的。我们为 $A(t)$ 设置一个随机模型，这个模型的初始值设为 $A(0)>D$。为了简化模型，我们认为，模型中只有一个贷款，并且在时间 $T$，贷款会被偿还 $D$，并且我们把计算时点设在期限 $T$。如果 $A(T)$ 大于或者等于 $D$，那么资产是足够支付全部贷款的，就不存在违约的情况，股票持有者剩余的价值为 $A(T)$ 减去 $D$。另外，如果 $A(T)<D$，那么就可能存在一个违约的情况，这时候公司就有可能出现违约情况或者存在流动性问题，债权人会获得资产价值 $A$，而股票持有者收益为零（见图 4.4）。

构想这个模型，并不只是为了从理论上估计违约的可能性，事实上，将最优价值理论应用于贷款和股权市场价值方面。最终，在到期时将债权人的贷款一次还清，能够被表达出来。

$$D(T) = \min[D, A(T)] = D - \max[D - A(T), 0]$$

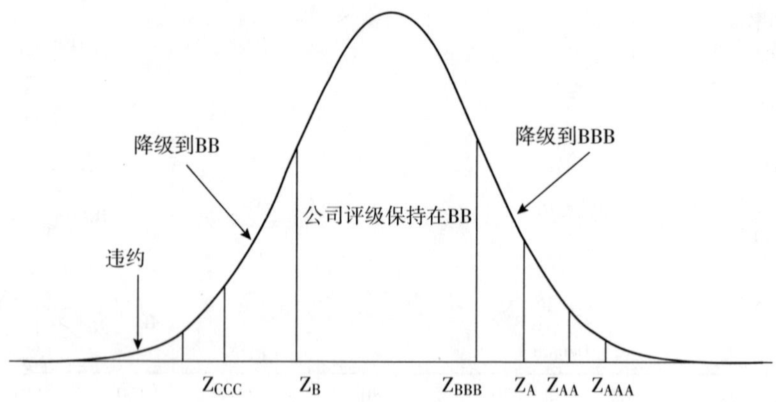


**图 4.3 使用 BB 等级波动概率评估**

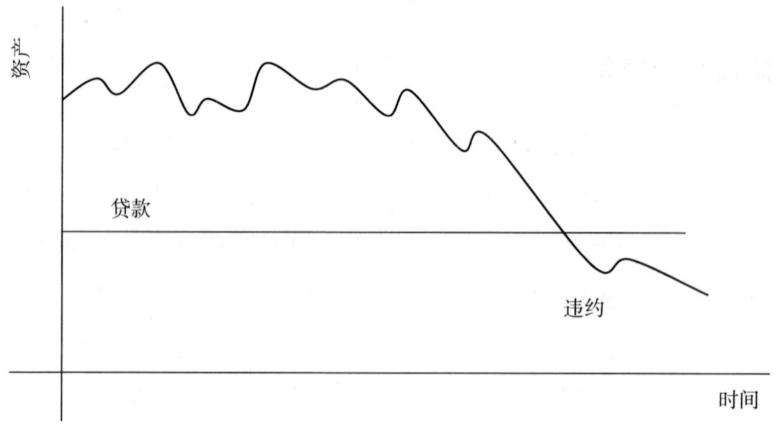


**图 4.4 默顿结构模型**

所以高风险债务的价值可以从理论上等于无风险债券的价值，减去欧洲看跌期权的价值，行使价格为 $D$，期限为 $T$，卖给股东时，要支付基于无风险利率的信用保证金。在期限 $T$ 时，股东收益可以表示为 $E(T) = \min(A(T) - D, 0)$，所以股权价值 $E(0)$ 理论上的价值与欧洲资产的看涨期权价值相同，行使价格为 $D$。如果资产价值遵循以下规律，例如，给定的几何布朗运动公式：

$$dA(t) = \mu A(t)dt + \sigma A(t)dW(t)$$

那么，可以用黑色 scholes - 默顿公式来评估看涨和看跌期权。很明显，这个模型有许多缺点。首先，资产市场估值过程是潜藏的，即在大多数情况下，在大多数实证案例中，不是可观察到的。这个问题可以用股票市场数据来解决。我们可以辩称，资产价值与股权价值相近，因此，股票价格数据所估计的波动性和相关性可以用于资产价值。事实上，基于上述模型，股票价格和模型给出的资产价格之间存在一种功能性关系，因此，利用随机微积分，从库存数据中估计的股票参数可以转换为适当潜在资产价格的参数。该原理应用于 KMV 模型，这在第 4.5 节中进行了更深层次的讨论。另一个问题是资产一般具有不同的流动性——短期、长期、金融和非金融资产，在不景气的情况下，波动程度不同。此外，违约有可能在到期前的任何一个时间发生，因为到期末支付或者破产都有可能导致贷款不能正常还清，这是美式期权，而不是欧式期权。这些问题会在更详细的模型中被解决，例如，KMV 模型。

现在让我们关注评级波动模型。在基本结构模型中，违约的概率由实际资产价值 $A(t)$ 和资产波动性决定；实际上，从 $\ln A(t)$ 到 $\ln P$ 的差距，因为对数值遵循常规布朗运动，可以用随机微分方程：

$$d(\ln A) = (\mu - \sigma^2/2)dt + \sigma dW$$

差距越大，信用评级就越好。因此，从初始评级开始，时间 1 的评级波动是由遵循标准正态分布 $N(0,1)$ 的资产回报决定的：

$$r = \frac{1}{\sigma}\left[\ln\frac{A(1)}{A(0)} - (\mu - \sigma^2/2)\right]$$

如果收益是正值，那么就会有一个评级提升，如果收益是负值，那么根据前面解释的历史迁移概率评估的评级迁移阈值，就会出现评级恶化。注意，最后我们不需要估计波动率 $\sigma$，因为评级波动只取决于标准化的回归变量的值 $r$。

### 评级波动和资产相关性

显然，将评级波动模拟为独立事件是不正确的，因为单个债务人的情况往往依赖于相同的宏观经济因素，或者甚至可能存在两个或更多债务人之间的相互特定的经济相互依赖关系。我们已经看到，在实际操作中，几乎不可能将所有的两个或更多的初始组合的联合相关迁移都建成模型并评定为新的等级。但是从另一方面，你可以试着替换字母等级中的“违约”“CCC”…“AAA”的一些序号，例如换成1，…，8，并估计这些变量的变化之间的相关性。然而，这种方法几乎没有经济上的合理性。一个自然的解决方案是利用基于默顿结构模型的资产相关性。给定债务人1，…，$N$，我们只需要知道相关性的矩阵$\sum$，其中$\rho_{ij} = \rho(r_i, r_j)$是指标准化的资产回报和评级波动阈值之间的相关性。如果所有的公司都能在股票市场上进行交易，那么从股票收益数据中可以估算出两者之间的相关性。由于通常情况下并非如此，信用评估方法建议采用包含单一或多因素的模型，将债务人的收益分解为系统因素和独立、特殊、债务人特定因素的组合，例如：

$$r_i = \sum_{j=1}^{k} w_{i,j} r(I_j) + w_{i,k+1} \epsilon_i \tag{4.2}$$

其中，$r(I_j)$是系统因素（如部门或国家指数）$I_j$的标准化回归，$E_i$是标准化的债务人特定因素。系统因素相关，通常不足以满足$\sum_{j=1}^{k+1} w_{i,j}^2 = 1$来视$r_i$标准化。权重的确定，以及相关性的确定，是模型中的关键步骤，而且不幸的是，它也是信用评估方法论中最麻烦的部分之一。事实上，技术文件中只提出了一种专业方法：估计系统因素的权重（所有系统因素的组合），以及互补的特殊因素。在更系统的部门或国家因素的情况下，指定债务人的“参与”，并适当地合并各项指标。

### 案例

让我们考虑一个系统的因素，例如，一个一般性市场指数，对于第一个债务人，我们熟练地估计90%的公司的资产回报波动，能由系统因素来解释。因此：

$$r_1 = 0.9r(I) + \sqrt{1 - 0.9^2}\epsilon_1 = 0.9r(I) + 0.44\epsilon_1$$

同样，对于第二个债务人，我们认为只有70%的波动是由系统因素解释的，即：

$$r_2 = 0.7r(I) + \sqrt{1-0.7^2}\epsilon_2 = 0.7r(I) + 0.71\epsilon_1$$

由于特征因子 $\epsilon_1$ 和 $\epsilon_2$ 是相互独立的，且独立于系统因子 $r(I)$，隐含相关性很简单：

$$\rho(r_1, r_2) = 0.9 \times 0.7 \times \rho(r(I), r(I)) = 0.63$$

因此，专业设置的系统权重确定了相互关联，并显著影响模型的最终输出；即估计意外损失。如果潜在相关性与“真实”相关性相差太远，那么模型的输出可能是完全错误的。

现在让我们把系统的部分分解成两个指标。假设我们的专家估计第一个债务人有 60% 参与汽车工业，40% 参与电子工业。如果用信用评估方法来解释，系统的（非标准化的）部分的回报是由两个行业指数的线性组合来表示的：

$$R(I) = 0.6 \times R(I_{Aut}) + 0.4 \times R(I_{El})$$

为了使 return$R(I)$ 标准化，我们需要计算它的标准差：

$$\sigma(R(I)) = \sqrt{0.6^2\sigma(R(I_{Aut}))^2 + 0.4^2\sigma(R(I_{El}))^2 + 2 \times 0.6 \times 0.4 \times \rho(R(I_{Aut}), R(I_{El})) \times \sigma(R(I_{El}))}$$

因此，考虑到波动的因素 $\sigma(R(I_{Aut})) = 20\%$，$\sigma(R(I_{Et})) = 35\%$，两者相关系数为 30%，因此，我们得到的结果，$\sigma(R(I)) = 13.9\%$。最后，我们表达了标准化的收益 $r(I_{Aut}) = r(I_{Aut})/\sigma(R(I_{Aut}))$，$R(I_{Et}) = R(I_{Et})/\sigma(R(I_{Et}))$。

$$r(I) = \frac{0.6 \times \sigma(R(I_{Aut}))}{\sigma(R(I))} r(I_{Aut}) + \frac{0.4 \times \sigma(R(I_{El}))}{\sigma(R(I))} r(I_{El})$$

$$= 0.57 \times r(I_{Aut}) + 0.67 \times r(I_{El})$$

由于系统因子的权重为 0.9，最后得到：

$$r_1 = 0.9 \times 0.57 \times r(I_{Aut}) + 0.9 \times 0.67 \times r(I_{El} + 0.44\epsilon_1)$$

$$= 0.51 \times r(I_{Aut}) + 0.6 \times r(I_{El}) + 0.44\epsilon_1$$

第二个债务人被划分为 90% 的电子产品和 10% 的汽车部门。在 $r_2$ 上应用同样的计算，我们得到：

$$r_2 = 0.04 \times r(I_{Aut}) + 0.69 \times r(I_{El}) + 0.71\epsilon_2$$

$r_1$ 和 $r_2$ 之间的隐含相关性是：

$$\begin{aligned}\rho(r_1, r_2) &= 0.51 \times 0.04 + 0.6 \times 0.69 \\ &\quad + (0.51 \times 0.69 + 0.04 \times 0.6) \times \rho(r(I_{Aut}), r(I_{El})) \\ &= 0.55\end{aligned}$$

虽然专业人士将企业划分为一个或多个部门是合理的，但对于确定总体相关水平的系统和特殊因素权重，我们并不认为这是一种现实可行的方法。系统的权重应该基于经验估计，例如，根据在市场上交易的类似公司的股票收益来考虑。

## 投资组合模拟

给定一个资产回报相关矩阵，可以将这些场景生成一个标准化的普通变量 $u$ 的向量，并将其乘以乔里斯基矩阵 $A$，即下三角矩阵，所以 $A \times AT = \sum$。鉴于标准化资产回报的向量 $r = Au$，基于阈值，我们确定在最后阶段的评级波动和模拟投资组合价值 $V(r)$。重复这个过程，我们能得到大量的样值 $V_1, \cdots, V_M$，以及如图 4.5 所示的投资组合市场价值的经验分布。在这种情况下，只有一个系统因素，或者一些系统因素，为了在计算上更有效率，首先把所有系统因素取样，然后取样独立的特殊因素，最后根据公式（4.2）计算出 $r_i$。

能够用经验得出的分布来估算中值 $\hat{\mu} = \frac{1}{M}\sum_{i=1}^{M} V_i$，标准差 $\hat{\sigma} = \sqrt{\frac{1}{M-1}\sum_{i=1}^{M}(V_i - \hat{\mu})^2}$，以及在概率 $\alpha$ 给定情况下，当 $\alpha$% 作为 $\alpha M$ 中最低值，将序列 $V_1, \cdots, V_M$ 从最低到最高分类。

当这样做时，我们还需要跟踪我们估计的置信区间。一般情况下，基于蒙特卡罗模拟的估计精度的阶数为 $1/(M)^{1/2}$，因此，至少需要 1 万次模拟。对于样本数量，可以使用类似于渐近正规二项测试的原理来估计置信区间（见 JPMorgan，1997）。例如，如果我们希望得到 $\alpha$ 的 90% 置信区间

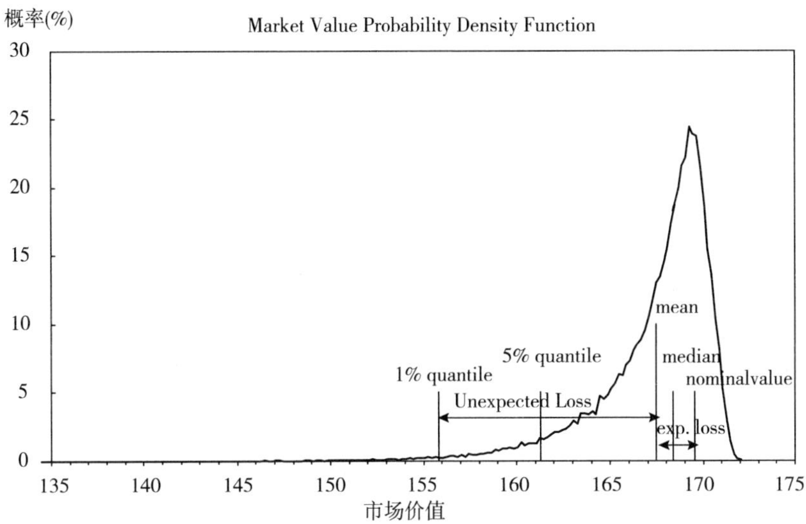


**图 4.5　信贷组合蒙特卡罗模拟**

分位数设置：

$$i_1 = [\alpha M - 1.65\sqrt{M\alpha(1-\alpha)}], \text{and}$$

$$i_2 = [\alpha M + 1.65\sqrt{M\alpha(1-\alpha)}]$$

然后 $[V_{i1}; V_{i2}]$ 是 $q_\alpha$ 的 90% 置信区间。对于一个非常小的概率水平 $\alpha$，比如 0.1%，我们需要足够的模拟场景来达到满意的精度，所以 $i_1 > 0$ 必须有相当大数量模拟场景。如图 4.6 所示，是估计值为 0.1% 时，缓慢收敛的一个案例。

## 恢复率的分布

到目前为止，我们已经隐式地假定分配给违约债券的市场价值即它的恢复率是确定的。然而，个人的恢复率的特点不仅受其平均值的影响，还包括其不确定性的影响，如图 4.7 所示，标准差很大。信用评估方法文件还提出了一种流行的可能性，即通过 beta 发行版来模拟恢复率分布。贝塔分布的特征是它的最小值、最大值、均值和标准差。由于恢复率（至少是在债券的情况下）通常在其面值的 0～100%，我们可以根据表 4.2 使用最

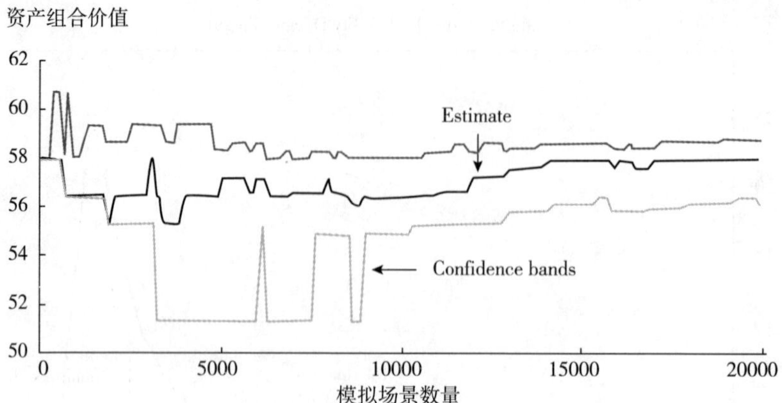


资料来源：JP 摩根，1997。

**图 4.6　百分位数为 0.1～90%置信区间的演化**

小值0、最大值1、平均值和标准差的 beta 分布。例如，图 4.7 所示的分布可以在蒙特卡罗模拟中用于随机回收率的抽样。

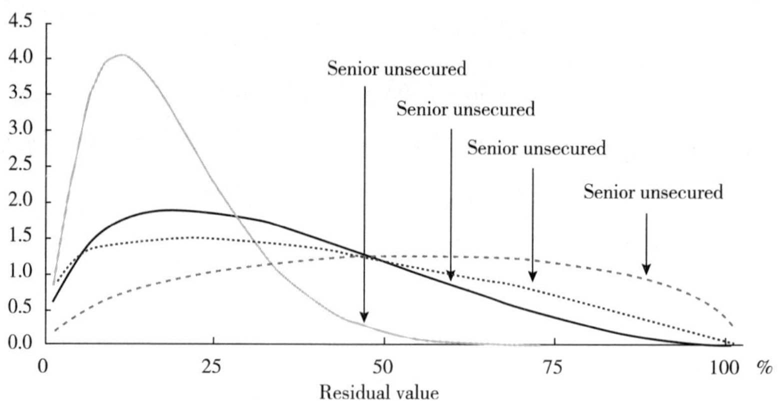


资料来源：JP 摩根，1997。

**图 4.7　高级别债券的 beta 分布示例**

## 违约率和恢复率相关

然而，正如已经指出的，有越来越多的文献（如 Altman 等人，2002

年，和图 4.8，或 Altman 等人 2004 年的概述）表明存在负违约率和恢复率相关的经验证据。

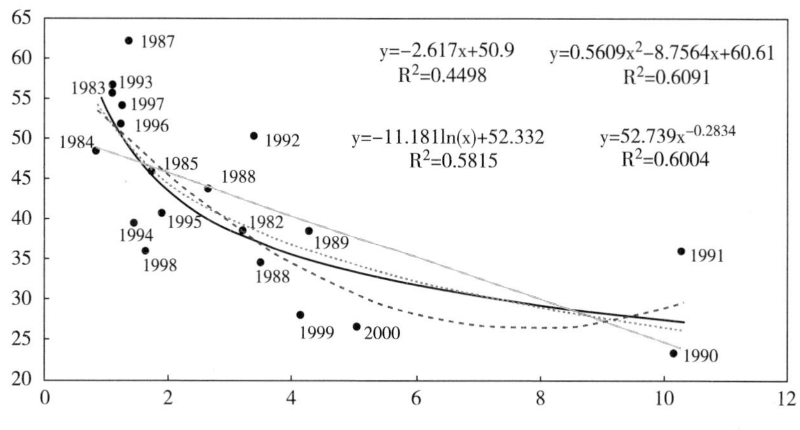


**图 4.8　违约率和恢复率**

在 Witzany（2009d）中提出了一种可能的方法来扩展信用评估方法模型，包括负违约率和恢复率。为了简单起见，让我们考虑包含两种系统因素的模型，其中默认是由一个系统因素和特殊因素驱动的，而恢复率由默认的系统因素驱动，由一个额外的恢复系统因素驱动，也由恢复率的特殊因素驱动。其观点是，经济复苏的速度受到与违约率相同的宏观经济因素的影响，但也受到其他因素的影响，例如与房地产抵押价值相关的因素。这两个因素的结合使我们能够建立模型，模拟不同水平的违约率和恢复率相关性。在形式上，这两个因素可以表示为：

$$r_i = \sqrt{\rho_1}X_1 + \sqrt{1-\rho_1}\epsilon_{i,1}\text{ ,and}$$

$$y_i = \sqrt{\rho_2}(\omega X_1 + \sqrt{1-\omega^2}X_2) + \sqrt{1-\rho_2}\epsilon_{i,2} \tag{4.3}$$

其中，系统因子 $X_1$、$X_2$ 和特殊因子 $\epsilon_{i,1}$、$\epsilon_{i,2}$，是独立的标准化正态变量。违约率相关系数和 LGD 相关系数，被认为是正的，但 PD 系统因子与 RR 系统因子之间的相关系数可以为负（实际上，期望是负的）。第一个因素 $r_i$，驱动了评级波动和默认值，而第二个因子 $y_i$，在默认情况下采样，驱动恢复速率。由于 $y_i$ 具有标准化的正态 $N(0,1)$ 分布，我们需要知道个体的恢复率分布。这可以是beta分布（见图4.7），也可以是任何其他参数或经验导出的分布。让 $Q$ 为恢复率的累积分布函数，然后，给定因子 $y_i$，应用量子量变换，相应的回收率为：

$$RR_i = Q^{-1}(\Phi(y_i)) \quad (4.4)$$

为了模拟信贷投资组合的损失，首先，画出两个系统的因素 $X_1$ 和 $X_2$，然后是所有投资组合中风险敞口的特殊因素 $\epsilon_{i,1}$，最后是违约风险敞口 $\epsilon_{i,2}$。该方法可以很容易地推广，将两系统的 $PD$ 因子替换为 $X_1$，甚至两系统的因素，而不是 $X_2$。

对相关系数的可靠估计无疑是模型的难点。Witzany（2009d）使用最大似然法来估计无担保零售贷款的历史大数据集上的 $\omega = 11.2\%$。我们的想法是观察每月违约贷款违约率和恢复率的时间序列。假设投资很大，我们可以表达，使用Vasicek公式（见第4.7节），观察到的投资组合 $PD$ 的函数的 $X_1$（时间依赖）系统的因素和观察到的组合 $RR$，平均［式(4.4)］的特殊因素，合并后的潜在因素的函数 $\omega X_1 + (1-\omega^2)^{1/2}X_2$。这个函数同时取决于相关性 $\rho_1$ 和 $\rho_2$，相关性可以结合参数 $\omega$ 用MLE方法估算出来。这篇文章表明，在一个大的渐近投资组合中，与不存在PD－RR相关性的情况相比，如果预估存在相关性，对一个99.9%的意外信用损失（经济资本）的影响，几乎是30%的资本增长。Altman等人（2002）在一个简单的模型中也得到了相似结果。

## 4.3 升级的信用风险评估方法

CreditRisk＋是瑞士信贷（1997）提出的一种方法，它涉及一种精算科学框架的应用，以推导出信贷组合的损失分布。与CreditMetrics（之前的信用评估方法）相比，该方法的一个显著优点是，所有的计算都可以在没有蒙特卡罗模拟的情况下进行分析。然而，基于概率生成函数的巧妙的统计技术是相当复杂的，它可以阻止用户，因为他们可能倾向于将其视为“黑盒”方法。然而，该方法的原理可以很容易地说明，而且实际上应用于蒙特卡罗模拟的框架中。

首先，让我们考虑一个相同规模、经济部门和信用风险的 $N$ 个应收款的同质组合，在 1 年的期限内，实际预期的违约概率为 $PD_0$。与 CreditMetrics 相比，主要的区别在于，默认的概率不是固定的，而是一个随机状态变量，在模型的末端变化到一个未知的值 $PD_1$，并且默认值是在 $PD_1$ 的默认值条件下独立实现的。价值本身就成为宏观经济形势的一个指标。这个模型被称为“简化形式”，因为它并没有试图捕捉任何违约的内部机制。另外，CreditMetrics 属于“结构模型”类，因为它是基于 Merton 的方法，即在随机资产价值低于负债的情况下，解释违约事件。CreditRisk + 类似于简化框架中的模拟，可以在以下两个步骤中执行：

（1）根据实际预测值 $PD_0$，并在适当的概率分布（例如，Gamma）中模拟未来违约概率，并对历史违约率的观测或预测变化进行校准。

（2）假设默认的概率是 $PD_1$，默认事件是独立的，模拟 $N$ 个应收款的组合中默认的数量。精确的分布是二项，但为了分析，泊松分布近似为 $N$ 和低 $PD_1$ 的大值的二项式分布可以被应用进来。违约数量乘以一个固定的预期违约损失（LGD）参数，然后，模拟出最终的信用损失。

值得注意的是，仅基于独立违约的模型，在 $N$ 个应收款项的组合中，与一个固定的事前概率 $PD_0$ 一起生成，这将是完全不现实的，因为模拟投资组合违约率的标准差将是 $\frac{PD_0}{N^{1/2}}$，当 $N$ 达到最大时，几乎为零，与以平均违约率（见表 4.3）的顺序波动的年违约率的实证观察相反。因此，第一步模拟 $PD$ 本身是至关重要的。

解析解是基于概率生成函数的概念。设 $X$ 为随机变量，取非负整数值，例如 $X \in \{0,1,2,3,\cdots\}$，概率为 $P_n = \Pr[X = n]$。相应的概率生成函数被正式定义为：

$$G_X(z) = \sum_{n=0}^{\infty} p_n z^n$$

最重要的一个技巧是，两个独立变量之和 $X + Y$ 对应着各自概率生成函数的乘积：

$$G_X(z)\cdot G_Y(z)=(\sum_{n=0}^{\infty}p_nz^n)\times(\sum_{n=0}^{\infty}p_nz^n)=\sum_{n=0}^{\infty}(\sum_{i=0}^{\infty}p_iq^{n-i})z^n=G_{X+Y}(z)$$

如果两个概率生成函数有简单的分析形式，并且也适用于 $G_{X+Y}(z)$ 和系数，那么，概率可以从无限泰勒展开式中得到。这就是泊松分布的情况，指数形式中有一个很好的生成函数：

$$G_X(z)=e^{\mu(z-1)}=\sum_{n=0}^{\infty}e^{-\mu}\frac{\mu^n}{n!}z^n,\text{i. e. },\Pr[X=n]=e^{-\mu}\frac{\mu^n}{n!} \quad (4.5)$$

泊松分布均值和方差都等于 $\mu$。对于一个大的 $N$ 和一个小概率 $p$，它近似于变量 $X$ 的二项分布，$X\in\{0,1,2,3,\cdots,N\}$，均值 $\mu=N\times p$。如果 $X$ 和 $Y$ 是独立的，而泊松分布的均值是 $\mu_1$ 和 $\mu_2$，那么，$X+Y$ 的泊松分布与均值 $\mu_1+\mu_2$，这是因为 $e^{\mu_1(z-1)}\ e^{\bar{\mu}_2(z-1)}=e^{(\mu_1+\mu_2)(z-1)}$。这条规则可以应用于应收账款组合，这些组合在规模和部门方面都是同质的，但可能存在不同程度的风险。在这种情况下，设置 $\mu_0=\sum_{a\in A}PD_a$。的确，如果 $PDs$ 由评级等级决定，让 $\mu_r$ 表示违约评级等级池中的预期违约数量，$r=1,\cdots,R$，然后总数违约的概率生成函数的形式 $G(z)=e^{\mu(z-1)}$，泊松分布的均值为：

$$\mu=\sum_{r=1}^{R}\mu_r$$

**表 4.3　　年违约率（1970—1995 年）**　　单位：%

| 信用评级 | 平均一年违约率 | 标准差 |
|---|---|---|
| Aaa | 0.00 | 0.00 |
| Aa | 0.03 | 0.10 |
| A | 0.01 | 0.00 |
| Baa | 0.13 | 0.30 |
| Ba | 1.42 | 1.30 |
| B | 7.62 | 5.10 |

资料来源：Crouhy 等，2000。

此外，泊松分布可以分析并结合伽马分布 $\Gamma(\alpha,\beta)$，参数 $\alpha$ 和 $\beta$，由密度函数定义：

$$f(x)=\frac{1}{\beta^{\alpha}\Gamma(\alpha)}e^{-\frac{x}{\beta}}x^{\alpha-1},\text{where }\Gamma(\alpha)\int_0^{\infty}e^{-x}x^{\alpha-1}dx$$

从均值和标准差处可以计算出其形状和尺度参数：

$$\alpha = \frac{\mu^2}{\sigma^2}, \beta = \frac{\sigma^2}{\mu} \tag{4.6}$$

图4.9显示了伽马分布的形状，平均值为100，标准差分别设为10、50和90。

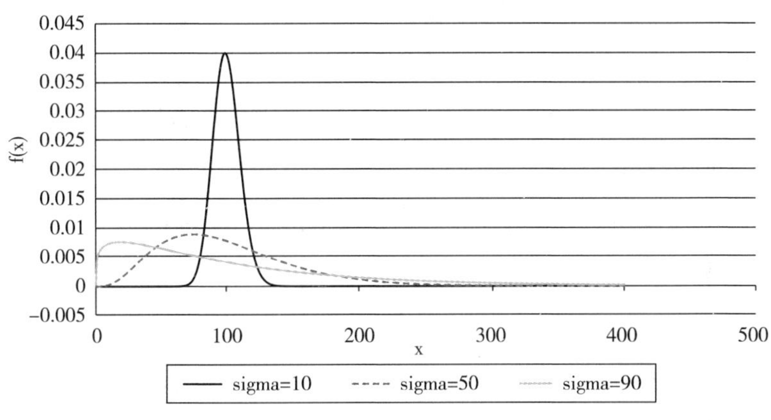


**图4.9　均值为100的各标准差下的伽马分布**

让 $PD_0$ 为最初的（平均）违约概率，$\sigma_p d$ 为估计标准差观察到的整体年度违约概率。由于我们关注的是一个有 $N$ 个应收款项的给定投资组合中的违约数量，让我们根据式（4.6）来计算，设置 $\mu_0 = N \times PD_0$，$\sigma_0 = N \times \sigma_{Pd}$，从伽马分布 $\Gamma(\alpha, \beta)$ 中取样违约量均值 $\mu_1$。最后，从平均值为 $\mu_1$ 的泊松分布中生成的违约量 $X$。那么：

$$\Pr[X = n] = \int_0^\infty \Pr[X = n \mid \mu = x] f(x)\,dx = \int_0^\infty e^x \frac{x^n}{n!} f(x)\,dx$$

$X$ 的概率生成函数可以表示为一个积分，幸运的是可以得到解析解：

$$\begin{aligned} G(z) &= \sum_{n=0}^\infty \left( \int_0^\infty e^{-x} \frac{x^n}{n!} f(x)\,dx \right) z^n = \int_0^\infty \left( \sum_{n=0}^\infty e^{-x} \frac{x^n}{n!} z^n \right) f(x)\,dx \\ &= \int_0^\infty e^{x(z-1)} f(x)\,dx = \frac{1}{\beta^\alpha (1 + \beta^{-1} - z)^\alpha} \end{aligned} \tag{4.7}$$

右边的函数可以在 $z = 0$ 时分解，由泰勒展开式表示。最后，$z^n$ 的系数

是我们基本模型中 $n$ 个违约概率的期望公式，具体如下：

$$\Pr[X = n] = (1 - q)^{\alpha}\binom{n + a - 1}{n}q^{n}, \text{where } q = \frac{\beta}{1 + \beta}$$

这个结果除以 $n = 0,\cdots,N$ 可以得到负二项分布的概率密度函数。

上述方法需要在两个方面进行推广：首先我们需要不同的曝光量；其次是不同的经济部门。在蒙特卡罗模拟中，CreditRisk + 方法的公式如下：

（1）调整被认为是决定性的恢复率。此外，将调整后的敞口分成大小带，以多倍来表示大单位风险敞口。根据经济部门的情况，熟练地划分投资组合（一个风险敞口也可以分成更多的部门）。在一个部门/规模的组合投资组合中，违约的实际平均数量被计算为投资组合中所有风险敞口的违约概率之和。

（2）部门投资组合被视为独立的。

（3）根据适当的（Gamma）分布，独立为每个部门组合模拟未来的平均违约数量。对于每个部分，按照期望的值，按比例分配大小带中的违约数量。

（4）根据每个部分组合和大小组合中的违约值，生成相互独立的已实现违约值（例如，使用 Poisson 分布）。

（5）计算每个模拟场景的所有部分和大小带的总损失（作为基本敞口的倍数）。

该描述显示了该模型的一个主要缺点，即该模型假定各部分之间是独立的。从经验上看，行业违约率之间存在正相关关系，尽管低于行业相关性。此外，如果建模者选择一个精细的部分分类，那么信贷组合风险就会大大降低。在蒙特卡罗方法中，承认了行业违约率之间的相关结构，这个问题很容易被克服。然而，在非零相关假设下，利用概率生成函数中止了很好的解析解。

因此，假设部门违约率独立，我们需要解决的是一个部门组合中不同规模的部分。一旦我们有了各部分生成函数，就可以通过乘积得到总体的组合概率生成函数。让我们修正一个基本敞口 $L$，假设投资组合中每个（预期的恢复率调整）敞口是一个多重 $m \times L$，$m \in \{1,2,3,\cdots,m\}$，这意味着，在实际操作中，调整后的风险敞口必须是整数倍的 $L$。A 信贷组合损失也将始终是 $L$ 的整数倍数，因此我们寻求发现概率生成函数：

$$G(z) = \sum_{n=0}^{\infty} \Pr[\text{portfolio loss} = n \times L] z^n$$

让我们考虑一个大小为 $m_j \times L$ 风险敞口的子组合，并假设 $\mu_j$ 是 $j = 1,\cdots,k$ 中预期违约的数量。类比（4.5），对应均值为 $\mu_i$ 的泊松分布的违约损失函数，可以表示为：

$$G_j(z) = e^{\mu_j(z^{m_j}-1)} = \sum_{n=0}^{\infty} e^{-\mu_j} \frac{\mu_j^n}{n!} z^{m_j n}$$

因为，基于均值为 $\mu_j$，$j = 1,\cdots,k$ 的违约是相互独立的，部门组合损失生成函数为：

$$G(z) = \prod_{j=1}^{k} G_j(z) = \prod_{j=1}^{k} e^{\mu_j(z^{m_j}-1)} = e \sum \mu_j + \sum \mu_j z^{m_j} = e^{\mu(P(z)-1)}$$

设置 $\mu = \sum_{j=1}^{k} \mu_j$ 和 $P(z) = \sum_{j=1}^{k} \frac{\mu_j}{\mu} z^{m_j}$。注意，按相同比例改变 $\mu$ 和所有 $\mu_j$，不会改变多项式 $P(z)$；换句话说，我们隐式地假设所有敞口带的违约率都是相同的。因此，从均值为 $\mu_0 = N \times PD_0$ 的伽马分布中取样 $\mu$，标准差 $\sigma_0 = N \times \sigma_{PD}$，调整的 $\mu_j$ 与 $\mu(\mu_{0,j}/\mu_0)$ 对应，正如在式（4.7）中一样，积分：

$$G(z) = \int_0^{\infty} e^{x(P(z)-1)} f(x)\, dx = \frac{1}{\beta^{\alpha}(1 + \beta^{-1} - P(z))^{\alpha}} \tag{4.8}$$

如果 $G_s(z)$ 的概率生成函数表示为式（4.8）的形式，$s = 1,\cdots,S$，总体概率生成函数

$$G_{\text{final}}(z) = \prod_{s=1}^{S} G_S(z)$$

具有解析形式，其系数可通过 $z = 0$ 时的微分得到。标志性的微分当然不简单，但是在计算上要比完整的蒙特卡罗模拟要有效率得多。这种计算效率所付出的代价是，模型施加的相关结构是有限的；特别是独立部门

的假设。然而，该模型可以被推荐用于单一的零售组合，可以将其视为一个单一的部门，但是这对于一个基于债务评级模拟的完整信用度量标准来说，并没有太大的意义。

图 4.10 显示了单个行业投资组合的损失分布情况，其中包括 1 万例恢复率调整风险敞口，总规模为 30 亿捷克克朗，总预期损失为 1.2 亿捷克克朗。概率分布为 Pr［损失为 n × L］，n = 1，…，60000，通过 CreditRisk + 模型在 L = 50000 的情况下，用 Excel 几秒计算出来。这个分布使我们能够在任何概率水平上更容易地找到数据。例如，红线表示的 99% 是 1.78 亿捷克克朗。因此，在 99% 的概率水平，存在着意想不到的损失（信用 VaR）= 178 − 120 = 58 百万捷克克朗。这个分布也可以用来方便地计算其他特征值，如预期不足，或条件风险值，在水平概率 α 下，定义超过分位点的平均损失。正式地说，$CVaR = E[XX >= q] - E[X]$，$X$ 表示损失。例如，样本组合在 99% 的水平上的缺口为 6700 万捷克克朗，略高于风险值。

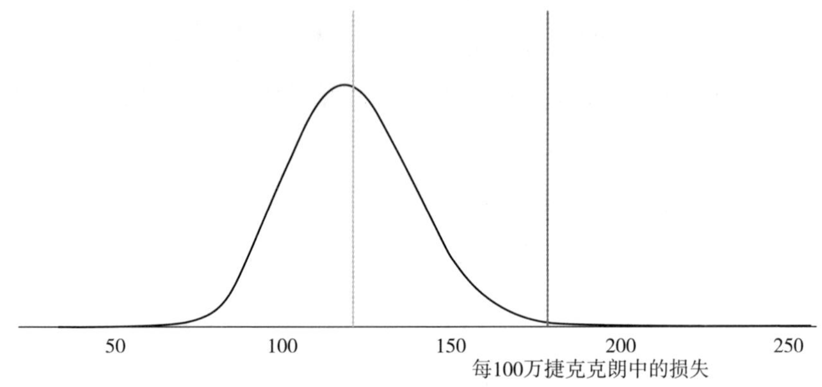


**图 4.10 CreditRisk + 模型生成的损失分布示例**

## 4.4 信贷资产组合视图（模型）

由 Wilson（1997a，1997b）开发的 Credit Portfolio View 模型由麦肯锡

咨询公司（McKinsey Consulting Company）提出，是关于违约和波动概率联合条件分布的宏观经济多因素模型。CreditRisk + 使用一个非常简单的估计，即默认的 PDj、0 和它的标准差的初始评级/扇区概率，而 Credit Portfolio View 则使用一个模型，其中宏观变量解释了观察到的违约率。其主要观点是，下一时期的违约率可以在一定程度上从已知的宏观经济指标中预测，而需要建模的是剩余风险，例如未来的违约率和其预测之间的差额（见图 4.11）。

资料来源：Wilson，1998。

**图 4.11　德国的实际与预测的违约率**

具体来说，由于宏观经济变量遵循一定的自回归过程，模型产生了未来违约率的分布，这取决于实际的和最近观察到的宏观经济变量。宏观经济的方法也改善了 CreditRisk + 的方法，合并了由评级恶化所隐含的损失，而不是由违约造成的损失。另外，复杂的方法需要蒙特卡罗模拟。

宏观经济模型是一个相对的标准，解释给定部门 $j$ 和投机级债务人在周期 $t$（例如，1 个月或者一个季度）中的违约概率，$PD_{j,t} = \Lambda(Y_{j,t})$，$\Lambda$ 是对数函数，$Y_{j,t}$ 通过以下经济多因素模型反映宏观经济状态：

$$Y_{j,t} = \beta_j' X_{j,t} + \epsilon_{j,t} \tag{4.9}$$

$X_{i,t}$ 是部门选择的基本宏观经济变量，$\beta_j$ 估计的回归系数。在假设中，

由 $i$ 建立索引的宏观经济变量，遵循单变量自回归模型（$AR2$）：

$$X_{j,t,i} = \gamma_{j,i,0} + \gamma_{j,i,1}X_{j,t-1,i} + \gamma_{j,i,2}X_{j,t-2,i} + e_{j,t,i} \quad (4.10)$$

假设误差项 $e_{j,t}$，是独立的，并服从正态分布，而 $\varepsilon_{j,t}$ 被假定为服从具有协方差矩阵的联合正态分布。一旦校准模型，根据历史的宏观经济变量和观测到的违约率，基于时间 $t+1$ 的信息，可以用来模拟 $PD_{j,t}$，$PD_{j,t+1}$，…，$PD_{j,t+T}$。

此外，Credit Portfolio View 还建议对无条件马尔可夫转换矩阵 $M$ 进行调整，该矩阵基于几个商业周期的历史平均值，涵盖了许多不同的行业。该矩阵暗示了投机级债务人的某些无条件违约概率。另外，$PD_{j,t+s}$ 是一个 PIT 估计，主要应用于一个国家的经济，或者一个特定的行业的经济，预计在经济衰退时期比 $PD_0$ 大，在经济扩张时期比 $PD_0$ 小。$PD_{j,t+s}/PD_0$ 的值可以用于调整波动概率来得到转移矩阵：

$$M_{j,t+s} = M(PD_{j,t+s}/PD_0)$$

国家和行业的经济记为 $j$。一个可能的简单的方法是设置 $M(PD_{j,t}/PD_0)$，当 $PD_{j,t+s} > PD_0$ 时，等于经济衰退的历史数据矩阵；反之，等于扩张矩阵。行业的矩阵为 $j = 1,\cdots,J$，

$$M_{j,T} = \prod_{s=1}^{T} M(PD_{j,t+s}/PD_0)$$

然后被用于独立生成（条件是模拟的宏观经济发展），在时间 $T$ 内的对债务人进行评级迁移。然后，模拟的市场值就像在 CreditMetrics 模型中得到的一样。

注意，Credit Portfolio View 展现了 CreditRisk + 模型和 Credit Metrics 模型的组合。在第一步中，模拟了默认的概率，在第二步中，在 CreditRisk + 的模拟概率上，对独立的违约率（评级转换）进行采样。但是，模拟的概率与宏观经济变量有关，也与在 Credit Metrics 模型中驱动个体违约值的资产值相关。

## 4.5 KMV 投资组合管理

KMV 组合模型结合了 Credit Metrics 方法的基本原理和 KMV 预期的默

认频率（EDF）方法。KMVEDF 运用期权定价理论，估算了股票市场数据中风险债务的违约概率和市场价值。该模型不使用历史评级转移概率，或风险调整贴现因子。KMV 认为，实际（风险中性）的信贷迁移概率比历史迁移频率所显示的要大得多。实际上，正如我们在第 3.3 节所讨论的那样，外部评级机构的系统介于 PIT 和 TTC 之间，因此，违约的评级概率不是固定的，而风险的变化并不总是反映在信用度量所假定的评级迁移中。KMV 方法的缺点是，它只适用于公开上市公司的贷款或债券组合，而不适用于零售或中小企业的投资组合，在这些投资组合中，股票市场数据通常是不存在的。

与 Credit Metrics 类似，我们假设债务人的违约是由资产价值 $A$ 驱动的，遵循几何布朗运动随机微分方程（见第 4.2 节）：

$$dA = \mu_A A dt + \sigma_A A dW$$

在离散设置中，可以一步一步地模拟一个过程的路径：

$$A(0) = A_0, A(t + \Delta t) = A(t)(1 + \mu_A \Delta t + \sigma_A \epsilon(t)) \qquad (4.11)$$

其中，$\epsilon(t)$ 服从 $N(0, \Delta t)$。由于衍生品的估值可能假设风险中性，投资者在任何投资上都要求的无风险回报 $r$。不考虑风险风险，我们可以假设 $\mu_A = r$，并且将所有的现金流以利率 $r$ 折现。为了确定在时间 $T$ 时，风险索赔的名义数量 $N$ 的实际市场价值，如果资产价值高于违约阈值，即 $A(T) > K$，在违约的情况下，只支付确定的恢复率 $(1 - LGD)N$。如果一个 $A(T) < K$，我们只需要知道最初的资产价值 $A_0$ 和波动 $\sigma_A$。因此，风险索赔的价值是两个参数的函数：

$$P(0) = f(A_0, \sigma_A)$$

资产价值不能直接观察到，但是我们可以观察公司股票价格 $E_0$ 及其波动 $\sigma_V$。

正如以下的详细说明，在 $(A_0, \sigma_A)$ 和 $(E_0, \sigma_E)$ 之间，有一个一对一的函数关系。因此，未知的资产价值参数可以从观察到的股票价格参数中获得：

$$A_0 = h_1(E_0, \sigma_E) \text{and } \sigma_A = h_2(E_0, \sigma_E) \qquad (4.12)$$

然而，我们的目标是在一个时间范围 $H < T$ 中模拟或确定给定投资组合中索赔的市场价值的分布。在一个对单个债务人的模拟方法中，从已知参数（$A_0, \sigma_A$）中，根据式（4.11）我们可以生成（或者只是样本，使用对数正态属性的几何布朗运动，参见 2009 年），未来资产价值 $A(H)$，以及相应的未来索赔价值：

$$P(H) = f(A(H), \sigma_A) \tag{4.13}$$

对于多个债务人的投资组合，资产回报的相关结构与 CreditMetrics 类似。概括地说，有以下基本步骤：

（1）以股票价格为基础，确定资产组合中每个债务人的初始资产价值和资产波动率［式（4.12）］。

（2）估计债务人资产回报与第 4.2 节的相关性。

（3）模拟未来资产价值，根据（4.13）评估贷款价值，获得模拟的总信贷组合价值。

KMV 还提出了一种分析解，它适用于假设存在一个恒定的成对相关系数 $\rho$，以及其他简化假设。然后，投资组合的信用损失被证明具有正常的逆分布，因为它相对容易计算所需的百分位数。在更复杂的相关建模的情况下，还需要模拟技术。在回顾了 KMV 信贷组合建模方法的原则之后，让我们详细了解它最重要的元素。

## 资产价值和资产波动性的估计

正如在第 4.2 节中的解释，如果只有一个贷款数量 $D$，支付时间为 $T$，然后贷款到期的股权价值是 $E(T) = \max[A(T) - D, 0]$，即欧洲看涨期权与行使价格 $D$ 和到期 $T$ 的收益（见 Hull，2009）。如果资产价值遵循（风险中性）标准几何布朗运动：

$$dA = rAdt + \sigma_A AdW \tag{4.14}$$

然后 $t$ 时刻的看涨期权可以由 Black – Scholes 公式来计算：

$$E_0 = A_0\Phi(d_1) - De^{-r(T-t)}\Phi(d_2) \tag{4.15}$$

$$d_1 = \frac{\ln A_0/D + (r + \sigma_A^2/2)(T-t)}{\sigma_A\sqrt{T-t}} \text{ and } d_2 = d_1 - \sigma_A\sqrt{T-t} \tag{4.16}$$

一般来说，存在关系 $E = G(A,t)$，参数 $\sigma_A$，$r$ 和 $T$ 固定，根据 Ito 的引理，$E$ 遵循这个过程：

$$dE = \left(\frac{\partial E}{\partial A}rA + \frac{\partial E}{\partial t} + \frac{1}{2}\frac{\partial^2 E}{\partial A^2}\sigma_A^2 A^2\right)dt + \frac{\partial E}{\partial A}\sigma_A AdW$$

因此，股票的波动可以用方程 $\sigma_E \times E_0 = (\partial E/\partial A) \times \sigma_A \times A_0$ 解决。由于可以证明 $\partial E/\partial A = \Phi(d_1)$，我们可以得到：

$$\sigma_E = \frac{A_0}{E_0}\Phi(d_1)\sigma_A \tag{4.17}$$

所以实际上，式（4.15）和式（4.17）给出转换 $E_0 = f_1(A_0,\sigma_A)$，$\sigma_E = f_1(A_0,\sigma_A)$，可以证明是一对一的关系。根据经验来看，给定价值 $E_0$ 和 $\sigma_E$，从历史股票价格数据中，获得两个方程，用迭代的数值方法解出 $A_0$，$\sigma_A$。

## 违约差距和预期违约频率

如果借款人在时间 $T$ 时只有一笔贷款，数量为 $D$，那么违约风险中性时，概率可以表示为 $Q_T = \Pr[A(T) < D] = \Phi(d_2)$，其中 $d_2$ 在式（4.16）中给定。然而，在实践中，情况却不同。典型的公司有许多短期的、中期的和长期的贷款，分期付款在不同的时间。违约是指公司拖欠付款或偿还本金的事件。在债务合同中交叉违约条款是这样的：当公司错过一笔付款时，它就会在所有的债务中被宣布违约。如果宣布破产，公司将被清算，资产出售所得将按优先规则分配给债权人。

由于所有这些原因，很难定义一个通用的违约阈值，该阈值将对应于实际的违约事件。相反，KMV 提议使用一个专业设定的违约点，定义为公司短期债务（STD），加上长期债务（LTD）的一半，将所有财务义务划分为这两类。$DPT = STD + LTD/2$。计算 1 年期 $d_2$，违约点，也就是突破阈值的概率 $\Pr[A(1) < DPT] = \Phi(-d_2)$，根据式（4.16），$D = DPT$（见图 4.12）。

如上文所述，概率 $\Pr[A(1) < DPT]$ 与违约的实际概率不完全相同，但在结构模型中，它显然是信用质量的良好指标。这个想法是使用概率

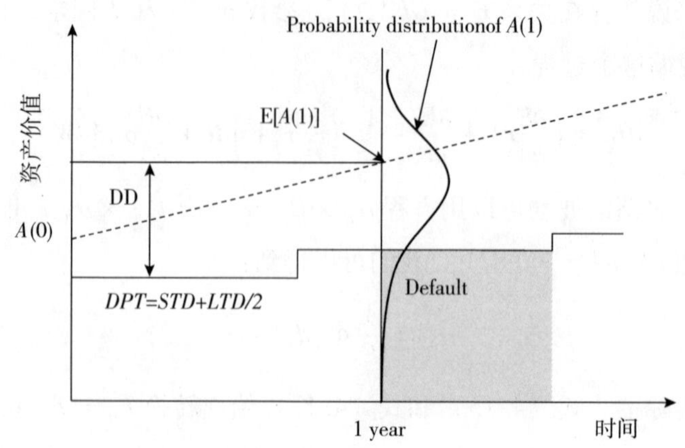


**图 4.12 在 $T=1$ 时资产价值 $A$ 的概率分布，以及和违约的距离**

$\Phi(-d_2)$，或实际原因，指标 $DD=d_2$，被称为距离违约。作为一个分数，仍然需要校准违约率使之与实际相符（注意，$\Phi(-d_2)$ 是 $DD$ 的递减函数）。事实上，KMV 使用了一个大样本的公司数据库来绘制 $DD$（每个时间范围）的数据，以校准违约率，称为预期的违约频率 - $EDF$（见图 4.13）。

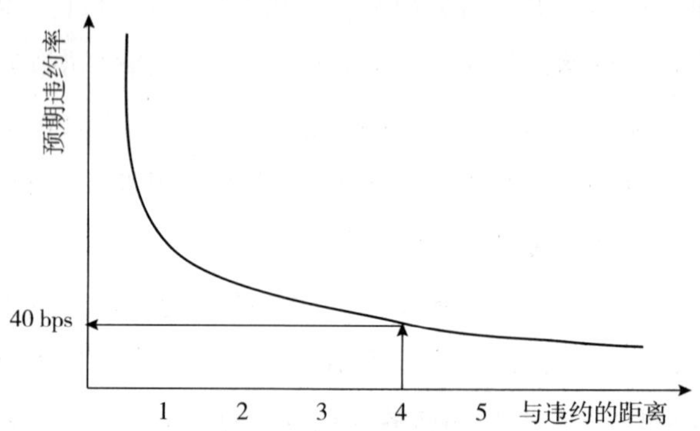


**图 4.13 根据预期违约率，画出的与违约的距离**

图 4.13 中显示是 1 年期的违约频率，例如，当 $DD=4$ 时，基于历史观察公司的 1 年期违约率是 0.4%，所以分配的预期违约频率 $EDF=0.4\%$。在这种情况下，预期的违约概率 $EDF_T(DD)$ 在时间为 $T$ 时是 $DD$

的函数。

KMV 公司一直在提供“信用监控”服务，自 1993 年以来计算 EDF 的估值。许多研究表明，EDF 是一个有用的违约指标。EDF 的变化也倾向于预期（至少提前 1 年），图 4.14 描述了评级机构对发行人的典型降级动态。

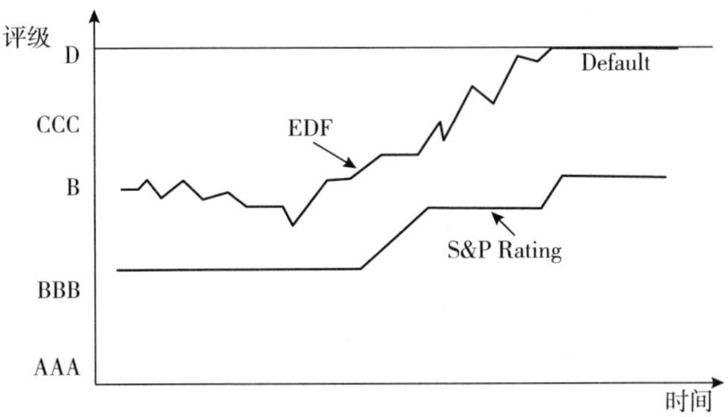


**图 4.14　评级机构对发行人的典型降级动态**

事实上，来自股市数据的 EDFs 对公司财务状况和整体经济状况的变化反应更大。KMV 还构建了基于非重叠的违约概率范围的 EDF 隐含（S&Pscale）评级，这是典型的个别评级类别。举个案例，每年 EDF 的公司都少于或者等于 2 个 bps，被评为 AAA 级，EDF 在 3 ~ 6 个 bps 之间是 AA 级，依此类推。然后，EDF 评级的时间序列可以用来产生　个转换矩阵，如表 4.4 所示。与表 4.5 中实际标准普尔评级变化相比，矩阵与转换概率有显著差异。在同一类中，KMV 评级的概率比标准普尔的概率要低得多，而迁移概率要大得多。另外，在标普转移矩阵的情况下，违约的投机级概率更大。这一现象可以解释为，标准普尔对实际信贷质量变化的反应较慢，而且违约概率与标普评级没有关联，且与周期有部分波动。可以提出的反对意见是，KMV 评级的迁移被高估了，因为它们是由股票市场驱动的，由于心理和其他非根本原因，股票价格也可能上下波动。

表 4.4 初始评级与年终评级（1） 单位：%

| 初始评级 | 年终评级 | | | | | | | |
|---|---|---|---|---|---|---|---|---|
| | AAA | AA | A | BBB | BB | B | CCC | 违约 |
| AAA | 66.26 | 22.22 | 7.37 | 2.45 | 0.86 | 0.67 | 0.14 | 0.02 |
| AA | 21.66 | 43.04 | 25.83 | 6.56 | 1.99 | 0.68 | 0.20 | 0.04 |
| A | 2.76 | 20.34 | 44.19 | 22.94 | 7.42 | 1.97 | 0.28 | 0.10 |
| BBB | 0.30 | 2.80 | 22.63 | 42.54 | 23.52 | 6.95 | 1.00 | 0.26 |
| BB | 0.08 | 0.24 | 3.69 | 22.93 | 44.41 | 24.53 | 3.41 | 0.71 |
| B | 0.01 | 0.05 | 0.39 | 3.48 | 20.47 | 53.00 | 20.58 | 2.01 |
| CCC | 0.00 | 0.01 | 0.09 | 0.26 | 1.79 | 17.77 | 69.94 | 10.13 |

表 4.5 初始评级与年终评级（2） 单位：%

| 初始评级 | 年终评级 | | | | | | | |
|---|---|---|---|---|---|---|---|---|
| | AAA | AA | A | BBB | BB | B | CCC | 违约 |
| AAA | 90.81 | 8.33 | 0.68 | 0.06 | 0.12 | 0 | 0 | 0 |
| AA | 0.70 | 90.65 | 7.79 | 0.64 | 0.06 | 0.14 | 0.02 | 0 |
| A | 0.09 | 2.27 | 91.05 | 5.52 | 0.74 | 0.26 | 0.01 | 0.06 |
| BBB | 0.02 | 0.33 | 5.95 | 86.93 | 5.30 | 1.17 | 0.12 | 0.18 |
| BB | 0.03 | 0.14 | 0.67 | 7.73 | 80.53 | 8.84 | 1.00 | 1.06 |
| B | 0 | 0.11 | 0.24 | 0.43 | 6.48 | 83.46 | 4.07 | 5.20 |
| CCC | 0.22 | 0 | 0.22 | 1.30 | 2.38 | 11.24 | 64.86 | 19.79 |

## 风险中性违约概率和或有债权的估值

根据违约的历史概率，在校准违约频率的距离时，我们不幸地偏离了违约风险中性概率原则。EDF 是对真实世界概率的估计，但我们仍然需要对风险中性概率进行估计，以便我们用无风险利率来贴现风险现金流。

让我们考虑一个零息债券，如果没有违约，到期 $T$ 支付完整的名义金额，恢复率 $RR \times A = (1 - LGD) \times A$。如果 EDFT 是现实中在时间 $T$ 时的违约概率，然后我们知道如何在时间 $T$ 计算平均现金流，但我们不知道究竟如何准确获得当前的（市场）值，因为它是一个有风险的现金流，一个特定的风险保证金应该被添加到标准无风险折现率中。另外，如果 $Q_T$ 是在时间 $T$ 时的的累积风险中性概率，则风险中性的平均现金流可以用无风险利率折现：

$$PV = e^{-rT}(E_Q)[\text{cash flow}] = e^{-rT}A((1-Q_T)+Q_T(1-LGD))$$
$$= e^{-rT}A((1-LGD)+(1-Q_T)LGD)$$

同样的原理可以用于一般的代表贷款、债券或其他工具的现金流 $[CF_1,\cdots,CF_n]$。如果 $Q_1,\cdots,Q_n$ 是累积风险中性违约概率，$r_1,\cdots,r_n$ 是在支付时间范围 $T_1,\cdots,T_n$ 的连续复利中的无风险利率，那么：

$$PV = E_Q[\text{discounted cash flow}] = \sum_{i=1}^{n} e^{-r_iT_i}E_Q[\text{Cash flow}_i]$$
$$= \sum_{i=1}^{n} e^{-r_iT_i}CF_i(1-LGD) + \sum_{i=1}^{n} e^{-r_iT_i}(1-Q_i)CF_iLGD \tag{4.18}$$

## 案例

年息为 5%、面值为 10 万美元的 3 年期债券的价值是多少？让我们假设任何期限的无风险利率都是 3%，$LGD=60\%$，累积风险中性概率在表 4.6 中。

**表 4.6　　风险中性时现值计算案例**

| 时间 | $CF_i$ | $Q_i$（%） | $e^{rT_i}$ | $PV_1$ | $PV_2$ | $PV$ |
|---|---|---|---|---|---|---|
| 1 | 5000.00 | 3.00 | 0.9704 | 1940.89 | 2824.00 | 4764.89 |
| 2 | 5000.00 | 6.50 | 0.9418 | 1883.53 | 2641.65 | 4525.18 |
| 3 | 105000.00 | 9.90 | 0.9139 | 38385.11 | 51877.48 | 90262.59 |
| 总计 | | | | 42209.53 | 57343.12 | 99552.65 |

注意，式（4.18）中，现值位于表的右侧，无风险部分在列 PV1 中计算，风险部分在列 PV2 中计算。在风险中性框架中，最终现值为面值的 99.552%，应与使用真实 EDFs 评估的市场价值相同，并以风险调整利率贴现。

剩下的是评估我们投资组合中的所有债务工具，以便将真实世界的

EDFs 转化为风险中性概率。让我们选定一个借款人，时间范围 $T$，以及预计的违约频率为 $EDF_T$。真实世界资产根据随机微分方程估值：

$$dA^* = \mu A^* dt + \sigma A^* dW$$

$\mu > r$ 反映了风险的价格。存在一个确切的违约阈值 $K_T$，因此，$EDF_T = \Pr[A^*(T) < K_T]$。当概率由真实变为风险中性时，或有现金流的现值被保留；具体来说，或有现值取决于资产价值低于阈值 $K_T$。因此，风险中性的概率是 $Q_T = \Pr[A(T) < K_T]$，当 $K_T$ 相同时，资产价值能够通过以下风险中性过程得到：

$$dA = rAdt + \sigma AdW$$

从相同的初始值 $A(0) = A^*0 = A_0$。两个概率都可以用适当的布莱克—斯科尔斯—默顿公式表示，并比较：

$$EDF_T = N(-d_2), d_2 = \frac{\ln A_0/K_T + (\mu - \sigma^2/2)T}{\sigma\sqrt{T}}$$

$$Q_T = N(-d_2^*), d_2^* = \frac{\ln A_0/K_T + (\mu - \sigma^2/2)T}{\sigma\sqrt{T}}$$

因为 $d_2 = d_2^* - (\mu - r)\left(\frac{T}{\sigma}\right)^{1/2}$，我们可以消除未知的违约阈值 $K_T$，将风险中性概率 $Q_T$ 用已知的预期违约频率表达出来：

$$Q_T = N\left(N^{-1}(EDF_T) + \frac{\mu - r}{\sigma}\sqrt{T}\right) \tag{4.19}$$

剩余的未知参数是风险调整 $\mu - r$，可以根据资本资产定价模型（CAPM）进行估计，$\mu - r = \beta\pi$，$\beta$ 是借款人的资产对市场的敏感程度，$\pi = \mu_M - r$ 是市场投资组合的风险溢价。由于参数 $\beta$ 可以计算为 $\beta = \rho\frac{\sigma}{\sigma_M}$，$\beta$ 是资产收益与市场组合收益的相关关系，这个调整在式（4.19）中可以表示为：

$$\frac{\mu - r}{\sigma}\sqrt{T} = \rho\frac{\pi}{\sigma_M}\sqrt{T} = \rho U\sqrt{T} \tag{4.20}$$

$U = \frac{\pi}{\sigma_M}$ 是夏普比率。在实践中，夏普比率可以以债券市场数据来校准，相关系数 $\rho$ 也可以从股票市场数据中估计。

### 案例

如果 2 年期的预期违约频率为 $EDF_2 = 5\%$，计算违约风险中性概率。假设标准普尔 500 指数时的夏普比率的是 $U = 0.406$，与债务人股票回报和标准普尔 500 指数相关系数 $\rho = 0.7$。因为这个相同的相关系数也适用于资产回报，我们可以根据式（4.20）计算风险调整，$\rho U T^{1/2} = 0.7 \times 0.406 \times \sqrt{2} = 0.402$。最后，根据式（4.19），我们得到：

$$Q_2 = N(N^{-1}(0.05) + 0.402) = 0.107$$

因此，风险中性概率 $Q_2 = 10.7\%$，是现实中概率 $EDF_2 = 5\%$ 的两倍多。

## 4.6　各个模型的比较

这四个模型，包括 CreditMetrics、CreditRisk +、CreditPortfolioView、KMV 资产管理，旨在估计相同的理论价值（见第 4.1 节），在给定的时间范围 T 和概率 α 水平，这个理论价值定义为未预期到的应收款项组合的损失 $UL = q_\alpha^X - E[X]$。由于模型使用不同的机制来模拟未来的投资组合值，用不同的数据源来校准计算，当模型用于相同的投资组合，有可能出现相对不同的结果。

回想一下，CreditMetrics 模型要求对不同的评级类别进行评级转换概率、恢复率、收益率曲线，以及相互资产相关矩阵的估计。该模型适用于债券、企业贷款、甚至更大的零售应收账款的投资组合。信用度量方法在我们需要的 KMV 投资组合经理中得到细化，不再是历史转移概率和评级收益率曲线，而是历史股票市场数据和投资组合中每个债务人的资本结构。此外，该方法要求将 EDF 的值映射到历史违约概率中。这样的数据库基本上是由 KMV 穆迪公司维护的。这两种模型在 $T$ 时刻都使用了应收账款的市场估值，但其价值却以略微不同的方式获得。KMV 投资组合经理没有利用历史的评级转移概率，而是基于股票市场价格波动隐含地产生转移概率。一般认为，KMV 隐含的转换概率大于历史概率，因为股票回报比外部评级更能反映信用质量的变化。

相较于 CreditMetrics 是一个通用的模型，可以应用于不同资产的投资组合，KMV 只限于在市场上交易的流动性股票的债务人，因此很难在不发达的股票市场上应用。信用指标甚至可以用于消费贷款或抵押贷款组合，但对单个零售应收账款的评级迁移的模拟计算可能会非常苛刻。在这种情况下，一个有效的解决方案是由 CreditRisk + 方法论提供的，该方法只需要个人的违约概率、历史年度违约率波动率、恢复率，可能还需要对经济部门进行细分。该模型的缺点是相关结构的灵活性有限。但是对于小的同质应收账款的零售组合来说，这通常不是问题。

最后，我们应该提到信用投资组合视图模型，它试图将预期的和意想不到的宏观经济发展分开。因此，该模型需要一系列适当的宏观经济变量，以及不同评级类别的历史违约率。然后，宏观经济模型允许模拟未来的违约概率（取决于评级）。然后，对这些可能性进行有条件的模拟，或者更确切地说，对其进行评级更改。由于宏观经济建模困难，该模型在实际应用中并不经常使用，并采用了一个特殊的过程来定义条件转移矩阵和损失分布。

Kolman（2010）进行了一项有趣的实证研究，将 CreditMetrics、CreditRisk + 和 KMVPortfolioManager 的结果与特定的投资组合进行比较。该投资组合由美国不同部门的 20 个不同发行者的债券组成，个人债券投资的票面价值约为 1000 万美元，总投资组合价值为 1.64 亿美元。债券评级由穆迪和惠誉评级，大多数评级都是投机性的。此外，所有发行者都有在市场上交易的股票和公开发行的资本结构数据。信用度量模型是基于穆迪的历史转移概率和股票市场数据得出的相关系数来实现的。CreditRisk + 是基于历史平均违约率波动，仅采用单一部门方法。在 KMV 模型的案例中，除了股票市场数据，作者还使用了一个公开的研究，将 EDF 的价值映射到历史的 PDs（详见 Kolman，2010）。因此，所有的模型都适用于相同的债券组合，使用真实的历史和财务数据，并在相同的 1 年的范围内模拟投资组合损失。图 4.15 所示的经验概率分布和相关的分位数相差甚远。

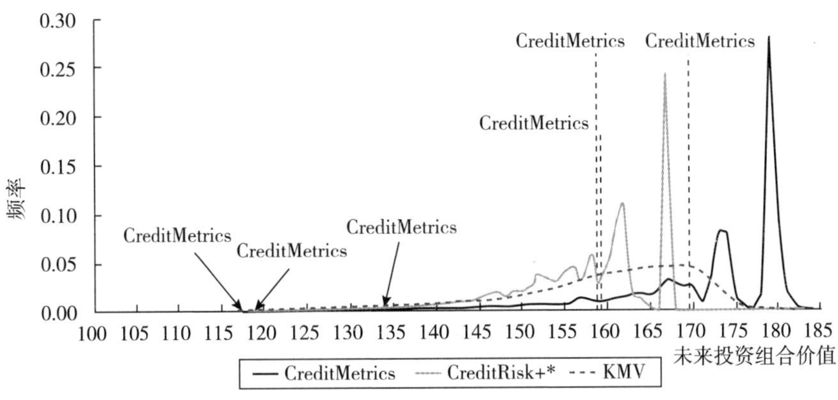


资料来源：Kolman，2010。

**图 4.15　三种模型模拟的未来投资组合价值分布**

CreditRisk + 和 CreditMetrics 分布的跳跃的形状，可以由离散特性方法论和投资组合相对较小的事实（只有 20 个债务人）来解释。CreditRisk + 模型只有不同数量的违约值，而 CreditMetrics 稍微好一点，模拟了所有可能的评级迁移，但最大的损失是由违约状态最大债券敞口的降级造成的。另外，KMV 模型模拟了由基础资产价值过程驱动的单个债券的市场价值的所有可能的连续变化。因此，KMV 的概率分布变得更加平滑。表 4.7 显示了投资组合模拟未来市场价值的方法，分位数为 1%，以及相应的意外损失，即 99% 的风险信用值。

**表 4.7　三种模型估计的意外损失**

| | 中值 | 1% 分位数 | 99% 分位数 | 不可预计损失 |
|---|---|---|---|---|
| CreditMetrics 模型 | 169.141 | 118.069 | 180.755 | 45.931 |
| CreditRisks + 模型 | 158.867 | 134.000 | 168.000 | 24.867 |
| KMV 模型 | 158.598 | 118.771 | 174.506 | 39.827 |

资料来源：Kolman，2010。

尽管 CreditMetrics 和 KMV 模型有 99% 的对意外损失的估计（即 1% 的

分位数减去平均投资组合价值）相对较近，但 CreditRisk + 意外损失要小得多。这是因为 CreditRisk + 使用泊松分布来模拟违约值，它适用于比 20 更大的资产组合。此外，CreditRisk + 没有捕获可能导致额外意外损失的评级迁移，或者历史违约率波动与历史过渡矩阵之间可能存在的不一致。一般来说，我们更希望使用 KMV 估计，与 CreditMetrics 相比，更加保守。CreditMetrics 有 99% 的意外损失会比 KMV 评估的结果更大，这可以用 CreditMetrics 分布的跳跃形状和 KMV 分布的平滑特性来解释。

综上所述，Kolman（2010）的实证研究表明，将 CreditRisk + 模型应用于有限数量的债券或大型企业风险投资组合是有问题的。另外，如果使用一致的历史数据进行校准，则确认 CreditMetrics 和 KMV 模型给出了类似的结果。但即使是这两种模型，实证研究也给出了大约 10% 的估计值之间的相对差异。因此，信用风险分析师实施信用投资组合模型时，不应将由此产生的意外损失估计视为绝对真理。应该实施更多的投资组合模型，并对损失分布的结果进行批判性的比较。

## 4.7 Vasicek 模型和巴塞尔资本计算

《巴塞尔协议 I》资本要求（BCBS，1988）是根据一个简单的信用风险资本计算，设定 8% 的资产乘以风险权重，风险权重的范围从 0%、20%、50% 到 100%。国内、经合组织和中央银行的风险敞口为 0%，经合组织商业银行为 20%，住房抵押贷款为 50%，而所有企业、企业和消费贷款均为 100%。根据风险敞口有一些区别，但在最重要的公司、企业和零售部门，100% 的权重并没有区分风险。新《巴塞尔协议 Ⅱ》的指导原则是改进信用风险计算公式，该公式应能提供一个合理的估计，即风险情况下的信贷价值（见图 2.8）。

在上一节中，我们回顾了几种投资组合信用风险模型。银行可以使用其内部投资组合信贷风险模型，该模型必须得到监管机构的批准，就像市场风险一样。尽管如此，这些模型采用了完全不同的方法，事实上，正如我们在第 4.6 节中所看到的那样，可能会导致更多不同的结果。模型对资产相关性、评级转换矩阵等参数非常敏感，难以估计。在这种情况下，信用风险建模技术仍在发展，BCBS 决定折中，应用一种以 Vasicek（1987）模型为基础的简单方法，这个方法中，包含之前提到的较复杂模型中的一些关键元素，并提供了一个分析公式，只需要输入几个关键参数（PD、LGD、EAD）输入公式即可，这个方法可分别适用于每一个风险。

### Vasicek 模型

让我们考虑一个未违约的借款人 $j$，$T_j$ 为根据借款人的风险敞口得到的违约时间。假设每个人都有一次违约，并且因为未来事件的时间未知，所以时间 $T_j<1$ 被视为一个随机变量。如果 $Q_j$ 表示 $T_j$ 的累积概率分布，那么它很容易被验证，量化转换变量 $X_j=\Phi^{-1}(Q_j(T_j))$ 服从标准正态分布。请注意，如果 $T_j<1$，或者当且仅当 $X_j$ 小于或等于 $\Phi^{-1}(Q_j(T_j))$（$PD=Q_j$（1）代表 1 年的违约概率），那么违约的情况会在一年之内出现。转换的优点是，我们可以假设变量是多元的，具有固定的相互关系。使用正常变量可以得到很好的分析结果。我们十分有效地应用了单因素高斯型的 Copula 模型。如果相关系数是 $\rho$，且均为标准正态分布然后每个因素 $X_j$ 可以分解成一个共同的系统因素 $M$ 和一个特殊量，例如独立的特定因子 $Z_j$：

$$X_j=\sqrt{\rho}M+\sqrt{1-\rho}Z_j \tag{4.21}$$

我们设想一下，在一个大的资产组合当中，前期违约概率 $PD$ 对于所有风险敞口 $j=1,\cdots,J$ 来说是都是相同的。在类似于 CreditMetrics 的蒙特卡罗方法中，我们首先生成在组合层面的系统性因素 $m\sim N(0,1)$，然后生成每个敞口 $j=1,\cdots,J$，最后特殊因素 $z_j\sim N(0,1)$。因为违约率 $J$ 很大；根据大数定律，在有些案例中，$x_j=\sqrt{\rho}m+\sqrt{1-\rho}z_j\leqslant\Phi^{-1}(PD)$ 有条件的违约概率如下：

$$\Pr[\sqrt{\rho}M+\sqrt{1-\rho}Z_j\leqslant\Phi^{-1}(PD)\mid M=m]=\Pr[T_J\leqslant 1\mid M=m]=PD_1(m)$$

在系统因素 $M=m$ 的条件下，违约率为 $PD_1$。注意，这些违约事件都是独立的，因此模拟违约率的标准差为 $PD_1/J^{1/2}$。在 Vasicek 模型中，假设投资组合是渐近的，忽略了方差，即认为 $J$ 无限。将其与 CreditRisk + 进行比较，在 CreditRisk + 中，我们首先模拟的是整个 $PD$，然后是在违约率基础上的独立事件的违约。

最后，有条件的违约率可以表示为：

$$
\begin{aligned}
PD_1(m) &= \Pr[T_j \leqslant 1 \mid M = m] = \Pr[X_j \leqslant \Phi^{-1}(PD) \mid M = m] \\
&= \Pr[\sqrt{\rho}M + \sqrt{1-\rho}Z_j \leqslant \Phi^{-1}(PD) \mid M = m] \\
&= \Pr\left[Z_j \leqslant \frac{\Phi^{-1}(PD) - \sqrt{\rho}m}{\sqrt{1-\rho}}\right] \\
&= \Phi\left(\frac{\Phi^{-1}(PD) - \sqrt{\rho}m}{\sqrt{1-\rho}}\right)
\end{aligned}
\tag{4.22}
$$

因为条件组合的违约率 $PD_1(m)$ 仅仅取决于一个因素，$m \sim N(0,1)$，我们可以使用 $m$ 的分位数，设定 $m = \Phi^{-1}(1-\alpha) = -\Phi^{-1}(\alpha)$，在任何想要的概率水平 α 上获得未预期到的违约率（例如，99%）。因此，在概率水平 α 上的未预期到的违约率可以表示为：

$$
UDR_\alpha(PD) = \Phi\left(\frac{\Phi^{-1}(PD) + \sqrt{\rho}\Phi^{-1}(\alpha)}{\sqrt{1-\rho}}\right) \tag{4.23}
$$

假设每个评级等级的风险敞口都很大，由评级尺度来驱动，同样的论点对于包含不同违约概率的风险投资组合也适用。由于仍然只有一个系统因素，将 Vasicek 的公式（4.23）应用于敞口水平，能够体现个体对整体意外违约率的影响。此外，如果它乘以违约值（EAD），并且估计损失（LGD），能体现个体贷款对于整个投资组合意外损失的影响。

## 巴塞尔资本公式Ⅱ/Ⅲ的优缺点

尽管第一批咨询文件试图捕获投资组合的间隔尺寸，对于不那么多样化的投资组合，资本计算公式的最终版本是基于式（4.23）的组合不变式，定义了资本需求的百分比（$K$），以及独立于投资组合的风险加权资产：

$$RWA = EAD \times w$$

$$w = K \times 12.5$$

$$K = (UDR_{99.9\%}(PD) - PD) \times LGD \times MA \tag{4.24}$$

应用 IRB 的银行必须估计 PD 参数，在高级方法中，甚至是 LGD 和 EAD 参数，使用它们的内部模型满足一些定性需求。式（4.23）中的相关系数和关键参数是根据各个部分的规定给出的。对于企业、独立国和银行风险敞口，相关性会根据 PD 被设定为 0.12 和 0.24 之间的加权平均值：

$$\rho = 0.12\frac{1 - e^{-50PD}}{1 - e^{-50}} + 0.24\frac{e^{-50PD} - e^{-50}}{1 - e^{-50}}$$

SME 敞口的相关性略有降低，反映出较小的规模和更高的分散度。同样地，对于消费贷款，相关性加权平均在 0.03 和 0.16 之间，而对于抵押贷款是固定在 $\rho = 0.15$，最后对循环贷款（如信用卡）$\rho = 0.04$。到期调整仅适用于企业、独立国和银行的风险敞口，根据以下相对复杂的计量经济公式来看，期限越长，风险越高：

$$MA = \frac{1 + (M - 2.5)b}{1 - 1.5b}, b = (0.1182 - 0.05478\ln PD)^2$$

风险调整没有在零售应收账款中使用，或者说，$MA = 1$。监管者也决定使用高概率水平 $\alpha = 99.9\%$，这更保守。例如，同类保险业的监管，偿付能力为Ⅱ，适用于 99.5% 的概率水平。由于公式（4.23）假设一个完全多样化的投资组合，高概率水平可以作为一个缓冲，弥补了模型中没有反映的不完善的多样化。不同层次的普通多样化也清楚地纳入了相关系数，与企业相比，这些系数降低了中小企业的风险敞口，相比与消费贷款和抵押贷款相比，对于循环信贷，我们通常会预期更多元化的投资组合的风险敞口。实际上，基于大量的定量研究（见 BCBS，2006b），必须对系数进行校正以区分风险，系统的总体资本水平没有发生显著变化。此外，监管机构的意图是促使银行采用 IRBF，或 IRBA 的方法和较高的信用风险管理标准，因此，在正常情况下，IRB 的资本要求应该是低于标准的方法，即略低于在相同的投资组合中计算所需的资本。

总而言之，与巴塞尔 IRWA 的计算相比，《巴塞尔协议Ⅱ》的公式风险敏感性更好。但它仍然相对简单，要求银行在不需要任何复杂的模拟或分析的组合建模的情况下，估计关键参数。我们可以得出结论，某些问题仍未解决，并且出现了一些新问题。

Vasicek 的模型从模型的角度出发，提出了显著的简化假设，特别是忽略了低分散化的影响，由于暴露的数量有限，而且可能存在更复杂的相关结构。监管相关性必须以“一种规模适合所有人”为标准进行校准。

另一个问题是对意外恢复风险的低估。正如在第 3.5 节所讨论的那样，一些研究已经从经验上显示（Altmanetal，2004），当经济运行良好时，恢复率往往很高，而当经济衰退时，恢复率也很低。因此，PD 与 LGD 呈负相关。在 Witzany（2009d）中已经证明，这对经济资本的影响可能是很大。有规定（BCBS，2006a）试图解决这个问题，要求估计 LGD 时要有一个界限来反映经济衰退时的影响。但这种表述仍然含混不清，可能存在不同的解释。它应该在未来变得更加具体。正如 Witzany（2009e）所指出的那样，对意外违约率的精确建模，或对于未预料到的 LGD 建模，有令人惊讶的效果。在定义违约事件时，银行有一定的自由。如果这一定义过于温和，在相对较早的时候出现违约风险，那么许多可能会被“解决”，例如债务人开始定期还款，并且在一段时间后被标记为非违约，观察到的恢复率为 100%。软默认定义导致了经验上观察到的 PD 更高，而经验的 LGD 更低（因为许多默认的案例显示为零损失）。根据式（4.24）和式（4.23），与默认的标准定义相比，这导致了一个较低的资本要求。这一方面是由于对意外恢复风险的建模不够；另一方面是 Vasicek 公式给出了一个意外的违约率估计值，它在更高的 PD 值中是按比例降低的（见图 3.35）。

特别是在最近的危机背景下，顺周期性已成为人们日益关注的问题。许多研究（Gordy 和 Howells，2006；瑞德罗等，2009 年）指出，当经济状况良好时，对平均投资组合的《巴塞尔协议Ⅱ》资本要求相对较低，而当经济处于衰退时，则会上升（见图 4.16）。该效应是由内部评级系统的 PIT 属性，以及在第 3.6 节中解释的隐含 PD 造成的。请注意，在《巴塞尔

Ⅰ》框架中不存在顺周期效应，其结构简单，风险权重不变。更高的资本要求阻碍了银行在经济衰退中提供更多贷款，而低资本要求在经济扩张时期鼓励更多的贷款。尽管从微观经济学的角度来看，这可能是正确的，但它对宏观经济有严重影响，加剧了危机，并在经济扩张期间使经济过热。关于如何“在不杀死病人的情况下治疗疾病”的问题上一直在进行讨论，这使用了 Gordy 和 Howells（2006）的说法，一些结论部分纳入了《巴塞尔协议Ⅲ》的改革（BCBS，2010）。正如第 2.3 节所解释的那样，《巴塞尔协议Ⅲ》没有改变资本要求公式（4.24），但引入了资本保护和反周期缓冲，以减轻《巴塞尔协议Ⅱ》的顺周期效应。其他一些《巴塞尔协议Ⅲ》的关键要素与资本质量、市场产品的风险覆盖（参见第 5.6 节）、杠杆和流动性风险管理标准有关。

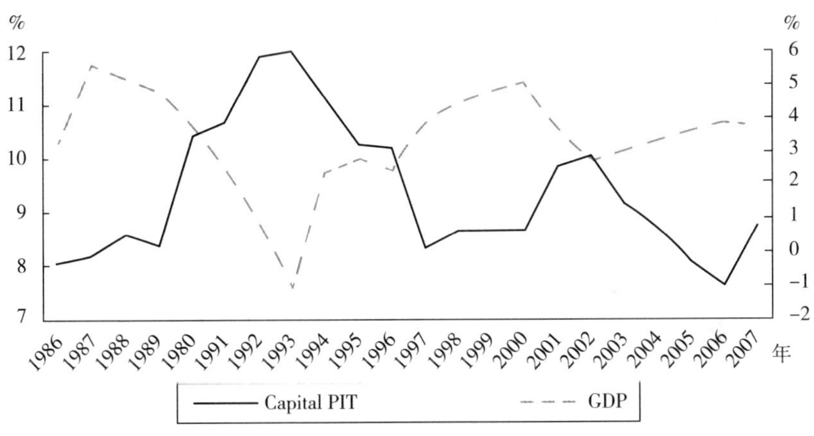


**图 4.16　西班牙，1986—2007 年的《巴塞尔协议Ⅱ》资本要求与 GDP 增长**

## 根据《巴塞尔协议Ⅱ》和《巴塞尔协议Ⅲ》进行的经济资本和压力测试

尽管新的监管资本计算尝试接近经济资本的概念；也就是说意外的信贷组合损失；但银行仍然需要在第二支柱（第 725 条原则 1，BCBS，2006a）下，“有一个评估其总体资本充足性的过程，以评估其风险概况和维持其资本水平的战略。”“通过使用最佳的可用技术和所有可用的数据，通过建模全面的信贷、市场和操作风险来达到最佳的效果。”这一结果应该与监管资本和可用资本相比较，如果后者显得太低，监管机构可能需要额外的资本费用。银行需要在支柱Ⅰ和支柱Ⅱ下，以压力测试为基础模拟场景。

# 第5章

# 信用衍生品和交易对手信用风险

金融衍生品通常是合约，其财务回报取决于某些标的资产的价格。这些合约通过柜台交易（OTC），或以标准化的形式在有组织的交易所交易。最受欢迎的衍生品类型是远期、期货、期权和互换。基础资产通常是利率工具、股票、外汇或大宗商品。签订衍生品合约的原因可能是对冲、投机或套利。与资产负债表上的工具相比，衍生品允许投资者和市场参与者对冲其现有头寸，或凭借非常低的初始投资进入新的风险敞口。这是对冲的一个优势，但同时，在投机的情况下，也有风险。衍生产品有时被比作电；如果使用得当，是非常有用的，但如果使用不当，则会非常危险。尽管有这些警告，但近几十年来衍生品市场依然增长迅猛，截至 2014 年底，场外交易的名义金额超过 650 万亿美元，交易所交易衍生品的年交易额在 2014 年超过 1450 万亿美元。

类似地，信用衍生品与偿付的合同，取决于一个或多个交易对手的信用。信用价值的表达方式要么是表示违约或不违约的二进制信息，要么是信用评级，要么是市场信用价差，要么是信用工具的市场价值，比如公司债券。目前，信贷衍生品仅在场外交易市场交易，尽管在金融危机之后，新规（美国和欧洲市场基础设施监管的《多德—弗兰克法案》）引入了对最重要产品的强制性集中清算（例如，指数 CDS）。在经典的衍生品的情况下，有大量的特殊信贷衍生品工具，但我们将只关注几个最重要的：信用违约互换（CDS）、总回报互换（TRS）、资产支持证券（ABS）、抵押贷款支持证券（MBS）和债务抵押债券（CDO）。CDS 和 TRS 可以与信用保护或保险合同相比较。投资者可以购买或出售对一个或多个参考信贷实体的违约保护。另外，ABS、MBS 和 CDO 允许金融机构打包、分割成不同的风险类别，并向其他投资者出售贷款组合。ABS 的基础资产是零售敞口，如汽车、信用卡、设备、住房相关、学生和其他贷款，而 MBS 的基础资产是住宅和商业抵押贷款。正如我们后来所解释的，ABS 和 MBS 是在 tranches 中发行的，而这些 tranches 可能被用作 cdo 的基础资产，这使得对 cdo 的分析比 ABS 或 MBS 更困难。

虽然经典衍生品已经活跃了 100 多年，但信用衍生品交易是在 20 世纪

90 年代后期开始出现的，直到 2007 年才呈指数增长。图 5.1 显示，在最近的金融危机中，这一趋势已被扭转，但截至 2014 年底，全球未偿名义金额仍超过 15 万亿美元。这种下降的部分由于交易活动的减少，也部分由于集中结算的影响，允许 CDS 头寸在到期之前被关闭。不幸的是，信贷衍生品交易（尤其是资产证券化）的快速增长，在一定程度上可以归咎于危机。

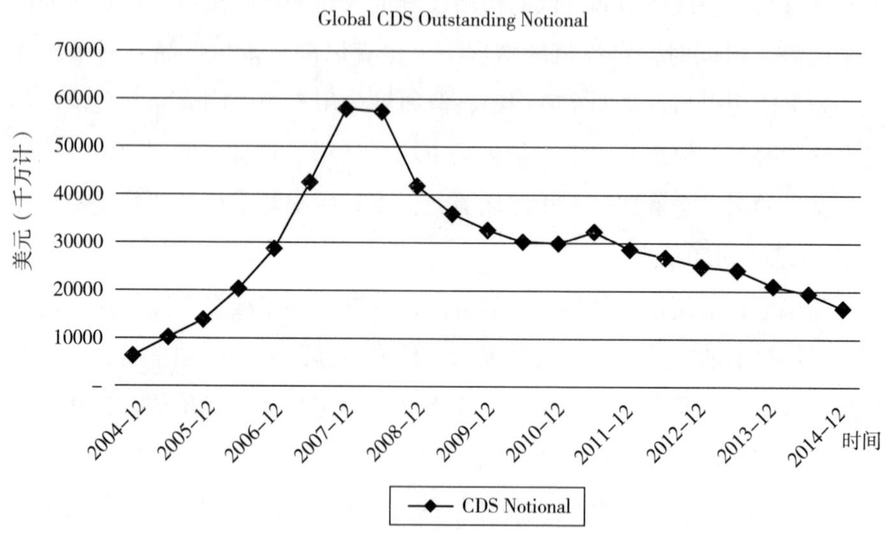


资料来源：BIS 衍生品统计。

**图 5.1 全球 CDS 市场的发展**

如图 5.2 所示，金融危机对全球 CDO 发行的发展产生了重大影响。随着美国次级抵押贷款市场在 2006—2007 年的强劲增长，CDO 发行量的急剧增加与房地产泡沫的形成密不可分。其他的问题是难以评估的估值模型，这些模型只有少数市场参与者能够理解，并且存在对评级机构过于依赖的问题。金融危机对一些主要市场参与者的灾难性影响几乎引起了对 CDO 的担忧，而债券发行量的急剧下降也几乎可以忽略不计（2009 年为 43 亿美元）。ABS 和 MBS 的发行数量（见图 5.3）也大量减少。不过，最近的数据表明，CDO 和 ABS 市场的部分复苏。

CDS、TRS、ABS/MBS 和 CDO 的机制将在第 5.1 节中详细描述。该节

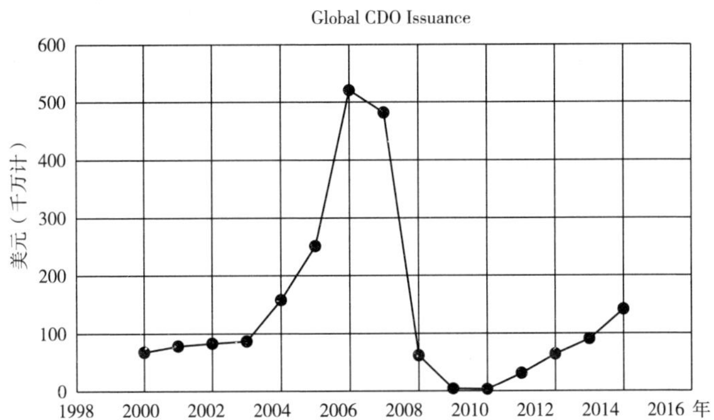


资料来源：SIFMA。

**图 5.2　全球 CDO 发行的发展**

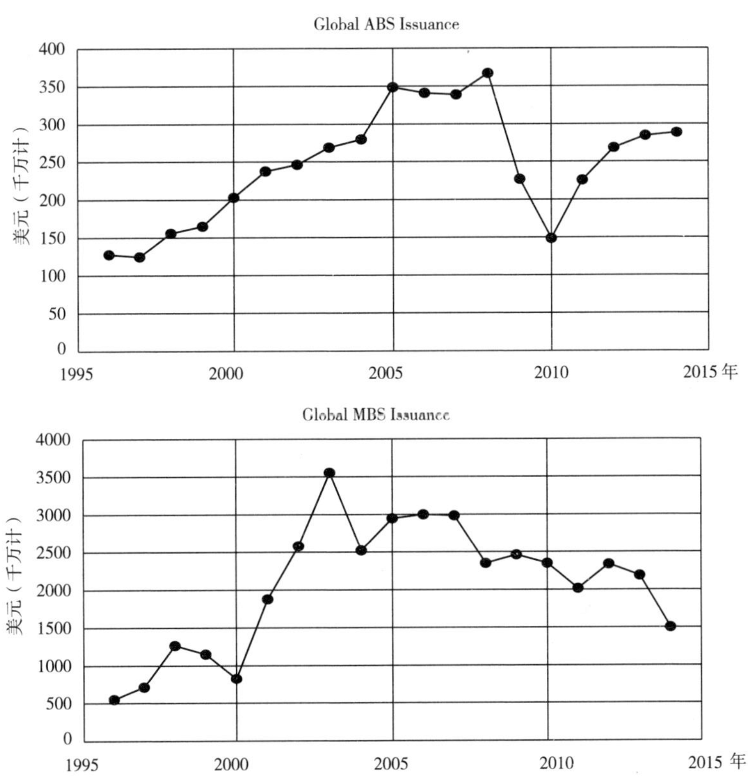


资料来源：SIFMA。

**图 5.3　全球（美国 t 欧洲）ABS 和发行 MBS**

还介绍了基本的估值原则。更高级的建模和评估技术将在第 5.2 节至第 5.4 节中概述。第 5.5 节将会讨论信用衍生品规则问题。

交易对手信用风险是由于交易对手违约而导致衍生品头寸损失的风险。风险建模既包含了衍生产品定价的任务，也包含了信用风险模型。最近，特别是在金融危机期间和之后，这个话题变得非常重要，所以我们把重点放在最后一节。

## 5.1 信用衍生品市场

### 信用违约互换

最流行的信用衍生品是信用违约互换（CDS）。单一名称 CDS 合约提供保险（信用保护），以防止在指定主体的违约情况下的损失，即所谓的参考实体。购买保险的人定期向保险公司付款，并在违约情况下接受赔偿，称为信用事件。在财务结算的情况下，根据独立代理人所收集的报价，可以将补偿金额计算为名义金额的损失。另一种可能性是物理解决，合同可以规定。从保险买方购买其面值的基础债券是保险卖方的义务。

### 案例

图 5.4 显示了 CDS 合同的一个案例，在该合同中，信用保护买方每年支付 1000 万欧元（相当于 1000 欧元面值的 1000 个债券）的名义金额的 200 个基点（即 2%），以避免在未来 5 年内违约的可能性。这些数据大约是 2009 年 11 月底希腊政府债务 CDS 的报价。让我们假设 CDS 从 12 月 1 日开始，信贷息差像往常一样，在 2010 年 12 月 1 日、2011 年、2012 年、2013 年和 2014 年都应支付。参考实体 G 是一个国家，默认用现金结算。

如果没有违约，那么信用保护卖家就会收到 5 ×0.2 = 100 万欧元的贷款，并且没有支付给信用保护买家。现在让我们假设，2013 年 6 月 1 日，参考实体 G 违约。计算通常根据在违约后一个月后的报价，确定损失为

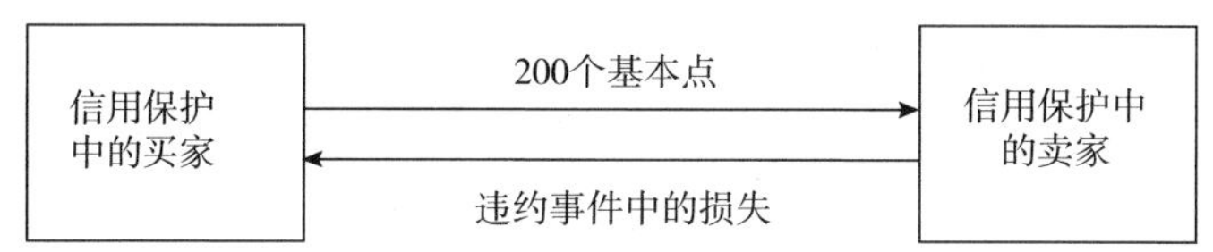


**图 5.4　信用违约互换的案例**

45%。然后，信用保护卖方必须向信用保护买方支付 450 万欧元以弥补损失。在 2012 年 12 月 1 日至 2013 年 6 月 1 日，信贷保护买方仍需支付应计的信贷保护，即 10 万欧元，但由于违约事件，剩余的信用差价支付终止。在这种情况下，净结果是负的，即从信用保护卖家的角度来看，是 0.7 - 4.5 = -3.8 百万欧元。

CDS 合约并不像有时宣称的那样具有创新性。事实上，CDS 合约与银行担保基本上是一样的。单名和多名 CDS 也与再保险合同共享一些原则。主要的区别在于，CDS 合约在很大程度上是通过 ISDA（国际互换和衍生品协会）框架文件标准化的，允许快速场外交易。此外，CDS 合约不受保险监管的约束。

## 信用差价和风险中性概率

风险中性概率作为信用事件或有债权估值的一个重要理论框架已经被引入到第 4.5 节中。风险中性 PDs、历史 PDs 与债券或 CDS 的市场价值之间的关系见图 5.5。

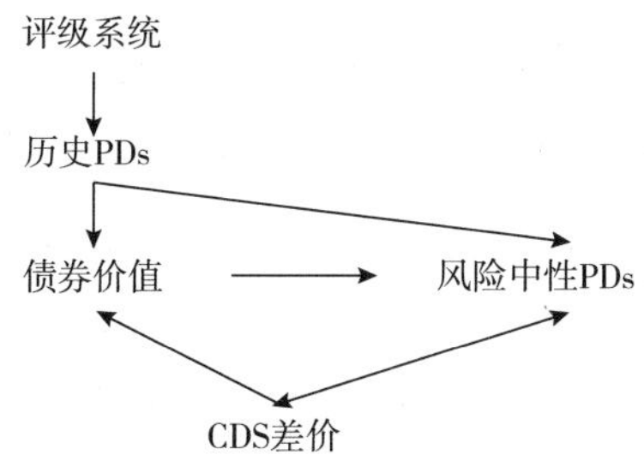


**图 5.5　不同来源的信用风险估值关系**

我们已经在第 4.5 节中看到，风险中性的 PDs 可以直接从历史的 PDs

中获得。然而，如果这些债券是可用的，就更容易从市场债券价格中获得风险中性的 PDs。公司债券价格不仅反映了预期的违约损失，而且还反映了估计的不确定性，以及投资者在违约情况下可能遭受损失的风险价格。记住，中性估值原则，基于应用随机微积分，假设有一个或者更多不确定性的来源，我们可以调整所有情况的概率，任何衍生证券的现期价值，都可以通过无风险利率和预期的未来价值计算得到。考虑到风险债券的市场价值和无风险利率，风险中性 PDs 的计算相对容易。反过来，风险中性 PDs 可用于评估不同的信用衍生品，并确定 CDS 差价的均衡。

然而，CDS 利差可以通过资产互换直接从债券收益率中获得。我们将给出一个说明上述两者关系的案例，然后详细说明风险中性 PDs 的计算。

### 案例

让我们先假设 5 年期的年息 5% 的公司债券的市场价值是 100%。如果目前可以发行政府债券的票面利率为 4%，代表 5 年无风险利率，那么市场 5 年 CDS 差价（物理、或现金结算，而不是二进制）在同一家公司应该接近 $s=1\%$。其理由是，公司债券的投资，再加上信用违约掉期（CDS）支付的名义金额，相当于成为一种无风险投资。一个小的问题是，在违约的情况下，例如在 3 年之后，损失由保护卖方承担，即 100% 的名义金额被偿还，而息票支付被终止。此外，在实践中，债券市场价值偏离了 100% 的票面价值。第二个问题是通过资产交换解决的。让我们假设交易对手 A 购买了 94% 的债券价值。与交易对手对应的资产交换定义如下：交易对手 A 对 B 支付债券的票面价值与市场价值之间的 6% 差额。此外，A 每年向 B 支付 5% 的票息，B 每年向 A 支付债券本金的 Libor + $s$ 直到债券到期，不论债券发行人违约与否。从 A 的角度来看，现金流被转化成一个 100% 的本金投资，变成了一个公司债券，同样的发行人支付了伦敦银行间同业拆借利率（Libor）+ $s$。我们可以认为，利差 $s$ 必须（大约）等于市场 CDS 的价差。

一般来说，风险中性概率可以从估值计算公式（4.18）中得到，也可以写成简化的形式：

$$P = \sum_{i=1}^{n} e^{-r_i T_i} CF_i \times (1 - LGD) + \sum_{i=1}^{n} e^{-r_i T_i}(1 - Q_i) \times CF_i \cdot LGD \quad (5.1)$$

其中，$Q_i$ 为到期违约的累积风险中性概率，$r_i$ 为到期时的无风险利率，$CF_i$ 为在 $T_i$ 时的支付，而 $LGD$ 为固定损失给定的违约率。从固定息票债券的市场价值开始，在 1 年、2 年或更长时间内到期，我们可以为 1 年、2 年或更长的到期日提供风险中性概率。

## 案例

表 5.1 显示了不同券息债券的输入市场价格，期限为 1 年、2 年、3 年。第四列给出了不同期限的无风险年利率。最后一列中默认的风险中性累积概率计算如下。默认的损失被假定为固定的 $LGD = 0.4$。对于 1 年期债券，1 年期概率可以计算出为 $Q_1 = 0.0111$：

**表 5.1　　债券价格中风险中性概率的计算**

| 债券价值 | 面值 | 期限 | 利率（%） | 风险中性概率（%） |
|---|---|---|---|---|
| 101.00 | 3.50 | 1 | 2.00 | 1.11 |
| 102.50 | 5.00 | 2 | 3.00 | 3.20 |
| 102.00 | 5.00 | 3 | 3.50 | 5.45 |

$$101 = e^{-0.02} \times 103.5 \times 0.6 + e^{-0.02} \times (1 - Q_1) \times 103.5 \times 0.4$$

2 年概率 $Q_2$ 是由 2 年期债券的 Eq. 式（5.1）得到的，$Q_1$ 已知

$$102.5 = e^{-0.02} \times 5 \times 0.6 + e^{-0.03} 105 \times 0.6 + e^{-0.02}(1 - 0.0111) \times 5 \times 0.4 + e^{-0.03}(1 - Q_2) \times 105 \times 0.4$$

同样地，根据已经计算的 $Q_1$ 和 $Q_2$ 的值，我们继续从 Eq. 式（4.18）中得到 3 年概率 $Q_3$。

上面所示的过程为我们提供了一组离散的期限的累积风险中性概率。为了评估一般的或有现金流，我们需要插值或推断所有可能的到期日的违约累积概率。这可以持续地使用第 3.3 节中概述的生存分析的概念。召回的风险率或者说是违约强度 $\lambda(t)$，这被定义为在给定的实体在时间间隔

$(t,t+dt)$ 中的年化违约概率，假设在 $t$ 之前没有违约情况。因此，如果 $Q(t)$ 是违约累积概率，$S(t)=1-Q(t)$ 是对应的累积概率，那么：

$$\lambda(t)=\frac{dQ(t)}{1-Q(t)}\frac{1}{dt},\text{i. e. }\frac{dS(t)}{dt}=-\lambda(t)S(t)$$

然后

$$Q(t)=1-e-\int_0^t\lambda(s)ds \tag{5.2}$$

$$Q(t)=1-e^{-\bar{\lambda}(t)t} \tag{5.3}$$

假定违约强度是常数，独立于时间（指数模型），或者强度遵循一定的参数或非参数的模式。因此，给定一个实体（或评级等级）的默认累积概率，例如，$Q(1)$，$Q(2)$，$Q(3)$，… 我们可以计算出相应的平均违约强度，即式（5.3）中的 $\bar{\lambda}$（1）、$\bar{\lambda}$（2）、$\bar{\lambda}$（3）、…，插入或外推 $\bar{\lambda}(t)$ 得到一般值 $t$，最后得到式（5.3）。或者我们可以假设强度、分段和常量，例如，在第一年有恒定的违约强度 $\lambda_1$，可以从给定 $Q(1)$ 的式（5.2）中计算，第二年给定 $Q(2)$ 和 $\lambda_1$，计算出 $\lambda_2$ 等。用式（5.3）能够计算任意期限的 $Q(t)$。

## 案例

在表 5.1 中获得，并在表 5.2 中可以看到的平均强度和所得到的基于累积风险中性概率的年恒定违约强度。用式（5.3）对 $\bar{\lambda}(t)$ 平均值求解的方法是直接的：

$$\bar{\lambda}(t)=\frac{-1}{t}\ln(1-Q(t))$$

关于恒定强度，要注意如果 $\lambda_1=\bar{\lambda}(t)$，则 $\lambda_2=-\ln(1-Q(2))-\lambda_1$。

要估计 $t=2.5$ 时的违约的累积概率，我们可能线性插入平均强度

$$\bar{\lambda}(2.5)=(\bar{\lambda}(2)+\bar{\lambda}(3))/2=1.75\%$$

获得 $Q(2.5)=4.27\%$。或者我们可以使用式（5.2）和违约恒定强度，$Q(2.5)=1-e^{-\lambda_1-\lambda_2-0.5\lambda_3}=4.33\%$。结果是接近的，但不是完全相同的，因为第一种方法隐含地假定了一个平滑的（不是分段的）违约强度

形状。

平均的或恒定的年违约强度也使我们能够更好地分析违约概率的期限结构。平均强度可以与连续复利的年化利率进行类比，而每年的强度与利率期限结构所暗示的远期年利率平行。例如，表 5.2 显示市场预期的违约风险中性强度增加，这是提高评级的正常情况。

**表 5.2　违约概率的强度计算**

| 期限 | 违约概率（%） | 平均强度（%） | 恒定强度（%） |
| --- | --- | --- | --- |
| 1 | 1.11 | 1.12 | 1.12 |
| 2 | 3.20 | 1.62 | 2.13 |
| 3 | 5.45 | 1.87 | 2.36 |

利用类似的无风险债券的收益率的差价 $s$，平均风险中性的违约强度也可以用一种简化的方式来估计。由于价差必须覆盖债券的平均年损失，因此我们可以使用近似式 $s = \overline{\lambda} \cdot LGD/(1-\overline{\lambda})\overline{\lambda} = s/(LGD+s)$。注意这种方法忽略了折扣的影响。例如，如果利差是 200 个基点（例如 2%），$LGD=0.4$，那么 $\overline{\lambda} = 0.02/0.42 = 7.76\%$。

Hull（2009）将历史违约强度和风险中性强度与各种等级的债券进行了比较。表 5.3 显示了从债券价格中获得的历史强度和风险中性强度之间的显著差异，特别是在最好的评级中，风险中性强度是历史频率的 10 倍或更多倍。这种现象可以用系统性的不可分散风险来解释，这是有代价的。正如在第 4.1 节中解释的那样，如果 8% 的经济资本分配给一个债券，所需的年度经济资本回报率是 15%，那么投资者的预期年化损失和无风险收益率将会添 $8\% \times 15\% = 1.2\%$。此外，公司债券的流动性相对较差，因此投资者也需要溢价购买流动性政府债券。也可以认为，意想不到的损失不仅由系统风险造成的，也有部分由于风险未能分散造成，全面多样化是困难的，对企业债券市场几乎是不可能达到的。

表 5.3　　7 年违约强度 p. a.

| 评级 | 历史违约密度 | 债券历史违约密度 | 比率 | 差异 |
|---|---|---|---|---|
| Aaa | 0.04 | 0.60 | 16.7 | 0.56 |
| Aa | 0.05 | 0.74 | 14.6 | 0.68 |
| A | 0.11 | 1.16 | 10.5 | 1.04 |
| Baa | 0.43 | 2.13 | 5.0 | 1.71 |
| Ba | 2.16 | 4.67 | 2.2 | 2.54 |
| Caa 以及更低 | 13.07 | 18.16 | 1.4 | 5.5 |

资料来源：Hull，2009。

## 单一名称 CDS 的估价

单一名称 CDS 的估值相对简单。其中一个应用公式（5.1），以及 CDS 参考信用实体的风险中性违约概率 $Q(t)$ 的给定期限结构。然而，对于其他场外衍生品，我们需要区分一个优良的 CDS 头寸的估值，以及市场 CDS 价差的确定，这使得一个新的 CDS 合约的市场价值等于零。

## 案例

让我们考虑一个优良的 CDS 头寸，在剩余的 3 年期限内，对于 1 亿美元的名义额，我们支付 120 个基点，参考实体的风险中性违约概率如表 5.1所示。我们做了一个简化的假设，即违约总是在一年内发生。因此，120 万美元的利差在第 1、第 2、第 3 年的年底支付，在给定参考实体生存和回报的情况下，4000 万美元的（假设 $LGD=0.4$）在时间 0.5、1.5 和 2.5 时被支付，如果参考实体在第 1、第 2、第 3 年的年底违约。在违约的情况下，我们还需要扣除应计的半年度分期付款 60 万美元。为了回报，我们需要使用相应年份的无条件违约概率；即第一年为 $Q(1)$，第二年为 $Q(2) \sim Q(1)$，第三年为 $Q(3) \sim Q(2)$；交换由于违约事件的出现而终止。表 5.4 所示的是现金流，连同年度违约和生存概率，以及用于贴现的无风险利率。由此产生的市值为负 121 万美元的市值表明，在目前的市场条件下，信贷息差过高，即存在市场隐含风险中性的违约概率。这也可以用简化的方式验证，比较年化预期损失估计：

$$\overline{\lambda}(3) \times LGD = 1.87\% \times 0.4 = 0.75\%$$

并支付 1.2% 的利差。

一项稍微不同的任务是确定在当前市场条件下，3 年期 CDS 的市场价值为零时的差价。然后，我们必须更换表 5.4 中 120 万美元的固定付款，用 10000$s$ 万美元来表示，回报用（4000 ~ 5000）$s$ 万美元来表示，预期的现值可以用包含未知变量 $s$ 的函数表示：

$$PV = 2098 - 275.8 \times s$$

最后，平衡扩散方程的解是 $PV = 0$，即 $s = 2.098/275.8 = 0.76\%$。可以通过用 76 个基点的 CDS 支付重新计算表 5.4 来验证，由此产生的市场价值几乎为零。

**表 5.4　　未偿 CDS 的估值**

| 时间 | 无条件违约概率（%） | 无风险利率（%） | 现金流 | 生存概率 | 预期现值 |
|---|---|---|---|---|---|
| 0.5 | | 2.00 | 39.40 | 1.11 | 0.43 |
| 1 | 1.11 | 2.00 | -1.20 | 98.89 | -1.16 |
| 1.5 | | 2.50 | 39.40 | 2.09 | 0.79 |
| 2 | 3.20 | 3.00 | -1.20 | 96.80 | -1.09 |
| 2.5 | | 2.17 | 39.40 | 2.26 | 0.84 |
| 3 | 5.45 | 3.50 | -1.20 | 94.55 | -1.02 |
| 总计 | | | | | -1.21 |

如表 5.4 所示，CDS 的估值始于债券市场价值，通常由评级机构和其他市场参与者所执行的外部或内部评级机构的评级决定。然而，一旦 CDS 市场成为流动的，新的信贷信息可能会被纳入市场 CDS 的价格，远远快于最新的评级或债券价格。从某种意义上说，CDS 价格被解放了，成为了一个主体的信用质量的实际市场观点的主要来源，它可以用来评估其他信用工具，如债券或贷款（见图 5.5）。例如，图 5.6 显示了爱尔兰、希腊、西班牙和葡萄牙的主权 CDS 在 2009 年 1 月到 2010 年 12 月年的发展，正如金融市场所观察到的，这是对希腊和其他欧洲政府信贷问题最近戏剧性发展的最好描述。

资料来源：标准普尔。

**图 5.6 部分欧盟国家 2009 年 1 月至 2010 年 10 月的 CDS 利差**

## 总回报互换

Totalreturnswap（TRS）是一种允许我们直接将风险投资转化为几乎无风险的现金投资的信用衍生品合约，支付浮动的参考利率。它是一个总回报支付人和一个总回报接收者之间的协议，以交换一个风险债券（或其他参考利率）的风险债券（或其他参考利率）的总回报，再加上一定的利差。如果债券出现违约，则通常终止掉期。通过总回报，我们不仅能理解息票和利息，还能理解资产的市场价值的变化。

举个案例，考虑投资 9500 万美元到 5 年期债券，票面利率为 4%，以 95% 的票面价值购买。投资者可以进入相应的 5 年总回报互换（见图 5.7），用 200 万美元半年期债券，交换名义价值为 1 亿美元，利率为 Libor + 0.1% 的债券。在到期时，如果没有违约，投资者作为总回报支付人，也将支付偿还债券面值（1 亿美元）和初始价值 9500 万美元之间的 500 万美元差额。如果有违约，那么交换终止，总回报付款人收到 9500 万美元，加上应计 Libor + 0.1% 的利息。其结果类似于资产互换和 CDS 保护的组合。

然而，总回报交换也可以比债券期限短。因此，市场价值的变化不仅反映了发行者信用质量的变化，也反映了自由收益率曲线运动可能存在的风险。

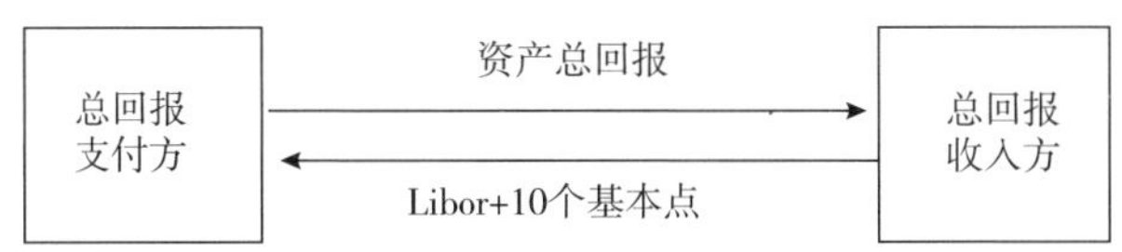


**图 5.7 总回报互换**

要注意，伦敦银行同业拆借利率（Libor）的 10 个基点并不是 CDS 价差对发行人风险的类比。如果债券发行人违约，总收益接收方不违约，交换能够覆盖损失，总回报支付人保留债券，他的收益是无风险的。因此，10 点的利差反映的是总回报互换接收方（实际上是信用保护提供者的）违约概率，它也与发行人的信用风险相关。

这个案例描述了一个可能存在的总回报交换的机制。然而，还有许多其他选择。例如，在货币互换到期时的实物交割，或在标的债券的违约情况下，基于潜在资产价值损益的定期支付等。

## CDS 指数

一个简单的 CDS 指数可以用类似于股票指数的方式来定义，就像一个被定义的参考实体组合的平均报价 CDS 利差。然而，标准的 CDS 指数，如 CDXNAIG；涵盖 125 家投资级公司和欧洲 iTraxx，涵盖 125 家欧洲投资级公司，不只是统计数字。这些指数作为多名称信用违约互换（cds）来交易，在该交易中，卖家为基础投资组合中的交易对手的信贷损失支付费用。粗略地说，这个合同可以分解为 125 个信用违约掉期的集合。因此，指数报价应该（几乎）等于在套利自由市场上的投资组合的平均 CDS。

CDXNAIG 和 iTraxx 欧洲场外交易合同都是标准化的，可以在某种意义上与交易所交易合约（如期货或期权）进行比较。事实上，在 2008 年底，纽约—泛欧交易所将 iTraxx 的 CDS 合约用于其 Bclear 平台的处理和清算。对于通常在 12 月 20 日或 6 月 20 日结束的合约，有 3 年、5 年、7 年和 10

年期的活跃市场，通常名义价值为1亿美元。此外，对于每个指数和期限，都有一个“息票”，而标准化合约是基于CDS市场价值结算进行交易的。例如，在2020年6月20日到期的第24个5年期欧洲iTraxx，息票已设定为100个基点（Markit Financial Information Services）。

让我们假设实际市场iTraxx欧洲报价为79个基点，如图5.8所示。这意味着CDS合约的市场价值，其固定的100个基点的息票，从信用保护卖家的角度来看是正的，因此卖方必须向信用保护买方支付初始的补偿。这一机制允许交易对手进入相反的位置，以使合同在初始结算支付时获得净收益/损失。补偿是基于违约风险中性概率的标准化方法计算的CDS头寸的市场价值，并以无风险利率贴现，如上所述。目前，用于估值的标准回收率为40%。市场价值通常表示为期限，乘以报价和息票之间的差额；即在我们的案例中，有21个基点。如果时间是4.9，那么市场价值为保护买家支付的初始CDS名义金额的4.9×0.21%=1.029%（与图5.9的报价比较）。然后，如果欠款，信用保护买家支付固定的100个基点乘以$n/125$，其中$n$是尚未违约的公司的数量。

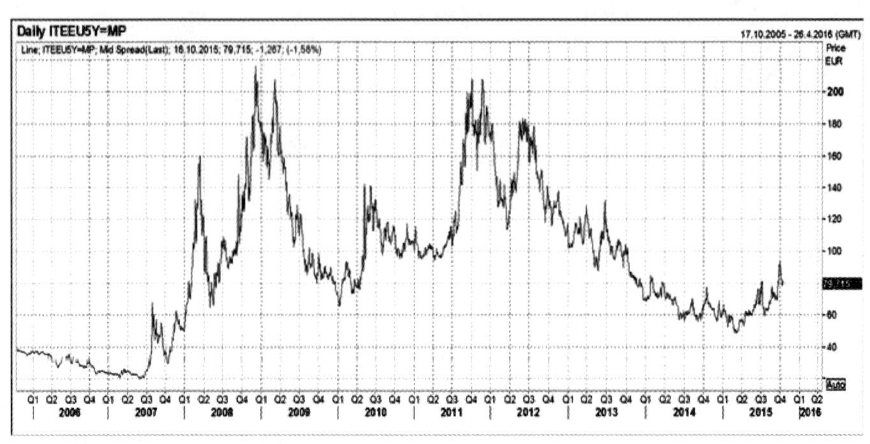


资料来源：汤森路透。

**图5.8 2006—2015年iTraxx欧洲指数发展**

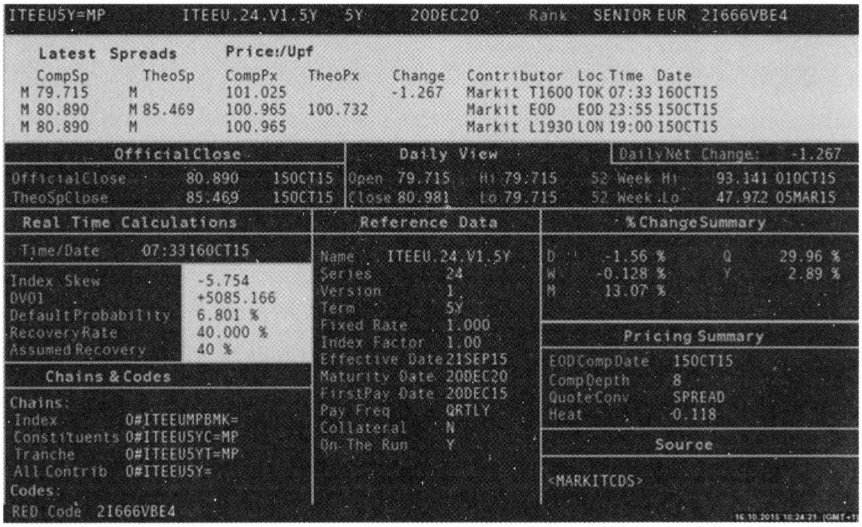

ITEEU5Y=MP　ITEEU.24.V1.5Y　5Y　20DEC20　Rank　SENIOR EUR　2I666VBE4

Latest Spreads　Price:/Upf

| CompSp | TheoSp | CompPx | TheoPx | Change | Contributor | Loc | Time | Date |
|---|---|---|---|---|---|---|---|---|
| M 79.715 | M | 101.025 | | -1.267 | Markit T1600 | TOK | 07:33 | 16OCT15 |
| M 80.890 | M 85.469 | 100.965 | 100.732 | | Markit EOD | EOD | 23:55 | 15OCT15 |
| M 80.890 | M | 100.965 | | | Markit L1930 | LON | 19:00 | 15OCT15 |

OfficialClose
OfficialClose 80.890 15OCT15
TheoSpClose 85.469 15OCT15

Daily View
Open 79.715　Hi 79.715　52 Week Hi 93.141 01OCT15
Close 80.981　Lo 79.715　52 Week Lo 47.972 05MAR15
DailyNet Change: -1.267

Real Time Calculations
Time/Date 07:33 16OCT15
Index Skew -5.754
DV01 +5085.166
DefaultProbability 6.801 %
RecoveryRate 40.000 %
Assumed Recovery 40 %

Reference Data
Name ITEEU.24.V1.5Y
Series 24
Version 1
Term 5Y
Fixed Rate 1.000
Index Factor 1.00
Effective Date 21SEP15
Maturity Date 20DEC20
FirstPay Date 20DEC15
Pay Freq QRTLY
Collateral N
On The Run Y

%ChangeSummary
D -1.56 %　Q 29.96 %
W -0.128 %　Y 2.89 %
M 13.07 %

Pricing Summary
EODCompDate 15OCT15
CompDepth 8
QuoteConv SPREAD
Heat 0.118

Chains & Codes
Chains:
Index 0#ITEEUMPBMK=
Constituents 0#ITEEU5YC=MP
Tranche 0#ITEEU5YT=MP
All Contrib 0#ITEEU5Y=
Codes:
RED Code 2I666VBE4

Source
<MARKITCDS>

资料来源：汤森路透。

**图 5.9　第 24 个 5 年期 iTraxx 欧洲报价**

## 多名称 CDS

CDS 指数不仅描述了交易对手组合中信用风险的平均水平，而且实际上是作为多名称 CDS 合约交易的。一般来说，篮子或多名称 CDS 是基于一些参考实体的合约。上面描述的索引契约属于附加的 CDS 类别，当任何引用实体发生违约时，保护卖方提供偿付。只有当所有实体都违约时，附加的 CDS 才会被终止，否则，它将继续，但名义本金减少。正如我们所指出的，加强的 CDS 可以分解为一组相应的单一名称 CDS。他们的估值有一个细微的差别：单一的名称互换会有不同的市场利差，而加强的 CDS 报价代表一种适用于所有实体的平价差。由于具有较高利差的实体具有较低的生存概率，因此增强的篮子 CDS 价差通常略低于相应单一名称价差的平均值。

对于第一个违约、第二个违约和一般情况，只有当 $n$ 次违约出现时第 $n$ 个违约篮子 CDS 才提供支付，这使估值变得更加复杂。信用保护销售者的支付金额，与第 $n$ 次违约时的损失相同，然后互换交易终止；即任何一方都不再支付任何款项。

## 案例

让我们考虑一个 5 年期的第二次违约互换，这个互换在包含 10 个交易对手（债券）的一个篮子中，有 200 个基点的利差，名义金融为 100 万美元。如果没有或者只有一个违约，保护买家支付 2% 的 p. a. 差价。如果在 5 年期间没有或只有一个实体违约，那么保护卖家不需要支付，保护买方需要支付的总金额是 5 ×2% ×1000000 美元 = 100000 美元。如果出现了第二次违约，那么违约的对手方债券的损失就会以实物或现金的形式得到结算，利差在第二次违约时出现，而交换终止。因此，如果 LGD = 0.6，那么回报是 60 万美元。

在我们进行这样的交换之前，我们应该能够决定提供的差价是过高还是过低。事实证明，答案取决于一个新的变量，即投资组合中债务人违约的相关性。让我们假设，在这个案例中，5 年风险中性累积违约概率为每一个交易对手的 10% 。为了说明，让我们考虑以下两种可能性：

（1）所有交易对手的违约完全互相依赖（100% 相关）。在这种情况下，要么没有违约（没有偿付），要么有 10 个违约（60 万美元的偿付）。联合违约的概率是 10%，所以概率加权，如果没有折扣，偿付是 60 万美元。预期收益低于 10 万美元的总价差（没有折扣和生存概率的影响），因此，从保护买家的角度来看，200 个基点的利差似乎太高了。

（2）违约是独立的（0% 相关）。然后我们可以很容易地计算出没有违约的概率是 $q_0 = 0.9^{10} = 0.3487$， 一次违约的概率 $q_1 = 10 \times 0.1 \times 0.9^9 = 0.387$， 违约两次或者更多，$q \geqslant 2 = 1 - q_0 - q_1 = 0.264$。因此，如果没有折扣的影响，预期的回报是 $q \geqslant 2 \times 60$ 万美元 = 158000 美元。因此，在零相关假设下，200 个基点的利差对应的最大的 10 万美元的总利差支付变得相当有吸引力。

结果表明，一篮子 CDS 的估值对违约相关参数和违约概率非常敏感。第 5.2 节将讨论高级的违约关联建模和评估技术。

## 资产支持证券和债务抵押债券

资产支持证券（ABS）通常是由贷款、债券或其他金融资产组合而成的证券。这些资产被卖给一个叫作特殊目的载体（SPV）的特殊实体，该实体发行并出售给投资者，这些资产是为购买资产组合到 SPV 中提供融资的 ABS。ABS 投资者获得的息票和本金还款完全取决于资产组合的现金流，而不是创造者的信用质量。例如，提供消费贷款的银行可能需要释放其资本以出售更多贷款。银行可能决定设立 SPV，并将贷款组合出售给 SPV，而不是将现有的消费贷款应收账款保留在其资产负债表上。然后，银行将与贷款组合的信用风险隔离开来，贷款组合仅由 ABS 投资者承担，此外，它还为贷款的发起和服务赚取费用。

图 5.10 显示了一种“传递”ABS 的方案，其中贷款组合现金流在扣除费用后直接通过 ABS 投资者，而没有优先级。如果对违约和损失的假设得到满足，那么 ABS 债券的息票和本金应该全额支付。投资者甚至可能获得溢价，但如果贷款组合损失超出了假设，那么投资者就会蒙受损失。

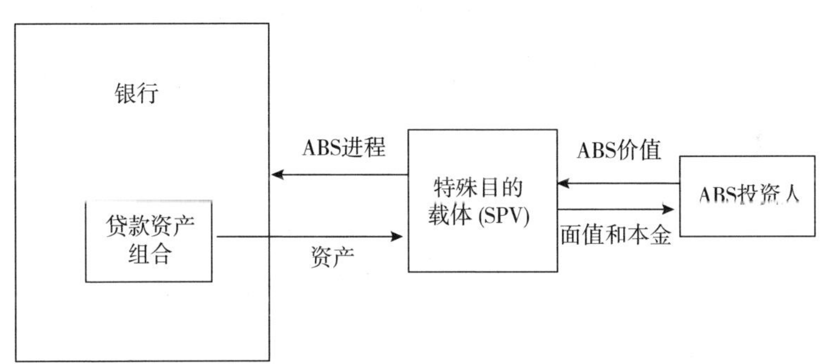


**图 5.10　直通 ABS 方案**

抵押贷款担保证券（MBS）是一种资产担保证券，代表着抵押贷款现金流的债权，最常见的是住宅物业。证券化过程通常由政府机构或政府支持的企业推动，这些企业可能提供一些功能，以减轻与这些抵押贷款相关的违约风险。在美国，大多数 MBS 都是由政府支持的联邦国家抵押协会（FannieMae）和联邦住房贷款抵押公司（FreddieMac）或政府国家抵押贷款协会（GinnieMae）发行的。吉利美得到了政府担保的充分支持，因此投资者可以得到及时的付款。房利美（FannieMae）和房地美（FreddieMac）也提供了一些担保，虽然没有得到政府的全力支持，但它们有向美国财政部借款的特殊权力。按揭证券的投资者仍然承担着抵押贷款组合中较高损失的风险，以及早期抵押贷款提前支付的利率风险。由于次级抵押贷款违约数量的增加，政府资助企业所遭受的巨大经济损失，标志着 2007 年底全球金融危机的开始。在 2008 年，房利美（FannieMae）和吉利美（GinnieMae）被纳入联邦住房金融局（Federal Housing Finance Agency）的托管（强制管理）。美国政府实际上接管了这两个机构，并向他们提供超过 1000 亿美元的财政支持。值得注意的是，这些机构偿还了 2013—2014 年向财政部支付的股息补贴。

ABS 的信用评级通常是通过发行一个或多个次级债券来提高的，这些次级债券的优先级高于最高级的部分，如图 5. 11 所示。投资组合现金流用于偿还优惠券和本金，使用的一组规则称为瀑布：现金流。首先，在给定的案例中用于支付优先级投资者的承诺的回报率为 5%，其次尽可能中间级投资者的回报率为 10%，最后股权部分投资者的回报高达 25%。从不同的角度来看，贷款组合的损失首先是分配给权益级，然后，如果超过 5%，

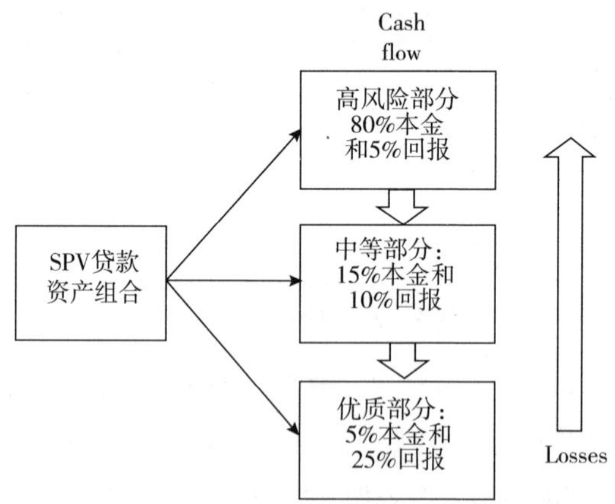


**图 5. 11 带有三个部分的 ABS 的可能结构**

到夹层的部分，最后，损失超过 20% 的投资组合价值冲击了优先级。如果投资组合预期损失在 2% 左右，那么意外损失超过 20% 应该是非常不可能的，因此优先级债券可能会得到很高的评级。因此，高级部分由次级部分抵押。另外，股权转让风险很大，通常没有评级。

这种复杂的结构是由许多机构投资者（比如养老基金或保险公司）对高级别债券的投资需求所推动的，这些机构的投资限制与评级有关。保守的投资者可能会进入高级资产管理公司，风险厌恶的投资者可能会投资于夹层资产，也就是资产净值。股权部分有时也会被 ABS 的创建者保留。

## 债务抵押债券

债务抵押债券已经变得相当流行，同时，也因为最近的金融危机被指摘。在这种情况下，证券化的资产是债券或企业贷款。总有一种元素的变换；即其中有许多从优先级到股权的部分。分支的数量通常超过 3 个。根据这个定义，很难理解 CDO 和次贷危机之间的联系。让我们看一下表 5.5，从 2000 年以来，由证券业和金融市场协会提供的这些证券的发行情况。在 2004—2007 年，大部分发行的 cdo 都有抵押品分类为结构化金融，即 MBSs、ABSs 或它们的分支。用于证券化的部分通常是 MBS/ABS 中间的部分，很难出售（Hull，2009）。因此，在这种情况下，次级抵押贷款被打包成 MBSs，并重新打包成 CDO。事实上，有一种双重证券化，应该称为 ABS 债务抵押债券。同样地，也可能有 CDO 债务抵押债券，证券化资产再次成为 CDO。它们的估值变得非常困难，不仅因为数学模型，而且还包括理解和解码与问题相关的所有法律文件。市场已经变得依赖于评级机构，这些评级机构往往过于乐观，部分原因是利益冲突（由 cdo 发行者支付），部分是由于模型的各种弱点，或数据的使用。在这些证券的定价中存在很高的不确定性，以及在危机期间对市场的恐慌，导致了巨大的损失，甚至是在高级部门。表 5.5 显示，结构性金融 CDO 在 2009 年几乎完全被抛弃。然而，从那时起，CDO 市场似乎已经复苏，我们不得不希望市场参与者从这场危机中吸取教训。

表 5.5　　抵押类型 CDO 的全球发行　　单位：百万美元

| 年份 | 高收益债券 | 高收益贷款 | 投资级债券 | 混合资产 | 其他 | 其他互换产品 | 结构性金融产品 | 总计 |
|---|---|---|---|---|---|---|---|---|
| 2000 | 11321 | 22715 | 29892 | 2090 | 932 | | 1038 | 67988 |
| 2001 | 13434 | 27368 | 31959 | 2194 | 2705 | | 794 | 78454 |
| 2002 | 2401 | 30388 | 21453 | 1915 | 9418 | | 17499 | 83074 |
| 2003 | 10091 | 22584 | 11770 | 22 | 6947 | 110 | 35106 | 86630 |
| 2004 | 8019 | 32192 | 11606 | 1095 | 14873 | 6775 | 83262 | 157821 |
| 2005 | 1413 | 69441 | 3878 | 893 | 15811 | 2257 | 157572 | 251265 |
| 2006 | 941 | 171906 | 24865 | 20 | 14447 | 762 | 307705 | 520645 |
| 2007 | 2151 | 138827 | 78571 | | 1722 | 1147 | 259184 | 481601 |
| 2008 | | 27489 | 15955 | | | | 18442 | 61887 |
| 2009 | | 2033 | 1972 | | | | 331 | 4336 |
| 2010 | | 1807 | 4806 | | 321 | | 1731 | 8666 |
| 2011 | | 20002 | 1028 | | 8126 | | 1975 | 31131 |
| 2012 | | 44062 | 62 | | | | 20246 | 64371 |
| 2013 | | 26362 | | | | | 63911 | 90273 |
| 2014 | | 70018 | 430 | | | | 70846 | 141294 |

资料来源：SIFMA。

CDO 分类的另一种方式是现金流、混合、合成和市场价值。上面描述的结构是现金 CDO。合成资金的 CDO 是基于一个或多个信用违约互换（CDSs）的空头头寸，以及相应数额的无风险投资。例如，CDO 的创始人没有创建企业贷款组合，而是创建了一个由空头头寸（出售保护）组成的投资组合，用于信用违约互换。银行可以保留与企业客户的关系，同时将现有贷款的信用风险转移给 SPV 和 CDO 投资者。2007 年发行的合成 CDO 的数量超过了 480 亿美元，但在 2009 年下降到了 0.25 美元。混合 CDO 结合了现金和合成 CDO 的融资结构。市场价值 CDO 允许交易，以及对标的资产的市场估值。

CDO 证券的另一种分类是套利和资产负债表类型。资产负债表 CDO 的目标是将资产（或资产的风险）从创始人的资产负债表上剥离出来，而套利 CDO 则试图抓住资产收益率（CDO 抵押品）与一般较高评级负债（CDO）的融资成本之间的不匹配。

## 短期合成债务抵押债券

表5.5中的数字不包括所谓的非融资合成 CDO，因为它们实际上不是证券，而是类似于篮子 CDS 的 OTC 合约。一种没有资金支持的合成 CDO 是结构化的，这样，基础 CDS 组合的违约损失就会被分配到各部分。例如，在一个类似于图5.11的情况下，权益部分将承担损失的前5%，下面部分15%的损失，以及剩余损失的优先级。主要金额：5、15，总金额的80%将会因保护买家的损失而减少。如果名义上的债务被抹去，那么 CDO 部分就会被终止。这个结构并不像看上去的那样新颖或奇异。事实上，这与在 CDS 和 CDO 产品发明之前很久就被用于再保险市场的非比例再保险合同相当类似。

除了像 CDX 或 iTraxx 这样被交易为 CDS 合约的标准化指数之外，甚至还有一些标准的单级债券被当作合成 CDO 进行交易。这些合约的交易被称为单笔交易。在 CDX 的案例中，有6个部分被定义为损失阈值：3%、7%、10%、15%、30%、100%，而在 iTraxx 欧洲，阈值为：3%、6%、9%、12%、22%、100%。合同通常支付固定的差价，对预付的费用报价。例如，10YiTraxxEurope9－12 合同于2021年6月到期，截至2015年10月15日，已被报价109个点，这意味着保护买家支付了约定的名义预付金额的1.09%，然后按每季度1%的标准拖欠。如果 iTraxx 投资组合自合同开始之日起累计损失小于9%，则保护卖方不予支付。例如，如果损失为10%，则保护卖方支付名义金额的1/3，而名义金额减少到2/3。保护买方继续支付减少的本金的1%的差价。如果 iTraxx 的损失超过12%，则全额支付给保护买方，将不再支付差价。

## 其他信用衍生品

类似地，对于经典的衍生品，一旦市场上建立了“简单”的信用衍生品，衍生品交易商就很自然地交易更复杂的合约，比如远期合约和 CDS 期权。

远期信用违约互换是一种义务，在时间 T，以确定的利差 s 买卖特定的 CDS（参考实体、成熟度、名义、解决机制）。不同于远期利率互换，如果参考实体在时间 T 之前违约，合约可能不复存在。同样地，看涨或看跌期权给期权持有人一个选择，在时间 T 以价格 s 买入或卖出特定的 CDS 保护。如果参考实体在时间 T 之前违约，那么期权停止。例如，在 iTraxx 或 CDX 市场上有远期和期权。与 CDS 市场类似，那么 CDO 或 ABS 的部分也有远期和期权。

## 5.2 多名称信用衍生品的估值

我们已经看到，无风险贴现利率和违约的风险中性概率，足以对经典债券或单一名称 CDS 进行估值。然而，多名信用衍生品的估值，如篮子里的 CDS 或 CDO，带来了新的难度。原则上，我们需要将收益和损失的概率分布模型划分为不同的 CDO 部分，或者是篮子的 CDS 层。从本质上讲，我们可以应用第 4 章中概述的信贷投资组合建模技术，但在这种情况下，建模精度要求有一个真正的财务影响，远高于纯风险管理，它足以获得只是一个近似估计意想不到的损失。我们已经看到，有不同的模型可能给出不同的结果，在所有情况下，都有违约、资产回报或相关性的关键概念，这些概念进入了模型。信贷组合意外损失数量的估计结果对相关参数非常敏感，但由于数据有限且不断变化，这些数字本身通常难以估计。该模型和相关风险可能被归咎于多名称工具估值的不确定性。对模型和参数风险的低估也可以归咎于最近的金融危机。

在本节中，我们将首先讨论多名称信用衍生品的估值与意外风险建模之间的关系。然后，在高斯的相关建模中，我们将概述一种通用的蒙特卡罗模拟方法和一种分析方法。在下一节中，我们将讨论几种不同的高级相关建模方法。

## 超预期损失模型和多名信用衍生品估值

为了展示两者之间的密切联系，我们假设一个简化的、无资金、合成的 CDO 组合，基于标的物的损益情况的预期收入，只能在 $T$ 时刻实现。假设在 $T$ 时刻组合的价值为 1 个单位，层级是 $0 < x_0 < x_1 \cdots < x_n = 1$。为了计算以预付费用形式支付的市场溢价，需要引入风险中性变量 $X \in [0,1]$ 代表在 $T$ 时刻，某个特定单名 CDS 标的物的损失，比如相似的贷款和债券。损失的风险中性分布与实际概率不同。考虑到这一问题，我们将不同层级 $i$ 的预期收入定义为

$$\text{Payff}_i = \begin{cases} 0 \text{ if } X \leqslant x_{i-1} \\ X - x_{i-1} \text{if } x_{i-1} < X \leqslant x_i \\ x_i - x_{i-1} \text{if } x_i < X \end{cases}$$

如果 $r$ 代表风险中性利率，$F(x)$ 是任意变量 $X$ 的累积分布公式，那么层级 $i$ 的市场价值就可以被表示为

$$\begin{aligned} f_i &= e^{-\gamma T} E[\text{Payoff}_i] \\ &= e^{-\gamma T}((F(x_i) - F(x_{i-1}) E[X - x_{i-1} \mid x_{i-1} < X \leqslant x_i] \\ &\quad + [1 - F(x_i)][x_i - x_{i-1})] \end{aligned} \tag{5.4}$$

如果 $F(x)$ 可能位于 $x_{i-1}$ 和 $x_i$ 之间（比如，$X$ 可能在 $[X_{i-1}, X_i]$ 之间非正态分布），那么，

$$E[X - x_{i-1} \mid x_{i-1} < X \leqslant x_i] \cong \frac{x_i + x_{i-1}}{2} - x_{i-1} = \frac{x_i - x_{i-1}}{2}$$

并且最后，通过 $F(x)$ 的线性分布，我们发现层级 $I$ 的估值占 $[x_{i-1}, x_i]$ 的比例 $s_i$，约是损失超过 $[x_{i-1}, x_i]$ 中点的风险中性概率，折现率为 0 到 $T$ 时间的无风险利率。

$$s_i = \frac{f_i}{x_i - x_{i-1}} \cong e^{-rT}\left(1 - F\left(\frac{x_{i-1} + x_i}{2}\right)\right) = e^{-rT}\Pr[X > \frac{x_{i-1} + x_i}{2}] \tag{5.5}$$

另外，如果我们将市场价格标记为 $s_i$ 的溢价，那么我们可以估计价值为

$$F\left(\frac{x_{i-1}+x_i}{2}\right) \cong 1 - e^{rT}s_i \tag{5.6}$$

式（5.6）帮助我们构架了一个累积分布公式 $F(x)$ 的大致情况，假设在 $[x_{i-1}, x_i]$ 中成线性分布，以及 $F(0) = 0$，$F(1) = 1$。类似地，如果我们考虑融资型 CDO，标的物为 1 个单位，一个层级的收益可以表达为本金减去 $T$ 时刻的损失。层级 I 的市场价值占本金比重就应该大致等于损失低于 $[x_{i-1}, x_i]$ 中点的风险中性概率，折现率为 $r$，特别地，

$$p_i \cong (1 - e^{-rT}) + e^{-rT}F\left(\frac{x_{i-1}+x_i}{2}\right) \tag{5.7}$$

我们可以发现，简单的 CDO 模型和一篮子 CDS 的估值与标的组合的损失模型类似。全面了解风险中性情况下损益情况能够帮助我们更准确地为具体层级定价，如公式（5.4）。具体层级的市场价值为我们展示了大致的分布状况，如公式（5.6）或者式（5.7），层级越多预测质量越高。

在实践中，由于现金流、收益情况和溢价支付都是发生在期中的而不仅仅是期末，因此情况将会更加复杂。这就意味着我们不仅需要对 T 时刻的损失分布进行建模，而是在这一时间段的损失进行建模。因此我们需要模拟违约时间和存活概率。考虑到累积损失和全部预付费用，市场价格和风险中性概率之间的关系仍然成立。再看 CDO 的案例，情况更加复杂，因为每个层级需要支付票面利息（coupon）。

## 一般蒙特卡罗模拟

正如前面所说，一篮子 CDS 或者 CDO 的估值理论上来说等于标的资产的损失模型。在实际中，我们不仅需要对期末损失加以模拟，还需要对整个时间段的现金流加以模拟；我们需要改进这一模型。

特别地：

（1）固定无风险利率的期限结构。在基本方法中，利率是具有决定性因素的。在复杂方法中，利率应该是随机的，与违约概率有相关性。

（2）对组合中每一个应收账款，决定本息的现金流（付款日）。在票

面利息是浮动的，而参考利率确定的情况下，比如 Libor + 1%，将未知的浮动利率替换成相应的远期无风险利率。

（3）对于每一个应收 $i$，估计风险中性下的违约概率的期限结构，比如说违约时间变量 $\tau_i$ 的分布。在第5.4节中我们会研究如何将违约频率加以模型化。

（4）对于一个独立的债务人，需要确定是使用固定偿还利率还是根据其索赔时间的浮动利率。另一种更高级的选择是选择根据相应的分布情况选择随机偿还利率。

（5）在违约时间内确定相关性。其中需要包括 $n$ 个随机变量的联合分布（$\tau_i, i = 1, \cdots, n$）。标准解决方式是运用高斯模型，我们需要对标准的违约时间模拟。

（6）如果在某一时间段有违约情况，模拟违约时间（$\tau_i, i = 1, \cdots, n$）以及回收率；比如 $\tau_i \leqslant T$。在这种情况下，选择标的贷款组合的已实现现金流。

（7）基于 CDO 特殊的或者 CDS 的定义，根据第六步决定在损失发生时的收益现金流。用无风险利率将各期收入现金流折现，并将结果加入一系列的模拟值中。

最终结果估计：

（8）因为我们的目标是获得折现后的预期收入，我们需要将第六步和第七步反复模拟，最终计算出中间值，估计给定工具的市场价值。置信区间和模拟次数需要通过第4.2节中讨论的方法来确定。

除了违约概率、回收率和相关性问题，需要关注的是第七步看似简单实则困难，比如 CDO 或者 CDS 的瀑布式（waterfall）结构运行就十分复杂。尤其是对于一个典型的 CDO，其标的资产为贷款或结构性债券。根据复杂的偿还次序原则，利息和本金将用于偿还管理费、各层级的票面利息以及本金。

一般来说，一个层级的作用类似于偿债基金，事先确定的息票率（每年 $n$ 次），本金 $F(k)$，$k = 0, \cdots, K$，在 $K$ 阶段将会逐渐被偿还，或者协议性减少（contractual reduction）；同样在另一方面，当息票 $Y(k)$ 不足时，就会出现应付利息这一变量：

$$U(0) = 0$$

$$U(k) = \left(1 + \frac{c}{n}\right)U(k-1) + \frac{c}{n}F(k-1) - Y(k)$$

本金的减少可能是由于提前支付 $D(k)$，或者是未支付的协议性减少 $J(k)$；比如，$F(k) = F(k-1) - D(k) - J(k)$，$F(0)$ 等于层级的初始票面金额。这一机制一般来说会有储备账户 $R(k)$，超额资金将会放在储备账户，产生额外的利息。资金短缺时，账户资金则会被取出，在期末会一并付出。留存的本金和未支付的应付利息将会为 CDO 提供资金。因此未支付的利息将会补充资本金。需要注意的是，只要合同约定的优先级原则被满足，尾款的缺失不构成 CDO 的违约。股权层级一般来说没有固定的息票，通常是在期末获得盈余资金。

有两种基本的优先级制度，统一和快速。在统一优先级模式下，不存在提前支付本金的情况。收到的利息从最高级组合发到次级组合。另外，减去未分配的利率后的损失视作未支付的本金减少，从股权层级开始逐次向上减少。在期末，最终获得的本金和储备金将会根据优先级顺序，覆盖本息，股权层级获得分配后的所有剩余资金。

在快速模型下，高级组合将会以最快的速度获得本息，直到全部偿还本金或到期为止。同时 mezzanine 层级的利息将会暂停发放，知道高级别组合的本金支付完毕后。对于这一模式，不存在本金的协议性降低。

在实践中，优先级模式一般介于两者之间，通过采用增加抵押模式或者利率覆盖测试。比如说，要求高级资产增加抵押的具体操作是指让基础资产本金除以高级资产本金超过 120%。利息覆盖测试是指收到的利息除以高级资产的票息率超过 150%，等等。如果这些条件满足，收到的利息将会被用在统一模式中。另外，如果这些条件不满足，就是用快速模式直到该测试满足。

## 一篮子 CDS 的技术性估值

单因子高斯模型在瓦西塞克模型（Vasicek' smodel）中已经解释过了。在这一模型中，标准化的违约频率变量 $X_j = \phi^{-1}(Q_j(\tau_j))$ 被分解成一个系统性变量 $M$ 和特殊变量，比如债务人特别变量 $Z_j$，这些变量都是独立的、标准化的，并且

$$X_j = \sqrt{\rho_j}M + \sqrt{1 - \rho_j}Z_j \tag{5.8}$$

因此标准化后的违约频率 $i$ 和 $j$ 的相关性为 $\sqrt{\rho_i\rho_j}$。与公式（4.22）类似，我们能够获得在事件 $t$ 内违约的累积概率，

$$Q_j(r \mid m) = \Pr[\tau_j \leqslant t \mid M = m] = \Phi\left(\frac{\Phi^{-1}(Q_j(t)) - \sqrt{\rho_j}m}{\sqrt{1 - \rho_j}}\right) \tag{5.9}$$

除此之外，在标准市场模型中，我们假设市场组合同质，也就是说相关系数是相同的，所有债务人的违约时间分布一致（赫尔，2009）。该模型关键之处在于，在系统性变量固定的情况下，即 $M = m$，违约时间变量独立，市场价格可以通过方程式来表达。同时这一计算也暗含假设，我们知道非条件下累积违约概率公式 $Q(t) = 1 - e^{-\Lambda(t)}$ 中的 $\Lambda(t)$ 是累积失效率。一般情况下是假设违约密度 λ 是恒定的，比如 $Q(t) = 1 - e^{-\Lambda(t)}$，但是 λ 同样也可以是一个关于时间的恒定函数。

我们接下来考虑 $n$ 个债务人资产组合的 CDS 在第 $k$ 次违约的情况，每一个债务人的本金都为一个单位，具有相同的违约可能性。当在系统性变量固定的情况下即 $M = m$，债务人 $l$ 在 $t$ 时间违约的概率通过二项分布来表达：

$$P(l,t \mid m) = \binom{n}{l} Q(t/m)^l (1 - Q(t \mid m))^{n-l}$$

$l$ 违约的概率也可以表达为个别借款者的违约条件概率，但是其表达方式将更加复杂。如果 $T$ 是 CDS 的期限，那么获得收益的概率可以简单表达为：

$$P(\geqslant k,T \mid m) = \sum_{l=k}^{n} P(l,T \mid m)$$

为了获得全面的估值，我们需要对违约和 CDS 在各个时间段的支付情况进行建模。比如说，对于每一单位的风险，作为基础资产的应收款存在的溢价风险为 $s$，$D(t)$ 是 $t$ 时刻的折现因子，如 $t$ 时刻一单位的货币折现后为 $t$。在标准市场模型中，假定违约发生在 $[t_{j-1}, t_j]$ 时刻中间点。此时的违约概率将为常数，$L = 1 - R$。那么 CDS 的市场价值，当系统性风险值 $M = m$，CDS 的市场价值为可以表达为预期现金流的折现值减去违约项下预期折现值：

$$
\begin{aligned}
MV(m) = & \sum_{j=1}^{N} s(t_{j-1} - t_j)D(t_j)P(< k, t_j \mid m) \\
& + \sum_{j=1}^{N} 0.5s(t_{j-1} - t_j)D(0.5t_{j-1} + 0.5t_{j-1})(P(\geqslant k, t_j \mid m) \\
& - P(\geqslant k, t_{j-1} \mid m)) \\
& - \sum_{j=1}^{N} L \times D(0.5t_{j-1} + 0.5t_{j-1})(P \geqslant k, t_j \mid m) - P(\geqslant k, t_{j-1} \mid m)
\end{aligned}
\tag{5.10}
$$

最后，无条件下的市场价值通过将式（5.10）与 $m$ 的标准正态分布合并：

$$
MV = \int_{-\infty}^{+\infty} MV(m)\varphi dm \tag{5.11}
$$

但是式（5.10）可以得知，合成的式（5.11）需要通过数理模型进行评估。基于式（5.10）和式（5.11），市场价格可以表示为：$MV = s(A + B) - C$，其中 $A$、$B$ 是式（5.10）中第一个和第二个总数的合并，除去 $s$，$C$ 是第三个总和。当 CDS 处在完全市场情况下，其价值应为 0，因此可以很容易的得出溢价 $s = \frac{C}{A + B}$。

## 合成 CDOs 的估值

我们假设无融资情况下的合成 CDO，其基础资产是由 $n$ 个风险相同的应收资产以及 $[A, B]$ 上下阈值，其中 $0 \leqslant A \leqslant B \leqslant 1$，共同组成的组合，如果投资组合的累积损失 $L(t)$ 超过附着点 $A$，则保护支付者支付差额 $L(t)-A$，但不能超过 $B-A$ 的值。由于违约是逐步发生的，所以引入 $[A,B]$ 层级的名义累积损失函数是十分必要的。

$$L^{A,B}(t) = \frac{\min(\max(L(t), A), B) - A}{B - A} \tag{5.12}$$

根据损失函数，违现值可以表达为：

$$DL^{A,B}(0) = \int_0^T D(t)\,dL^{A,B}(t) \cong \sum_{j=1}^{N} D(0.5t_{j-1} + 0.5t_j)[L^{A,B}(t_j) - L^{A,B}(t_{j-1})] \tag{5.13}$$

在这里，我们假设保费支付期间为 $t_0=0$，$t_1,\cdots,t_n=T$，并且违约只发生在中间时间。考虑到保费部分，其支付方式与标准的合成 CDS 有一些不同。在这里，保费是通过将资产池各层级（tranche）名义金额减掉每一个保费期末时的无法覆盖损失（而不是违约名义金额）；比如对于一个 reducedtranche 损失公式，其“风险年费”（riskyannuity）

$$DV^{A,B}(0) = \sum_{j=1}^{N} (t_j - t_{j-1}) D(t_j)(1 - L^{A,B}(t_j)) \tag{5.14}$$

如果 $U$ 和 $s$ 分别代表预付款以及息差，那么保费现值时 $U + sDV^{A,B}(0)$。因此，为了能够确定完全竞争条件下的市场息差，我们只需要解决下面的公式

$$E_0[DL^{A,B}(0)] = U + sE_0[DV^{A,B}(0)] \tag{5.15}$$

$$s = \frac{E_0[DL^{A,B}(0)] - U}{E_0[DV^{A,B}(0)]} \tag{5.16}$$

这一公式能够帮助我们计算$E_q$. 式（5.15）。

## 大规模同质组合模型

如果我们假设投资组合是同质的并且它的要素数量是大（倾向于无穷大），违约公式和溢价收入公式可以被进一步简化，而溢价本身也可以通过公式来表达。在这种情况下，根据大数定理，条件违约率（可以被近似为）条件的违约概率将趋近于公式（5.9）中的 $Q(t/m)$。因此大规模同

质组织的条件预期损失可以表达为 $L(t \mid m) = LQ(t \mid m)$ 和 $[o,B]$ 层级的条件预期损失可以被简化为

$$\bar{L}^{0,B}(t \mid m) = \min(\bar{L}(t \mid m), B)/B$$

最后，损失概率可以表达为

$$\bar{L}^{0,B}(t) = E_0[\bar{L}^{0,B}(t \mid m)] = \int \frac{1}{B}\min(\bar{L}(t \mid m), B)\varphi(m)dm \quad (5.17)$$

完整的公式可以表达为

$$\bar{L}^{0,B}(t) = \Phi(A_1) + \frac{L}{B}\Phi_2(A_1, \Phi^{-1}(Q(t)); -\sqrt{\rho})$$

$$A_1 = \frac{\Phi^{-1}(Q(t)) - \sqrt{1-\rho}\Phi^{-1}(B/L)}{\sqrt{\rho}} \quad (5.18)$$

对于 $[A,B]$ 层级，我们可以通过互补关系来变大

$$\bar{L}^{A,B}(t) = \frac{1}{A-B}[B\bar{L}^{0,B}(t) - A\bar{L}^{0,A}(t)] \quad (5.19)$$

因此，根据式（5.13）和式（5.14），它们分别表达违约损失和溢价收入，因此价差可以表达为

$$s = \frac{\overline{DL}^{A,B}(0) - U}{\overline{DV}^{A,B}(0)} \quad (5.20)$$

在这里

$$\overline{DL}^{A,B}(0) = \sum_{j=1}^{N} D(0.5t_{j-1} + 0.5t_j)[\bar{L}^{A,B}(t_j) - \bar{L}^{A,B}(t_{j-1})]$$

以及

$$\overline{DL}^{A,B}(0) = \sum_{j=1}^{N} D(t_j)(t_j - t_{j-1})[1 - \bar{L}^{A,B}(t_j)]$$

## 复合相关性

根据 CDS 指数的市场报价，我们可以发现隐含相关性（impliedcorrelation.）的概念类似于隐含波动率。更确切的是，当我们考虑有限同质池模型，并假设我们有同质的违约概率从一系列到期日的基础指数报价中估算。请注意由公式（5.20）中的市场溢价是关于 $\rho$ 相关函数 $s = s(\rho)$，而

$\rho$ 同样也是式（5.9）和式（5.18）中使用的参数，因此已知市场溢价就可以反向推出 $\rho$，即可以得到隐含相关性。

但是，隐含相关性的概念有很大漏洞，市场上更倾向与使用基础相关性（basecorrelation）。为了能够解释二者的不同，层级［A，B］预期损失函数式（5.19）可以通过两个相关性来表达。其中根据式（5.18），$\rho_A$ 表示 $[0,A]$ 层级的相关性。因此根据式（5.13）和式（5.14）层级 $[A,B]$ 的违约和风险年金可以通过 $\rho_A$ 和 $\rho_B$ 来表达，因此，风险溢价 $S^{A,B} = s(\rho_A, \rho_B)$ 可以表达为二者的公式。现在，我们可以确切地解释两个相关概念之间的区别：复合关联 $\rho_{A,B}$ 能够得出 $S^{A,B} = s(\rho_{A,B}, \rho_{A,B})$，取决于附着点（attachment）和脱离点（detachment），而基础相关性能够准确地定价基础层级 $[0,A]$，只根据脱离点来确定。考虑到市场定价机制，可以递归计算基准相关性：对于第一档 $[0,A]$，相关性 $\rho_A$ 可以通过市场报价来得到。接下来，已知 $\rho_A$ 和 $\rho_B$，可以得出 $S^{A,B} = s(\rho_A, \rho_B)$，而 $S^{A,B}$ 就是市场报价。

$$\bar{L}^{A,B}(t,\rho_A,\rho_B) = \frac{1}{A-B}[B\bar{L}^{0,B}(t,\rho_B) - A\bar{L}^{0,A}(t,\rho_A)]$$

基准相关性一个优点就是，它们可以或多或少地一致插值（见图 5.12），然后用于计算任何非标准附着点和分离点 A 和 B 的隐含溢价 $S^{A,B}$。它不是清楚地知道如何以简单的方式评估给定化合物的非标准分档相关性。复合相关性的一个更严重的缺陷是市场传播并不总是复合相关的单调函数（见图 5.13），所以方程 $S^{A,B} = s(\rho_{A,B}, \rho_{A,B})$ 不只有一个答案！根据 Torresetti（2006）等的实证研究，这在现实中是非常频繁的情况。该研究表明这个可逆性问题确实如此，不会与基准的相关性出现。

但是，即使是基准相关性也会有缺陷。Torresetti（2006）等的研究指出，对于特定的层级和基准相关性，预期层级损失将会为负。注意，这里的两个概念存在一定的不一致，假设只有一个相关性的单因素高斯模型。因此，已经使用两个相关性 $\rho_A$ 和 $\rho_B$ 来计算预期损失和公平的摊派价差与理论模型不一致，读者在获得奇怪的结果时不必过于惊讶。

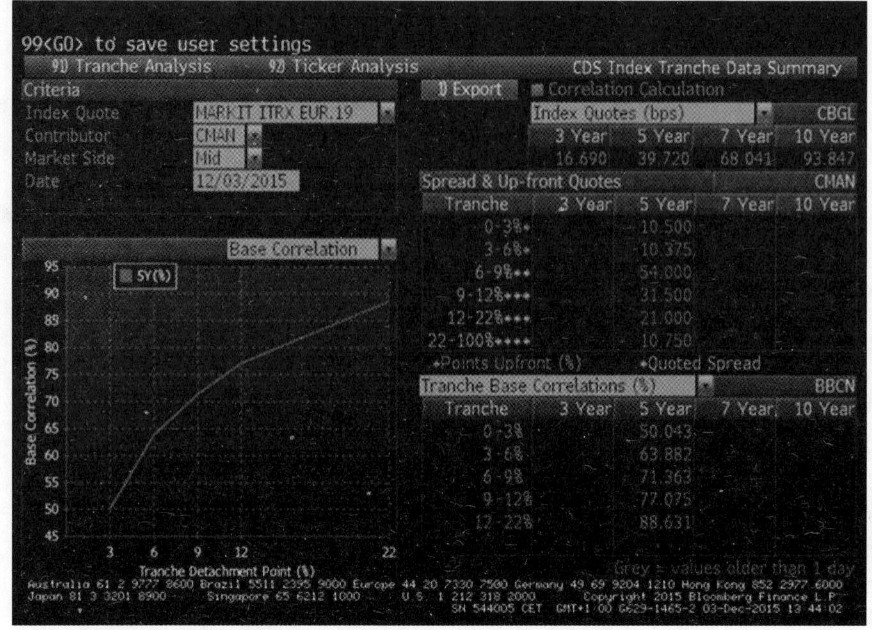


资料来源：彭博。

**图 5.12　DJ – iTraxxCDS 层级报价**

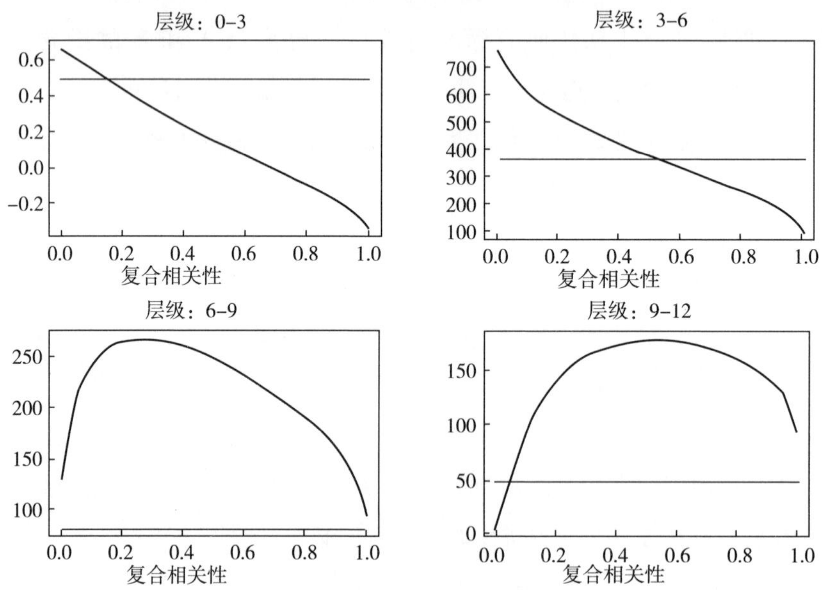


**图 5.13　复合相关性**

## 5.3　高级相依结构模型（Advanced Dependence Modeling）

尽管单因素高斯模型提供了相对较高效的方式来为 CDO 定价，我们已经看到市场真实情况（相关性偏差）与假设违约相关性高斯时间恒定的假设是不一致的。在本节中，我们将讨论几种高级相依结构模型旨在解决这个问题的方法。各种可用的方法有利有弊，并且或多或少有不同的结果，展示了这个模型定价 CDO 的风险。高斯 Copula 模型一直是目前唯一的市场标准模式，这一事实也解释了最近金融危机时的市场脆弱性。

### 二元逻辑分布的 Copula 模型

赫尔和怀特（2004）指出，将一个债权人违约标准时间分解为系统和非系统的两个因素，这两个因素通常可以具有任何均值为零和单位方差分布，导致各种相关性结构。特别是，除了高斯 Copula 之外，他们建议使用学生 $t$ - 分布，自由度可能会有所不同。目标是找到使相关性斜度变平坦的参数（相关性和自由度），即单一相关性可以用来同时对所有 CDO 层级进行定价。观点是 $t$ 分布的厚尾分布能够更好地适应市场现实。

特别是，使得 $M$ 和 $Z_j$ 具有自由度分别为 $d_1$ 和 $d_2$ 的 $t$ 分布，那么合成变量并不具有 $t$ 分布。但是根据自由度和相关性参数，累积分布公式 $F_{Xj}$ 可以通过模拟或者整合的方式得出（Vrins，2009）。另一种计算效率更高的方法是采用傅里叶变换技术。由于学生 t 分布的特征方程是已知的，我们可以通过 Gil - Pelaez 变换从两个特征函数中得到 $F_{Xj}$ 的分布（更多细节见 Kolman，2014）。Brigo 等（2010）提出使用矩生成函数以及和逆拉普拉斯变换作为傅里叶变换。

$$X_j = \sqrt{\rho}M + \sqrt{1-\rho}Z_j \tag{5.21}$$

$F_{Xj}$ 的分布函数不仅仅用于计算已知相关系数的条件违约概率：

$$Q_j(t \mid m) = \Pr[\tau_j \leqslant t \mid M = m] = F_{d_2}\left(\frac{F_{X_j}^{-1}(Q_j(t)) - \sqrt{\rho}m}{\sqrt{1-\rho}}\right)$$

其中 $F_{d_2}$ 服从自由度为 $d_2$ 的 $t$ 分布，同时也符合模型要求，即估计相关参数和自由度。由于必须对每个组合的分布函数进行数值估计参数，拟合程序在计算上变得相当苛刻。

Witzany（2013b）研究了 Logistic 分布的 Copula 模型，其中公式（5.21）中的变量具有逻辑分布 $\Lambda(x)=1/(1+e^{-x})$。值得注意的是，逻辑分布不仅用于计算违约的条件概率，而且还用于拟合阶段，可能抵消了近似的影响。这种方法的重要优势是逻辑分布及其逆向分布都是可以预计的，因此其计算十分有效。该模型可以应用于 99.9% 的贷款产品的监管资本计算。事实证明，Logistic 分布的 Copula 模型比高斯标准模型所需资本高出 2 倍。其他文献中测试的可能性是正态高斯分布（NIG）（Kolman，2013）或对应于高斯混合的 Copula 和广义双曲线分布（Gapko 和 Smid，2012）。

### Copula 模型下的相关性模型

迄今为止，我们一直关注单一因素模型，且仅有一个相关性。但是，正如第 5.2 节蒙特卡罗模拟所描述的，即使在高斯模型中，需要明确 $n$ 个因素的 $n(n+1)/2$ 的相关系数。在同质模型中，这一系列的相关因素相同，为单一相关因素，在异质模型中，需要 $n$ 个相关系数。通过引入更多系统因素，该模型可以被进一步优化，正如第 4.2 节所提出的。即使如此，我们仍然需要计算出 $n(n+1)/2$ 的相关系数，抑或在 Copula 模型下表达的更多相关系数。

更确切地话，在蒙特卡罗模拟的第五步，主要任务就是确定违约时间变量的相关系数结构 $<\tau_i;i=1,\cdots,n>$。即使我们使用标准化变量 $X_j=\Phi^{-1}(Q_j(\tau_j))$，多因素正态分布的一般相关系数矩阵 $\Sigma$ 可能不唯一。比如，假设单一因素模型式（5.8），将 $X_j$ 分解为系统变量和拥有固定相关系数 $\rho$ 的异质变量。实践证明，正常情况下的相关系数会偏低，在金融危机时将会提高，当许多事情走向错误路径时，系统性系数 $M$ 将会变得非常低，这可以表达为

$$X_j=\sqrt{\rho(M)}M+\sqrt{1-\rho(M)}Z_j \tag{5.22}$$

其中，相关系数 $\rho(M)$ 基于系统性因素。

## 案例

可以考虑式（5.22）中给出的真实相关系数结构，其中当 $M > \Phi^{-1}(0.01)$ 时，$\rho(M) = 0$ 和如果 $M \leqslant \Phi^{-1}(0.01)$，$\rho(M) = 1$。$X_i$ 和 $X_j(i \neq j)$ 的相关性可以被估计出来，或者被计算出来，$\rho \approx 6.9\%$。如果相关性被用于高斯 Copula 单一因素模型中，贷款的违约概率 $PD = 1\%$，那么优先级层级贷款的损失概率基本为零，但是根据“真实”模型计算，当 $M \leqslant \Phi^{-1}(0.01)$ 违约确实会发生，在这种情况下，所有的债务人都会违约，因为相关性时 100%，因此优先级层级贷款“真实”的损失概率为 1%。

需要注意的是，上一案例中的失误确实会发生，不是因为我们对相关性的错误假设，而是因为我们选择了错误的相关性模型，我们在 $X_i$ 和 $X_j$ 有明显非线性关系时选择了高斯 Copula 模型。

为了描述一系列随机变量的大致相关性，我们需要将变量的边缘分布和相依模型分离，这一操作被称为 Copula 模型。Copula 在信用风险建模中的应用（多元信用衍生品定价）是李（1999）首次提出的。为更完整读者可以参考 Nelsen（1999）或 Cherubini 等（2004 年）。

为了简化计算，两个随意变量 $X_1$ 和 $X_2$ 的联合分布方程为 $F(x_1, x_2)$。我们假设 $F_1(x_1) = F(x_1, +\infty)$ 和 $F_2(x_2) = F(x_2, +\infty)$ 的边缘分布公式时连续且单调上升。由于这两个公式是单一的且可逆的，我们可以定义 $F_i$: $[-\infty, +\infty] \to [0,1]$ 是一一对应的，且可逆的。我们可以定义相关性方程 $C:[0,1] \times [0,1] \to [0,1]$：对于 $u, v \in [0,1]$，可以表达为

$$C(u,v) = F(F_1^{-1}(u), F_2^{-1}(V)) = \Pr[F_1(X_1) \leqslant u, F_2(X_2) \leqslant v]$$

因此，公式 $C$ 也可以表达为两个任意变量 $F_1$ 和 $F_2$ 的二元联合累积分布。该分布符合以下条件：

(a) $C(0,v) = C(0,v) = 0$

(b) $C(u,1) = u$ and $C(1,v) = v$ for every $u,v \in [0,1]$, and moreover

(c) $C$ *is* 2 − *increasing*, i. e. for every $0 \leqslant u_1 \leqslant u_2 \leqslant 1, 0 \leqslant v_1 \leqslant v_2 \leqslant 1$

$$C(u_2,v_2) - C(u_2,v_1) - C(u_1,v_2) + C(u_1,v_1) \geqslant 0$$

最后一个不等式左边的概率为：

$$\Pr[F_1(X_1) \in (u_1,u_2), F_2(X_2) \in (v_1,v_2)])$$

注意，$C(u,v)$ 是 $u$ 和 $v^2$ 的非下降函数。斯克拉（1959）将二元变量 copulas 定义为满足属性（a - c）的函数。根据斯克拉定理，对于任何二元 Copula$C$ 和连续边际分布函数 $F_1$ 和 $F_2$，函数 $C(F_1(x_1)、F_2(x_2))$ 是 $F_1$ 和 $F_2$ 的联合分布函数，即有随机变量 $X_1$ 和 $X_2$，已知边缘分布和 Copula $C$。这一定义和斯克拉定理同样也可以用于不连续边缘分布。它遵从于定义 Copula 函数对于不断增长的变换是不变的随机变量①。不变性属性适用于一致性度量像 Kendell 的 $\tau$，斯皮尔曼的 $\sigma$ 或基尼系数，但不是古典线性相关测量。

定义以下三个重要的 Copula 模型是十分必要的：

- the *maximum Copula* $C^+(u,v) = \min\{u,v\}$,
- the *minimum Copula* $C^-(u,v) = \max\{u+v-1,0\}$,
- and the *product Copula* $C^\perp(u,v) = uv$

最大化 Copula 相当于两个任意变量的完全相关。比如 $U=V$ 是一致的，完全相关，那么

$$\Pr[U \leqslant u, V \leqslant v] = \Pr[U \leqslant \min\{u,v\}] = C^+(u,v)$$

另外，如果 $U$ 和 $V$ 是负相关，比如 $U = 1 - V$，那么

$$\Pr[1 - V \leqslant u, V \leqslant v] = \Pr[1 - u \leqslant V \leqslant v] = C^-(u,v)$$

对于 productcopula，适合以下独立变量

$$\Pr[U \leqslant u, V \leqslant v] = uv = C^\perp(u,v)$$

因此，Copula 方程也被成为独立 *Copula*。

可以很容易地指出，对任何二元 Copula $C$ 而言，不等式（Fre'chet - Hoeffding）可以表达为：

$$C^-(u,v) \leqslant C(u,v) \leqslant C^+(u,v)$$

因此 $C^+$ 和 $C^-$ 两个 Copula 可以被称为弗雷歇上限和下限。

---

① 如果 $C$ 是两个随机变量 $X_1$ 和 $X_2$ 的 Copula 公式，如果 $\alpha_1$ 和 $\alpha_2$ 是两个连续增长的公式，那么 $C$ 同样也是 $\alpha_1(X_1)$，$\alpha_2(X_2)$。

斯克拉定理帮助我们定义许多相关性结构。首先，我们定义一个 Copula 公式，接着我们插入任意边缘分布来获得联合分布。比如，我们很容易知道 Copula 函数 $C_1$ 和 $C_2$ 的合成线性表达 $p\,C_1+(1-p)\,C_2$ 也是 Copula 函数。尤其是通过这种模式我们可以将弗雷歇上限和下限以及独立 Copula 合成为弗雷歇系列 Copula。特别是，我们可以将 Frechet 混合形式 $C=p\,C_1+(1-p)\,C_2$ 作为弗雷歇上限和独立 Cupula 的特殊形式。可以发现 Copula 有上限和下限，当 $u$ 足够小的时候，条件概率 $\Pr[U\leqslant u \mid V\leqslant u]$ 接近 $p$，当 $u$ 接近 1 的时候，条件概率 $\Pr[U\geqslant u \mid V\geqslant u]$ 接近 $p$。这个 Copula 非常简单和（尾）相关参数 $p$ 在金融应用中，这一函数似乎比标准线性相关系数 $\rho$ 更加准确。

另一个案例是 Marshall – Olkin 型 Copula：

$$C(u_1,u_2)=\min(u_1^{1-\alpha_1}u_2,u_1u_2^{1-\alpha_2})$$

其中，$\alpha_1$，$\alpha_2\in[0,1]$。从（Nelsen，1999）可以发现，标准一致性指标像肯德尔的 $\tau$ 、斯皮尔曼的 $\rho$ 或 $\lambda$ 上限通过两个参数来简单表示出来：

$$\tau=\frac{\alpha_1\alpha_2}{\alpha_1+\alpha_2-\alpha_1\alpha_2},\rho s=\frac{3\alpha_1\alpha_2}{2\alpha_1+2\alpha_2-\alpha_1\alpha_2},\text{and }\lambda_U=\min(\alpha_1,\alpha_2)$$

如高斯 $t$ 分布，弗雷歇或者阿基米德 Copula 等许多数为人知的 Copula 函数。现在我们从一般多元变量设定中看一下它们具体的定义。

在多元变量中，Copula 函数等于 $n$ 个变量的联合分布函数，比如

$$C(u_1,\cdots,U_n)=\Pr[U_1\leqslant u_1,\cdots,U_n,\leqslant u_n]$$

目前我们有 $C(0,u_1,\cdots,u_n)=0$，$C(u_1,1\cdots,1)=u_1$，等等。Copula 函数第三个特征要求 $C$ 函数是增长的。

对于多元变量，productcopula $C^{\perp}(u_1\cdots u_n)=u_1\cdots u_n$ 中，相当于 $n$ 个独立随机变量，而弗雷歇上界 $C^{+}(u_1,\cdots,u_n)=\min(u_1,\cdots,u_n)$ 相当于所有相关变量。可以发现 $\max(u_1+\cdots+u_n-1,0)$ 是其边界下限，比如 $\max(u_1+\cdots+u_n-1,0)\leqslant C(u_1,\cdots,u_n)$ 适用于所有 Copula，但是对于 $n>2$ 的方程，该方程并不是 Copula 函数[①]。也就是说我们无法从二元弗雷歇

① 尽管如此，对于任意 $u\in[0,1]^n$，有 Copula 函数 $C$ 因此 $\max(u_1+\cdots+u_n-1,0)\leqslant C(u)$。因此这是最佳的下限（Nelson，1999）。

Copula 系列函数中概括出多元情况，但是我们依然能够定义多元混合 Copula 函数 $pC^{+}+(1-p)C^{\perp}$。

目前我们所使用的违约相关性模型，高斯 Copula 公式是通过多元正态分布公式 $\Phi_n(x_1,\cdots,x_n;\sum)$，以及相关性矩阵$\sum$表达出来的：

$$C_G(u_1,\cdots u_n)=\Phi_n(\Phi^{-1}(u_1),\cdots,\Phi^{-1}(u_1);\sum)$$

值得注意的是，Copula 函数来自于多元高斯分布定义，但可以通过非高斯边际来定义，比如通过指数或者代数方式来为违约时间建模。当随机变量 $\langle X_1,\cdots,X_2\rangle$ 的边际分布服从 $F_1,\cdots,F_n$（单调递增），那么其单位变量的 Copula 方程为高斯 Copula，分位数变换是多元高斯。具体来说，我们使用高斯结构的高斯单因子 Copula，因为其模型更简单：有一个单一的高斯公因子，以及与公因子的相关性决定的关联系数。

另一个好用的 Copula 函数是 $t$ 分布 Copula，自由度为 $v$，与高斯 Copula 类似：

$$Cs(u_1,\cdots,u_n)=t_{n,v}(t_v^{-1}(u_1),\cdots,t_v^{-1}(u_1);\sum)$$

其中，$t_v$ 是 $t$ 分布的唯一变量，$t_{n,v}$ 是多元变量 $t$ 分布其中相关性矩形为$\sum$。多元变量 $t$ 分布的随机变量可以通过正态变量的矢量中得到，将分布函数 $\Phi_n(x_1,\cdots,x_n;\sum)$ 除以 $\sqrt{Y/v}$，其中 $Y$ 是$\chi_v^2$ 的变量。

目前广泛运用的一系列 Copula 函数是阿基米德 Copula：

$$C_A(u_1,\cdots,u_n)=\varphi^{-1}(\varphi(u_1)+\cdots+\varphi(u_n))$$

其中 $\varphi$ 是从［0，1］到［0，+∞］单调递减的凸函数。$\varphi$ 方程被称为阿基米德 Copula 的生成函数（generator）。最数为人知的阿基米德 Copula 是：

1. *Gumbel's Copula*：$\varphi(u)=(-1n(u))^{\alpha},\alpha>1$，

2. *Clayton's Copula*：$\varphi(u)=u^{-\alpha}-1,\alpha>0$，or

3. *Frank's Copula*：$\varphi(u)=1n(\frac{e^{-\alpha u}-1}{e^{-\alpha}-1}),\alpha>0$

为了能够对信用风险建模，首先需要对参数进行估计，接着对需要估

值的多个信用衍生品未来现金流分布进行模拟。

经典的 copula 参数推断是基于最大似然估计（MLE）方法。让我们假设有一个观察值样本（相互独立），比如金融资产收益。为了通过最大似然估计的方法来估计 θ，我们需要表达多变量密度公式：

$$f(\mathrm{x}) = c(F_1(x_1),\cdots,F_n(x_n)) \cdot \prod_{i-1}^{n} f_i(x_i),$$

其中，Copula 密度为 $c = \dfrac{\partial^n c}{\partial_{u_1}\cdots\partial_{u_n}}$，以及 $f_i$ 是边际密度。似然方程的对数函数是：

$$l(\theta) = \sum_t \ln c(F_1(x_{t1}),\cdots,F_n(x_{tn})) + \sum_t \sum_{i=1}^{n} \ln f_i(x_{ti})$$

准确的 MLE 估计 θ = arg max $l$（θ）则具有标准渐近性性质（Cherubini 等，2004）。特别是，θ 的协方差矩阵（Fisher's 信息矩阵）可以通过负海塞矩阵的逆来估计的似然函数。

MLE 的过程需要大量计算，特别是需要估计很多 Copula 和边际分布的参数。估计程序可以通过所谓边际推断的方法（Inference For Margins）来简化。第一步，我们只估计边际参数最大化与边际有关的似然参数，然后在第二步中，我们估计当 Copula 似然函数最大化时的 Copula 参数。IFM 估值不一定与 MLE 估值相同；这只是一个近似值，可以作为精确 MLE 程序的初始值。另一种可能称为规范最大似然（CML），该方法基于他们的经验分布将边际数据转换为统一变量。最后，Copula 函数本身可以非参数估计，通常使用内核（kernel）以获得平滑的实证 Copula 模型。

为了模拟多变量分布，比如违约时间 $\langle \tau_1,\cdots,\tau_n \rangle$，通过边际分布 $Q_1(\tau_1),\cdots,Q_n(\tau_n)$ 以及 Copula 函数 $C(u_1,\cdots,u_n)$ 来定义，我们需要做的就是对 $\langle u_1,\cdots,u_n \rangle$ 进行模拟，通过转换函数 $\tau_j = Q_j^{-1}(u_j)$。这对高斯或学生 $t$ 分布来说相对简单。给定一个相关矩阵 ∑ 来模拟高斯 Copula 分布，只需要从响应的多元变量高斯分布 $N(x;0, \Sigma)$（例如，基于 ∑ 的 Choleski 分解）中抽取样本，$X = \langle x_1,\cdots,x_n \rangle$

然后使用 $Q-Q$ 变换 $\tau_j = Q_j^{-1}(\Phi(x_j))$。$t$ 分布可以类似地操作。

对于一般 Copula 模拟，我们需要找到条件分布概率。

$$C_k(u_k \mid u_1,\cdots,u_{k-1}) = \Pr[U_k \leqslant u_k \mid U_1 = u_1,\cdots,U_{k-1} = u_{k-1}]$$

条件分布能够通过偏微分来获得 Copula 函数。例如，对于一个可微分的二元 Copula$C(u,v)$ 如下：

$$C_u(v) = \Pr[V \leqslant v \mid U = u] = \lim_{\Delta u \to 0}\frac{C(u+\Delta u,v) - C(u,v)}{\Delta u} = \frac{\partial C}{\partial u}$$

因此，为了从 $C$ 中抽取一对样本 $(u,v)$，我们可以从均匀分布中选择自变量 $u$，$w \in [0,1]$ 和假设 $v = c_u^{-1}(w)$ 来得到第二步。

对于多变量 Copula $C$，使得 $C_k(u_1,\cdots,u_k) = \mathrm{C}(u_1,\cdots,u_k,1,\cdots,1)$，其中 $k = 2,\cdots,n$ 。那么

$$\begin{aligned} C_k(u_k \mid u_1,\cdots,u_{k-1}) &= \Pr[U_k \leqslant u_k \mid U_1 = u_1,\cdots,U_{k-1} = u_{k-1}] \\ &= \frac{\partial^{k-1}C_k(u_1,\cdots,u_k)}{\partial_{u_1}\cdots\partial_{u_{k-1}}} \bigg/ \frac{\partial^{k-1}C_{k-1}(u_1,\cdots,u_{k-1})}{\partial_{u_1}\cdots\partial_{u_{k-1}}} \end{aligned}$$

蒙特卡罗模拟将会接下来操作：

—从 $U(0,1)$ 模拟一个随机值 $u_1$；

—从 $C_2(0,1)$ 模拟一个随机值 $u_2$；

—…

—从 $C_n(u_1,\cdots,u_{n-1})$ 模拟一个随机值 $u_n$。

正如双变量案例中，$u_k$ 是从 $C_k(u_k/ u_1,\cdots,u_{k-1})$。因此如果条件概率可被转化，这一过程将相对有效率。很容易发现，分布 $C_k$ 是阿基米德 Copula，可以被转换为其他特定 Copula 函数。如果不能有效转化，$w = C_k(u_k/ u_1,\cdots,u_{k-1})$ 公式需要计算得出，这一过程的计算量将会明显加大。

## 隐含 Copula

目前比较流行的 CDO 分层估值方法是赫尔和怀特（2006）提出的方法。虽然这种方法被称为“隐含 Copula”，但实际上并没有直接运用 Copula。这一想法关注的是投资组合损失的概率分布，或者在给定 LGD 下的违约率的分配。通过已知层级报价也可推出非参数损失分布。该公式也可以用来为其他非标准 tranche 进行估值。因此隐含 Copula 是隐藏在损失概率

分布中的，而不是明确表达出来的。

具体来说，我们假设投资组合同质，且对于系统性因子 $M$，违约强度固定，可以得到一定数量的投资估值，$m_1$，…，$m_h$。赫尔和怀特（2006）计划能够明确合理的违约强度可能集 $\lambda_1$，…，$\lambda_h$，并刻画出它们的可能性 $p_1$，…，$p_h$。我们可以假设回收率为常数 $R$，或者更宽泛地说，条件回收率为 $R_1$，…，$R_h$。通过公式可以建立回收率与违约强度的关系，比如在 Cantoret 等（2005）中认为二者是指数关系。注意这里的系统性因素的数字并无实际意义；我们只需要在特定的违约强度下有一个情景指数（scenarioindex）1，…，$h$。对于单一名称 $i$，$t$ 时间内条件违约概率是

$$Q(t \mid j) = \Pr[\tau_i \leqslant t \mid M = m_j] = 1 - e^{-\lambda_j T},$$

非条件违约概率是

$$Q(t) = \Pr[\tau_i \leqslant t] = \sum_{j=1}^{h} p_j(1 - e^{-\lambda_j T})$$

在大规模同质资产组合模型中（LHP），所有的变量都被消除，违约概率和损失率由情景决定。因此已知情景概率分布，我们能够表达出条件损失 $L(t \mid j) = (1 - R_j)(1 - e^{-\lambda_j t})$，因此根据公式（5.12）层级 $[A,B]$ 的条件损失，条件违约支出 $DL^{A,B}(0 \mid j)$ 可以根据公式（5.13）表达，风险年金 $DV^{A,B}(0 \mid j)$ 的估值可以根据公式（5.14）来确定。市场报价中预付款为 $U^{A,B}$，溢价为 $S^{A,B}$，我们可以算出条件保费（conditionalpremiumleg）为

$$PL^{A,B}(0 \mid j) = U^{A,B} + S^{A,B}DV^{A,B}(0 \mid j),$$

条件买方保费（conditionalpremiumreceiver）的市场价值为

$$MV^{A,B}(0 \mid j) = PL^{A,B}(0 \mid j) - DL^{A,B}(0 \mid j)$$

最后，所有的条件数值都可以转换为无条件下的，尤其是无条件买方保费

$$MV^{A,B}(0) = \sum_{j=1}^{h} p_j MV^{A,B}(0 \mid j)$$

计算的目标是找到 $p_1$，…，$p_h$，其中要求 $\sum p_j = 1$，$p_j \geqslant 0$，使得 $MV^{A,B}(0)$ 等于零，或至少尽可能接近于零，也可以包括指数报价条件。例如，对于 iTraxxEurope，除指数报价外，仅有六个档次起附着点/分离点

0、3%、6%、9%、12%、22%、100%，因此如果有八个或更多情景，我们应该能够使市场价值等于零。但是，Brigo 等（2010）指出，可能需要多达 30 个场景，即 $h=30$，甚至 125 个方案列出了指数组合中所有可能的违约率（小于 100%），以便足够精确地拟合报价。情景数量还有另一个令人不快的影响，因为最优化的多个解决方案取决于最初的猜测。这表明这个问题可以通过对概率分布施加额外的平滑条件被克服。

### 预期层级损失（expected trancheloss）

尽管隐含的 Copula 模型是一种有效的实证方法，但仍然是一个静态模型，其中损失分布仅从同一时期获得报价。实际上对于隐含的 Copula 模型，以及任何其他的 Copula 模型，损失分布可能会因不同的到期日而有所不同。预期层级损失方法（Walker，2006）（expected trancheloss）是一个相对简单、无须模型的方式，根据不同到期日的报价和附着点/分离点，来提取 CDO 定价时所需的关键信息。这是基于简单的观察，即平衡溢价公式中的关键输入变量是预期层级损失 $E[L^{A,B}(t_j)]$，其中 $t_j$ 一般是四分之一保费支出，$[A, B]$ 是标准的附着点/分离点。现在，在一个动态一致模型中，预期损失应独立于 CDO 层级期限。因此，目标是收集所有可用的预付费用和溢价报价 $U_{0,T}^{A,B}, S_{0,T}^{A,B}$ 应用于不同的期限 $T$，继而通过 bootstrap 的方式得到 $E[L^{A,B}(t_j)]$。然后，通过适当的内插法，可以使用公式（5.23）可以对任意期限的非标准化 tranche 进行估值。一种可行的方式直接寻找 $E[L^{A,B}(t_j)]$。

$$S_0^{A,B} = \frac{E_0[DL^{A,B}(0)] - U^{A,B}}{E_0[DV^{A,B}(0)]}$$

$$= \frac{\sum_{j=1}^{N} D(0.5t_{j-1} + 0.5t_j)\{E[L^{A,B}(t_j)] - E[L^{A,B}(t_{j-1})]\} - U_0^{A,B}}{\sum_{j=1}^{N}(t_j - t_{j-1})D(t_j)\{1 - E[L^{A,B}(t_j)]\}} \tag{5.23}$$

但是，由于复合相关性，对于非标准层级，更适合估计预期资产损

失，对于层级 $[0,B]$，损失为 $g(t,B)=E[L^{0,B}(t_j)]$，因此我们可以得知

$$E[L^{A,B}(t)]=\frac{g(t,B)-g(t,A)}{B-A}$$

因此，式（5.23）可以被重新表达为一系列等式，适用于已知溢价和预付费，求解 $g(t_j,B_k)$，已知标准支付时间 $t_j$ 和脱离点 $B_k$（如 0、3%、6%、12%、22%、100%）。由于这一公式没有绝对的答案，我们需要找到最优化的答案以最小化 mispricingformula 对于一个确定的期限 $T$，以及层级 $[A,B]$，标准 mispricingformula 是

$$MS_{T,A,B}=\frac{S_T^{A,B}-S_T^{A,B,\mathrm{mid}}}{(S_T^{A,B,\mathrm{ask}}-S_T^{A,B,\mathrm{bid}})/2}$$

其中，$S_T^{A,B}$ 是模型的隐含溢价，$S_T^{A,B,\mathrm{bid}}$、$S_T^{A,B,\mathrm{ask}}$ 为报价。总的来说，我们需要最小化 mispricing 平方之和

$$\sum_{\text{quoted tranche}(T,A,B)} MS_{T,A,B}^2 \tag{5.24}$$

另外，我们对预期资产损失价值 $g(t_j,B_k)$ 设置必要的条件：

$$0\leqslant g(t_j,B_k)\leqslant 1, g(t_j,0)=0,$$

$$g(t_j,B_k)\geqslant g(t_{j-1},B_k),$$

$$g(t_j),B_{k-1}\leqslant g(t_j,B_k),$$

$$g(t_j,B_{k+1})\leqslant g(t_j,B_k)+(B_{k+1}-B_k)\frac{g(t_j,B_k)-g(t_j,B_{k-1})}{B_k-B_{k-1}}$$

最后一个不等式是 ETL 在不同层级资产中的不等式

$$E[L^{B_k,B_{k+1}}(t_j)]\leqslant E[L^{B_{k-1},B_k}(t_j)]$$

Brigoetal.（2010）检验 DJ－iTraxx 危机前数据的模型，发现定价误差不超过买卖价范围的 20%，因此模型能够很好地符合市场数据。

总而言之，ETL 方法更关注报价中的最直接的市场指数，而不是像高斯或其他 Copula，直接从任意的结构性假设入手。与 Copula 模型相比，ETL 方法提供了可接受的市场契合度，同时也不会导致时间维度上的不一致。

## 一般泊松损失模型（Generalized PoissonLoss Model）

Brigo 等（2006a，2006b）提出的另一个想法是模拟该动态投资组合损

失，作为随机过程 $Z(t)$ 其特点为独立混合泊松过程 $N_j(t)$，具有不同的幅度 $\alpha_j$。计数泊松过程从 $N_j(0)=0$ 开始，并不时跳起一个，即 $dN_j=0$ 或 1，其中非零跳跃的概率为 $\lambda_j(t)dt$，$\lambda_j(t)$ 为泊松强度。如果有一组违约强度都为 $\lambda$ 的独立资产组合，那么具有这种强度的泊松过程将能够计算随着时间的推移下投资组合中的随机违约率。但是，由于这些相关关系和多个默认值可能需要。

在短时间内发生，建议增加另一个独立进程，例如乘以振幅 2，即通过更大的振幅模拟双倍发生的违约情况。然后为了改进模型，我们可以添加第三个过程乘以一个更大的振幅等。因此，我们想要的一般泊松过程申请将具有以下形式：

$$Z(t)=\sum_{j=1}^{n}\alpha_j N_j(t)$$

其中泊松过程独立，$\alpha_1<\alpha_2<\cdots$强度 $\lambda_j(t)$ 为时间的决定函数。一种方式是使用这个过程作为违约计数过程，并将其乘以固定的 LGD。但是，Brigo 等（2006a，2006b）提出直接对损失进行建模，将其定义为 $L_t=\min(Z_t,M')/M'$，其中 $M'\geqslant M$，大于或等于投资组合中的资产数量。因此，我们确保损失不超过 100%，同时允许最小跳跃大小不超过 $1/M$（例如，对应于 $LGD/M$）。

广义泊松过程的优点是相对易于分析；边际分布 $Z(t)$，$t$ 时刻的损失可以从特征函数中获得

$$\varphi_{Z(t)}(u)=E_0\{\exp[iuZ(t)]\}=E_0\left\{\exp[iu\sum_{j=1}^{n}\alpha_j N_j(t)]\right\}$$

$$=\prod_{j=1}^{N}E_0\{\exp[iu\alpha_j N_j(t)]\}=\prod_{j=1}^{N}\varphi_{N_j(t)}(u\alpha_j)$$

现在，重点是对于每个泊松过程，特征函数是已知的

$$\varphi_{Z(t)}(u)=\exp[\sum_{j=1}^{N}\Lambda_j(t)(e^{iu\alpha_j}-1)],$$

其中，$\Lambda_j(t)=\int_0^t\lambda_t(s)ds$ 是累计强度。最后，$Z(t)$ 的概率分布可以通过傅里叶逆变换来计算出。请注意，该技术类似于 CreditRisk + 方法中采用

的技术（见第 4.3 节）。

一旦我们能够计算损失分布和预期 tranche 损失，计算过程可以按照已知市场报价和客观误差最小化函数来得到。首先我们需要设置 $M' \geq M$。Brigo 等（2006a，2006b）在 $M = 125$ 的情况下，设置 $M' = 200$（注意 125/200 = 62.5%，在正常 LGD 范围内），尽管 $M'$ 的值可以是任意大的。下一步是选择 $\alpha_1$（通常等于 1）和一个非递减函数 $\Lambda_1(t)$ 在 tranche 期限为分段时常。然后选择 $\alpha_2$ 和 $\Lambda_2(t)$，依此类推，直到违约强度可以忽略不计或者足够拟合市场。拟合函数式（5.24）与 ETL 模型相同。

Brigo 等（2006a，2006b）根据 2005 年的市场数据展示了非常好的实证效果。图 5.14 显示了不同期限不同强度一般泊松分布下的多模型损失分布。

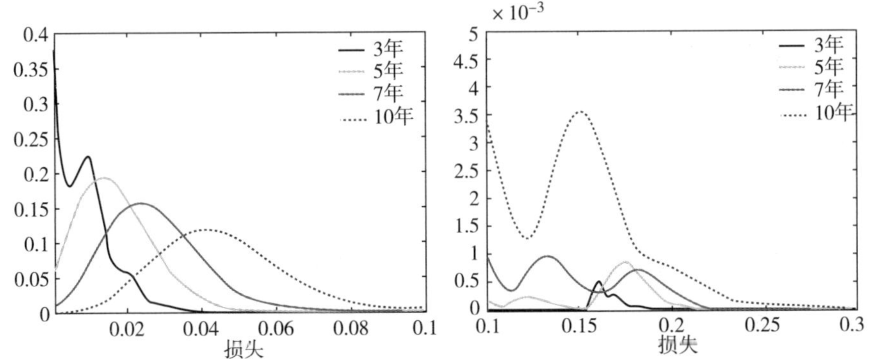


资料来源：Brigoet 等，2006b。

**图 5.14　GPL 模型的损失分布演变，最小损失跳跃大小为 50bp，所有引用的期限最长 10 年，并以一条连续的线表示**

## 5.4　违约模型的动态强度

迄今为止，讨论的信用衍生品定价模型可以被统称为静态模型。根据不同的时间范围估计违约概率，即使是未来的违约强度都是通过固定的远期违约强度确定的，而远期违约强度是依据当前违约概率推算出来的。例如，短期市场 CDS 溢价的发展中，因此违约强度发行并不是确定的，而是随着时间的推移逐渐变化的。因此，违约强度应被视为一个随着时间而变动的随机变量，也是随机的。这一随机过程可能会优化各种复杂信贷衍生工具的估值，并且有必要对 CDS 的期权或类似产品进行估值定价。

动态信用风险建模的挑战性问题与利率模型类似。今天，我们可能会通过债券，利率掉期或其他可能的手段得出利率动态期限结构，这一过程与大多数利率产品估值类似，通过对固定现金流进行折现。但为了对利率期权和其他衍生品估值，我们需要引入一个利率动态模型。这比模拟股票价格或者交易价格更困难，因为我们需要获得整个利率期限的发展，例如，$t$ 时刻，零息利息在所有期限 $< R(t,T);T > t >$ 的利率曲线。我们能够知道当前的期限结构 $< R(t,T);T > 0 >$，但对于 $t>0$，所有变量 $R(t,T)$ 都是随机的。Heath、Jarrow 和 Morton（HJM）提出的高级模型或者 LIBOR－市场模型确实描述了整个期限结构的动态变化（见赫尔，2009）。我们将首先详细介绍广为使用的 Vasicek 模型，它属于短期利率模型，主要对即时利息率 $r(t)$ 进行建模，并得到模型中所有其他利率和变量。这个方法与动态简化式模型（reduced form model）的违约强度相似。更重要的是，违约模型的利率和概率在高级模型中是齐头并进，以更高级的模式，因为违约强度和违约率之间可能存在高度的相关性。类似地，我们也会看到交替式结构模型，类似于 KMVEDF 模型，其中违约是由于动态资产价值触发了违约阈值，违约的可能性是由资产价值距离阈值的距离决定的。

### Vasicek's 利率模型

Vasicek 模型（Vasicek，1977）能够被表示为动态模型

$$dr = a(b - r)dt + \sigma dz \tag{5.25}$$

其中，$a$、$b$ 和 $\sigma$ 为常数，$dr = dr(t)$ 是时间 $t$ 内瞬时利率 $r(t)$ 的变动。$dz$ 是布朗运动中的随机变动，比如 $dz \sim N(0,dt)$。因此我们可以将公式（5.25）描述为蒙特卡罗模拟算法：

（1）假设 $r(0) = r_0$，固定期限 $T$ 以及初始时间节点 $\Delta t = T/N$

（2）根据 $N(0,t)$ 已知 $r(t)$，样本 $\Delta z$，设立 $r(t + \Delta t) = r(t) + a(b - r(t)) + \sigma\Delta z$

（3）重复第二步直到 $T = N\Delta t$，根据 $r(j-1)\Delta t$ 和 $r(j\Delta t)$ 的数据中得出线性公式 $r(t)$，最终公式 $r:[0,T] \to R$ 是一个短期模拟路径。

（4）重复第二步和第三步，获得更多的模拟路径。

请注意，我们目前所知道的都是瞬时利率 $r_0$。预期利率是不知道的，即动态利率，但其分布是依据公式（5.25）。这一公式的逻辑是有一个 $\sigma z$ 的随机变化率，但与股票不同的是，它不是正的（或负的）漂移，而是均值回归状态，同时速度为 $a > 0$。图 5.15 显示了仿照公式（5.25）的一个模拟路径。箭头表明了随机利率 $r$ 的趋势，长期将回到长期均值 $b = 4\%$。

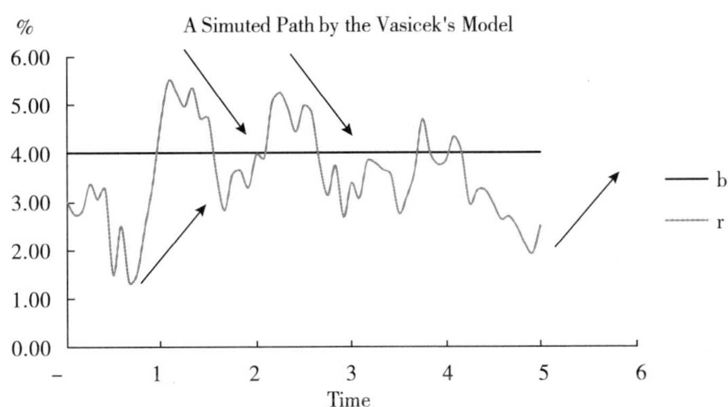


**图 5.15　Vasicek 模型的模拟路径**

为了评估其他利率工具，模型需要建立在风险中性环境下，并存在瞬时利率 $r(t)$，比如，投资者投资任何资产，无论在何种风险下，投资者仅要求在 $[t, t + dt]$ 时间内其收益为 $r(t)dt$。如果 $f$ 表示资产安全系数，那么风险中性原则可以通过这种方式表达出来：

$$\frac{df}{f} = rdt + \sigma_f dz$$

一般来说，我们会将真实概率调整为新的概率，也叫作单一计价物（numeriaire）的远期风险中性（赫尔，2009）。而 numeraire 是货币市场账户，初始价格 $g(0)=1$，以及应计瞬时利率，比如 $dg = rgdt$。因此货币市场账户在 $t$ 时刻的价值为

$$g(t) = \exp\left(\int_0^t r(s\tau)\,d\tau\right) \tag{5.26}$$

注意，$g(t)$ 是随机的，公式（5.26）是 $r$ 的随机路径。我们可以称其为 $g$ 的远期风险中性。如果对于任何具有相同不确定性因素的资产衍生品（比如相似的布朗运动），其 $f/g$ 可以表达为

$$\frac{f(t)}{g(t)} = \hat{E}\left[\frac{f(T)}{g(T)} \mid t\right], t < T$$

其中，$\hat{E}[\cdot \mid t]$ 代表在 $t$ 时间内的条件预期价值。特别地，如果衍生品 $f_T$ 在 $T$ 时刻的收益已知，那么其初始市场价值可以表达为

$$f_0 = \hat{E}\left[\exp\left(-\int_0^T r(\tau)\,d\tau\right) f_T\right] \tag{5.27}$$

因此，如果 $P(t,T)$ 表示一单位零息债券在 $T$ 时刻的市场价值，那么

$$P(t,T) = \hat{E}\left[\exp\left(-\int_0^T r(\tau)\,d\tau\right)\right] \tag{5.28}$$

一旦我们得到了 $P(t,T)$，$T>t$，我们能够获得连续复合利率 $R(t,T) = \frac{-1}{T-t}\ln P(t,T)$ 的全部利率期限结构。注意，公式（5.28）的预期价值只取决于 $r=r(t)$ 的初始价值，其中动态模型中 $a$、$b$、$\sigma$ 为固定参数。公式（5.28）和公式（5.27）的价值可以通过蒙特卡罗模拟计算出。但是 Vasicek 模型之所以受欢迎的原因是，$P(t,T) = f(r,t)$ 的解决可以通过仿射模式来找到：

$$f(r,t) = e^{-(\alpha(t)+\beta(t)r)(T-t)} \tag{5.29}$$

或者类似地，$R(r,t,T) = \alpha(t) + \beta(t)r$。解决问题的主要工具是 Ito's Lemma，并在动态计算中获得多个结果。也就是说，如果 $x(t)$ 是符合 $dx = a(x,t)dt + b(x,t)dz$ 的动态过程，以及 $f(x,t)$ 是两个独立变量的可微方程，那么 $f = f(x(t),t)$ 是满足下列方程的新的动态过程：

$$df = \left(\frac{\partial f}{\partial x}a + \frac{\partial f}{\partial t} + \frac{1}{2}\frac{\partial^2 f}{\partial x^2}b^2\right)dt + \frac{\partial f}{\partial x}bdz$$

在远期风险中性可能性中，对于$f(r,t) = P(r,t,T)$，漂移系数需要等于$rf$，因此在 Vasicek 模型中，我们可以得到经典 BSM 模型的偏微分方程：

$$\frac{\partial f}{\partial r}a(b - r) + \frac{\partial f}{\partial t} + \frac{1}{2}\frac{\partial^2 f}{\partial r^2}\sigma^2 = fr$$

偏微分公式可以以公式（5.29）形式得出$f$，边界条件$f(r,T) = 1$。最终的解答是：

$$P(t,T) = A(t,T)e^{-B(t,T)r(t)},$$

$$B(t,T) = \frac{1 - e^{-a(T-t)}}{a}, \text{and}$$

$$\mathrm{A}(t,T) = \exp\left(\frac{(B(t,T) - T + t)(a^2b - \sigma^2/2)}{a^2} - \frac{\sigma^2 B(t,T)^2}{4a}\right)$$

利率$r(t)$能够被表示为正态变量，且已知均值和方差。这暴露了模型的缺点，因为$r(t)$在利率应当为正的情况下，可能会出现负值。另外，简化了预期利率$r(t)$的模拟，同样也适用于$P(t,T)$、$R(t,T)$等。更多的是，继续对上文进行分析，能够获得零息债券、固定息票债券期权或其他普通利率衍生品的函数表达式。

除了负利率的可能性，该模型另一个缺点是在计算初始利率期限时，缺乏灵活度。Cox、Ingersoll 和 Ross 模型，Ho－Lee 模型，或者赫尔—怀特模型都是短期利率模型，一个或是多个因子模型可以改进 Vasicek 模型，但是将会降低分析可追性。

## 结构动态模型

在讨论违约强度模型与短期利率模型相似性之前，我们首先看一下结构模型的分类，在第 4.5 节介绍过的。

在 BSM 方法中，$A(t)$是$t$时刻的资产价值，符合几何布朗运动的随机微分方程为

$$dA = (\mu - \gamma)Adt + \sigma Adz, \qquad (5.30)$$

其中，$\mu$ 是资产的平均回报率，$\gamma$ 是股息支付率，$T$ 时刻的违约定义为 $A(T) < D$，其中 $D$ 是违约临界值。那么，$T$ 时刻的违约概率为与违约边界的距离，$\Phi(-DD)$，其中 $DD = d_2$；参见公式（4.16）和图 5.16。

但是，因为我们需要捕获随机违约时间，因此这个模型不足以解决问题。一旦违约闲值被碰触，违约就会发生。事实上，BSM 模型的一个问题就是对于某些 $s < T$，可能发生 $A(s) < D$ 但 $A(T) \geqslant D$。所以实际上，债务人在期间（0, $T$）应该已经违约，但在 $T$ 时间没有违约。根据模型，可以引入 first - passagemodel 的概念，在这一模型中，违约发生在时间间隔 $[t,T]$ 中，任何时候都有 $s \in [t,T]$，即满足 $A(s) < D$。给定 $A$ 的路径，违约时间可以表示为 $\tau = \inf\{s;A(s) < D\}$。在 $[t,T]$ 时刻中的违约概率 $p(t,T)$ 仍然可以通过方程式来表达，采用障碍期权定价的方式（Duffie 和 Singleton，2003）。

$$p(t,T) = H(X_t, T - t),$$

其中，

$$X_t = \frac{\ln A(t) - \ln D}{\sigma},$$

$$H(x,s) = \Phi\left(\frac{x + ms}{\sqrt{s}}\right) - e^{-2mx}\Phi\left(\frac{-x + ms}{\sqrt{s}}\right), \text{and } m = \frac{\mu - \gamma - \sigma^2/2}{\sigma}。$$

该模型最大的弊病是，如果初始资产价值 $A_t$ 不接近违约闲值 $D$，那么在短期内该模型隐含的违约远期强度将超乎正常水平的低值。图 5.16 展示了 first - passagemodel 的违约互换息差。曲线初始点为完全信息状态，此时模型互换息差极低，违约强度在最初几个月趋近于零，随后迅速增长，在远期有小幅度下降。

实证经验显示违约溢价或多或少趋于平缓，评级好的产品可能增加，评级差的可能降低，但从未像 first - passage 模型一样从零开始。这是采用一系列方法来解决部分不一致问题。例如，经典 first - passage 模型假设资产价值和违约闲值都是完全信息，而这一点是不现实的。如果我们采用不完全信息，即假设最初的资产价值 $A(0)$（和/或默认闲值 $D$）是随机分布

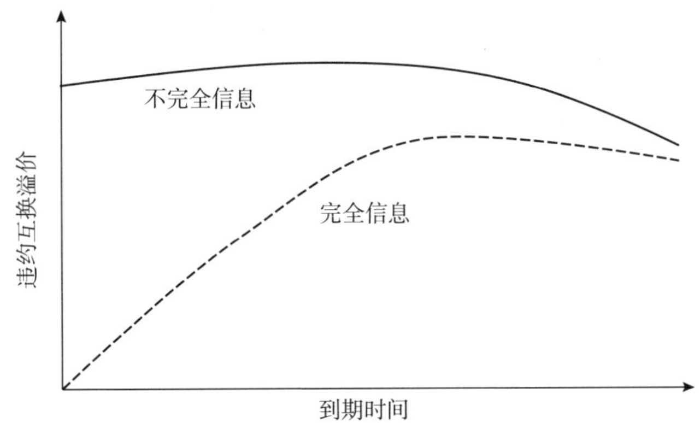


**图 5.16　在完全信息市场和不完全信息市场下的 first－passagemodel 的违约互换利率**

的，那么我们可能会得到一个更真实的图片（见图 5.16 中标记为“不完全信息”的曲线）。

另一种使得 first－passage 模型更真实的方法是在动态模型 $A(t)$ 加入跳跃可能性，比如

$$dA = (\mu - \gamma - k)Adt + \sigma Adz + AdJ$$

其中，$J$ 是复合泊松过程，$k$ 是跳跃规模均值乘以跳跃强度。企业资产可能因为不同原因而变动，这就可能会引发突发性违约，即使距离违约阀值的距离相对较远。该模型很难进行描述，但是对跳跃规模取对数后，就可以获得表达式，如 Zhou（2001）中提出的。

## 简化式模型（Reduced form model）

简化式模型作为结构模型的替代模型，将违约强度视为动态过程。一个明显的优势是违约概率是凭经验观察的（例如通过 CDS 报价），而资产价值通常是潜在的。对于一个给定的随机强度模型，它应该更容易设置、校准，并回溯测试。而结构模型在上述方面则表现得不那么灵活，抑或是更复杂。另外，在结构模型中，违约概率的期限结构，以及违约触发点由资产价值随机模型确定；$A(t)$ 的值和模型的参数决定了违约概率 $p(t,T)$ ，$T > t$ ，同时，任意特定路径 $A(t),s \geq t$ 决定了违约时间。这与随机强度模

型不同。对于特定的路径 $\lambda(s), s \geqslant t$ 我们仅知道在任何时间段，即 $[s, s+ds]$，直到 $s$ 为止的生存条件下的违约概率为 $\lambda(s)ds$，但具体违约时间不确定。为了加入违约时间，引入双重随机过程被引入的概念（Duffie 和 Singleton，2003）。因此，公式中包含两层不确定性：

（1）动态强度过程。

（2）违约触发点的泊松过程。

比如，我们假设动态强度是根据 Vasciek 短期利率模型运动的，根据动态微积分公式保持均值回归：

$$d\lambda = a(b - \lambda)dt + \sigma dz, \tag{5.31}$$

如果我们的目标仅仅是对 $[0,T]$ 时间段的随机违约时间进行模拟，那么我们需要进行如下操作：

（1）固定 $\Delta t = T/N$，并假设 $\lambda(0) = \lambda_0$。

（2）对于给定 $s = j\Delta t$，$j = 0, \cdots, N-1$，已知在 $S$ 时刻前无违约出现，违约的泊松分布 $[s, s+\Delta t]$，其中概率为 $\lambda(s)\Delta t$。如果是违约状态下，假设 $\tau = s + \Delta t/2$。如果不存在违约，样本为 $\Delta z\tilde{}\ N(0,\Delta t)$，并假设 $\lambda(s + \Delta t) = \lambda(s) + a(b - \lambda(s)) + \sigma\Delta z$。

（3）每当违约发生或者直到 $T$ 时刻，重复第二步。如果在 $T$ 时刻无违约，设置 $\tau = +\infty$。

初始蒙特卡罗模拟适用于任意动态违约密度模型，这一模拟可以通过引入 Compensator 的概念来进行完善。

Compensatorsimulation：模拟累积违约密度

$$\Lambda(t) = \int_0^t \lambda(s)ds \text{ for } t \in [0,T],$$

从标准（单位均值）指数分布中独立地采样一个数值 $u$。假设 $\tau$ 被选择为使得 $\Lambda(\tau) = u$，即 $\tau = \Lambda^{-1}(u)$，如果 $u \leqslant \Lambda(T)$，并且 $\tau = +\infty$。

如果随机变量 $U$ 具有标准的指数分布，其累积分布函数是 $\Pr[U \leqslant t] = 1 - e^{-t}, t \geqslant 0$；方程 $\Pr[U > t] = e^{-t}$。因此，$U$ 将是违约强度为 1 的违约时间变量；因此，其均值等于 1。Compensator 函数 $\Lambda(t)$ 将实时时间转换为单位强度下的违约时间范围，其中 $\lambda(s)$ 为单位违约强度，$s \in [0,T]$。

$$\Pr[\tau > t] = \Pr[\Lambda^{-1}(U) > t] = \Pr[U > \Lambda(t)] = e^{-\Lambda(t)}$$

回忆公式（5.2），在违约强度路径的条件生存概率：

$$S(t \mid \langle \lambda(s); 0 \leqslant s \leqslant t \rangle) = \exp\left(-\int_0^t \lambda(s)ds\right) = e^{-\Lambda(t)}, \quad (5.32)$$

结果是，这两步的 compensator 模拟出了一个理想的违约时间分布。

在公式（5.32）条件下初始时间，我们可以得到：

$$S(0,t) = \Pr[\tau > t \mid 0] = \hat{E}\left[\exp\left(-\int_0^t \lambda(s)ds\right)\right] \quad (5.33)$$

需要注意的是，在 $T$ 时间段，时间 $t$ 的生存概率为 $S(t,T) = \Pr[\tau > T \mid t]$，其形式与公式（5.28）一模一样。正如 Vasicek 模型中的公式（5.28）一样，因此它可以用仿射形式来解决。

如果违约密度模型能够通过方程式表达，我们借鉴上面的仿射公式一样更有效地计算。

逆生存概率模拟：一般来说，如果生存概率为 $S(t) = S(0,t)$，是关于 $S$ 的连续递减函数，其中 $S:[0,+\infty]\to[0,1]$，那么违约时间将能够很容易从 $U(0,1)$ 分布中提取变量 $u$，并计算 $\tau = s^{-1}(u)$（见图 5.17）。

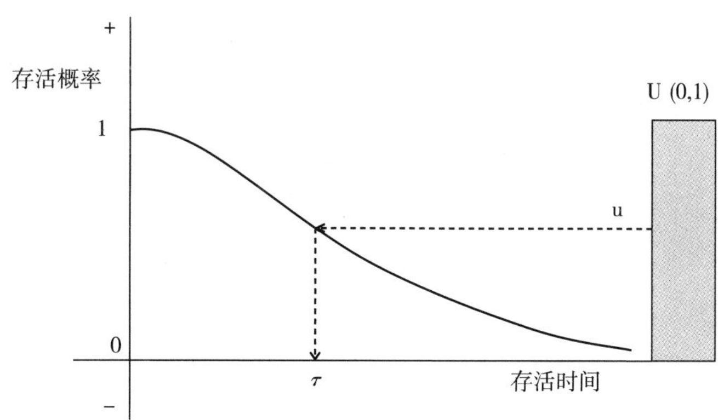


**图 5.17　模拟逆生存公式中违约时间**

的确，$\Pr[\tau > t] = \Pr[S^{-1}(u) > t] = \Pr[u < S(t)] = S(t)$；参见图

5.17。

在利率模型的情况下，有很多高级违约强度模型比 Vasicek 有明显优势，但是却不容易表达。其中最流行的是均值回归的跳跃扩散模型，CIR 模型和 Heath、Jarrow、Morton（HJM）模型。

有跳跃的均值回归模型可以被写成：

$$d\lambda = k(\gamma - \lambda)dt + dJ \tag{5.34}$$

所以，在泊松到达时间中有独立分布的跳跃，其中强度为 $c$，以及跳跃之间的过程呈指数形式均值回归到 $\gamma$，其速率为 $k$。如果跳跃是指数分布，那么该过程属于基本仿射过程；即从 $t$ 到 $T$ 的生存概率可以用下面的形式表示。

$$S(t,T) = e^{-(\alpha(t)+\beta(t)\lambda(t))(T-t)} \tag{5.35}$$

其中，$\alpha(t)$ 和 $\beta(t)$ 是仅依赖于过程参数的确定函数（见 Duffie 和 Singleton，2003）。模型的逻辑是，信用质量的恶化通常跳跃发生，而资产负债表的好转是渐进的；有关模拟路径的表达，请见图 5.18。

在建模利率和违约时使用的另一个流行模型是 CIR 模型—Cox、Ingersoll 和 Ross（1985）模型，

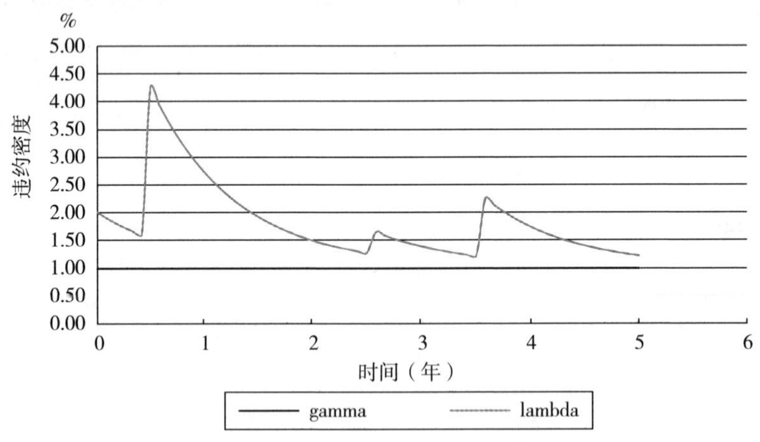


**图 5.18 均值回归的跳跃扩散模型的模拟路径**

**（$\kappa=0.1$，$\gamma=1\%$，$c=75\%$，以及跳跃均值 2%）**

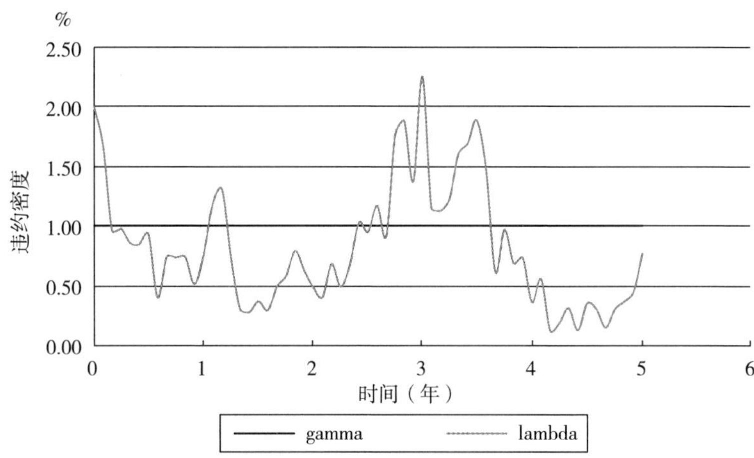


**图 5.19　CIR 过程的模拟路径（$\kappa=0.1$，$\gamma=1\%$，$\sigma=10\%$）**

该模型类似 Vasicek 模型，但是 $\sigma dz$ 被替换为 $\sigma\sqrt{\lambda}dz$。我们发现随机变动更符合实际情况，但更重要的是，强度 $\lambda$（或利率）在 CIR 模型总是保持在非负，而 Vasicek 模型承认负值。该模型也有一个仿射形式解如公式（5.35），尽管这一模型比 Vasicek 更复杂。模拟的路径不像均值回归的跳跃扩散模型中跳跃性那么强——比较图 5.18 和图 5.19。

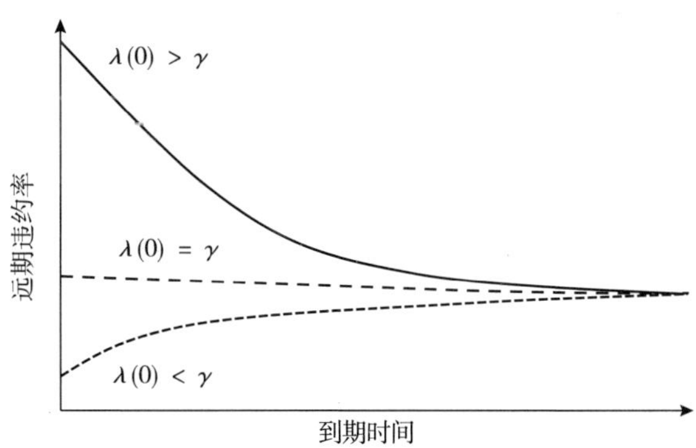


**图 5.20　CIR 模型和均值回归跳跃扩散模型的远期违约率**

尽管这两个过程的路径有不同形状，但远期违约利率期限结构是极其相似的。注意远期违约利率可以通过预期生存概率表达，二者的关系为

$$\lambda(0,t) = \frac{-1}{S(0,t)}\frac{dS(0,t)}{dt} \tag{5.36}$$

图 5.20 展示了一个 CIR 模型下的典型远期违约利率的期限结构，该模型基于初始强度 $\lambda$（0）和长期均值回归的强度水平 $\gamma$。远期违约利率在长期中会回到 $\gamma$ 水平，但是如公式（5.36）和公式（5.33）所示，当 $\lambda(0) = \gamma$ 时，由于函数凸性，长期违约利率可能会低于 $\gamma$ 水平。

Duffie 和 Singleton（2003）在 CIR 模型中，得到了不同的初始强度下远期强度，接着校准均值回归模型的参数来匹配由 CIR 模型下的 $\lambda$。结果表明，均值回归模型下的远期强度基本一致并且与图 5.20 所示期限结构相同。

该模型可以进一步组合，例如，将 CIR 模型和跳跃模型进行组合：

$$d\lambda = k(\gamma - \lambda)dt + \sigma\sqrt{\lambda}dz + dJ$$

更复杂的 CIR 跳跃模型不一定会带来明显的改善，正如上面的纯跳跃模型和纯 CIR 模型混合模型所示。尽管如此，它仍然属于仿射类强度模型。

强度模型的缺点与短期模型相似，即在拟合违约概率的初始期限结构及其波动性方面的灵活性不足。Heath、Jarrow 和 Morton（1992）—HJM 模型解决了该问题，其利率期限结构是通过 $t$ 时间内远期违约强度的曲线 $\langle \lambda(t,T);t \leqslant T \rangle$ 得出的，其中包括如下动态偏微分公式：

$$d\lambda = (t,T) = \mu(t,T)dt + \sigma(t,T)dz_t, t < T$$

初始价值 $\lambda(0,T)$ 是根据当前远期（风险中性）违约强度得出的。波动率 $\sigma(t,T)$ 可以通过历史、市场数据，但是根据 HJM 模型，漂移度 $\mu$ 是通过下面的波动率而算出的：

$$\mu(t,T) = \sigma(t,T) \times \int_t^T \sigma(t,s)ds$$

## 简约模型定价

Lando（1988）提出在风险中性条件下，将短期利率 $r(t)$ 和违约强度

$\lambda(t)$ 加入模型使我们能够对零息违约债券定价：

$$P(t,T) = \hat{E}\left[\exp\left(-\int_t^T (r(u) + \lambda(u))du\right) \mid t\right] \tag{5.37}$$

其中，$t$ 时刻并未发生违约。在 $r$ 和 $\lambda$ 的条件下，$t$ 时刻和 $T$ 时刻之间的风险中性生存概率为 $\exp\left(-\int_t^T \lambda(u)du\right)$，折现因子为 $\exp\left(-\int_t^T r(u)du\right)$，因此风险中性条件下的预期现金流的折现值为 $\exp\left(-\int_t^T r(u)du + \lambda(u)du\right)$。

## 利率和违约强度的相关性

公式（5.37）自然地表达出了两个过程的相关性。根据 Lando（2005），相关性可能通过维纳过程表达，其中维纳过程是通过利率和违约强度的动态偏微分公式表示的。比如，如果短期利率和强度 $\lambda$ 都遵循 Vasicek 过程，短期时间增量 $dr$ 和 $d\lambda$ 的相关性为 $\rho$，那么动态公式可以写成

$$dr = a(b - r)dt + \sigma_r dz_1,$$

$$d\lambda = k(\gamma - \lambda)dt + \sigma_\lambda(\rho dz_1 + \sqrt{1 - \rho^2}dz_2)$$

根据 Lando（2005），Vasicek 模型很容易运用并且能够得到一个精准的解决模式。其缺点在于可能存在负的利率或违约强度。因此，这一方法不能简单地运用在 CIR 过程中。事实证明，两个过程无法合并为仿射型，很难运用该模型。

但是，利率与违约强度之间的相关结构很自然地会被并入仿射强度模型中（Duffie 和 Singleton，2003）。这个想法是在独立仿射（如在 Vasicek 的或 CIR）过程中，存在一个潜在的动态多维因子 $X = (X_1, \cdots, X_n)$ 通过仿射关系来解释短期利率和违约强度关系。

$$r = a_r + b_r \cdot X,$$

$$\lambda = a_\lambda + b_\lambda \cdot X \tag{5.38}$$

变量 $X_i$ 可能包括行业或经济商业周期指标，利率和收益率利差或其他因素。这个模型通过 $X$ 的相关性来获得短期利率与违约强度之间的相关关

系。此外，该模型很容易扩展到其他模型，只要债务人违约强度相关性由该多因素模型确定。生存概率和违约零息债券的现值可以被证明具有指数仿射解决公式：

$$S(t,T) = e^{\alpha_s(t,T)+\beta_s(t,T)\cdot X(t)} \text{ and}$$
$$P(t,T) = e^{\alpha_p(t,T)+\beta_p(t,T)\cdot X(t)} \qquad (5.39)$$

### CDO 和一篮子 CDS 定价

仿射多维度模型公式（5.38）提供了新的模拟违约时间的思路，以便能够在蒙特卡罗模拟中对 CDO 和一篮子 CDS 定价，正如第 5.2 节所描述的：

（1）在给定时间 $[0, T]$，得到仿射过程 $X = (X_1,\cdots,X_n)$。

（2）基于公式（5.38），计算短期利率 $r$ 和强度 $\lambda_1,\cdots,\lambda_k$（$k$ 为资产组合中得债务人数量）的隐含路径。

（3）违约时间的 $\tau_1,\cdots,\tau_k$ 样本是基于已知强度，通过 compensator 方法。

（4）规定 CDO 或者一篮子 CDS 以及在违约时间 $\tau_1,\cdots,\tau_k$ 条件下的现金流，根据公式（5.39）计算的折现因子得出现值。

（5）重复（1）~（4）步骤，多次模拟现值，并得出均值。

需要注意的是，违约本身是独立的，在一定条件下模拟强度。相关关系被纳入违约强度过程中，类似于其在 CreditRisk 模型中的情况，而在结构化的 CreditMetrics 模型中，相关因素直接引起了违约。建立模型的难点在于模拟 $X$ 的过程以及对公式（5.38）中的系数进行估计。需要更详细了解操作问题的读者可以参考 Lando（2005）、Duffie 和 Singleton（2003），或 Fong（2006）。

## 5.5 对手方信用风险

对手方信用风险是一种由于对手方在金融工具到期前存在潜在违约可

能性产生的风险。存在对手方信用风险的金融产品包括场外衍生品和债券金融交易（例如，回购业务）。场内衍生品交易以及对手方是政府的交易只存在理论上的信用风险，即使交易所和清算所也可能破产。但是场外交易对手方违约的可能性通常会高得多。

我们研究一个金融工具的合同，例如，一个在一家金融机构和其对手方之间开展的掉期或互换交易。如果对手方在合同到期日（$T$）之前的时点（$\tau$）违约，那么这家金融机构就可能会遭受损失。损失的规模取决于法律规定和违约时点交易的价值。在国际社会普遍承认的法律文件（国际互换和衍生品协会——ISDA 主协议）的条件约束下，违约时点的市场价值 $f_\tau$（从金融机构的角度）将不能再变化，剩余的未来现金流也将会消失，如果 $f_\tau$ 的金额为负数，那么这笔钱将会由金融机构支付给对手方，如果金额为正数，这笔钱就会由对手方支付给金融机构。所以，如果 $f_\tau \leqslant 0$，金融机构不会遭受任何损失，而对手方承担违约责任，因为这笔交易在到期前就已经结束了。然而，如果 $f_\tau > 0$，那么金融机构的风险敞口只能被对手方弥补，或者完全无法弥补。如果 $l$ 表示违约损失系数，那么实际损失金额即为 $l \times f_\tau$。在不规范的法律下，如果该金融机构有义务履行合同所规定的所有未来付款，那么这笔损失将会很大，但是对手方的支付将成为破产索赔的一部分。从另一方面来讲，以现金或其他高质量抵押品担保的抵押交易的损失，可能在交易对手违约时被完全消除。因此，情况变得更加复杂，一个违约交易对手的所有损失和利润都可以相互抵销。

在任何情况的市场条件下，信用评估调整（$CVA$）可以被定义为一个交易的市场价值与一个理论上无风险的交易对手的市场价值之间的差额，以及与特定风险交易对手相同的交易的市场价值。换句话说，CVA 可以被理解为针对交易对手信用损失的理论成本。因此，在风险中立原则下，CVA 表示为可能的交易对手违约事件造成的预期损失的贴现。明确了这个标准后，我们可以得出以下公式：

$$CVA = E[\text{discounted CCR loss}] = E[e^{-r\tau}\max(f_\tau,0) \times l \times I(\tau \leqslant T)] \tag{5.40}$$

在上面的公式中，$I$ 是指标函数，如果 $\tau \leqslant T$，$I = 1$，否则 $I = 0$。$r$ 是连续复利计算的无风险利率，$E$ 是风险中性概率测度下的预期因子。给定 CVA，我们可以算出一个衍生工具的市场价值：$f_d = f_{nd} - CVA$，其中，$f_{nd}$ 是无违约风险（无风险交易对手）的市场价值。显然，CVA 风险中性定义式（5.40）涉及几个不确定因素：违约的时间和概率，以及违约时的衍生品交易价值。是违约的损失已经给定，取决于违约时间的折现率也应该被认为是随机的。此外，所有这些变量可能是相互关联的。因此，在不考虑交易对手信用风险的情况下，CVA 建模通常比复杂衍生品的估值更具挑战性。

## 预期风险敞口和信贷估值调整

CVA 的估值方法有很多。最普遍的方法是基于蒙特卡罗模拟出未来市场因素、违约敞口、违约可能性和次数。另外，简化的实用"附加"方法试图将 CVA 表达为对交易对手的预期敞口，乘以交易对手违约的可能性，以及 LGD。一般来说，预期的暴露本身是由蒙特卡罗模拟（与所有因素的全面模拟相比，通常要简单得多）。对于某些产品，预期的风险敞口可以用期权估值公式计算。

为了提出一个现实可行的公式，我们需要做一些简化的假设。首先，让我们假设违约时间和敞口大小无关。其次，假设损失率 $l$ 不变，而折现率 $r(t)$ 和交易对手违约（正向）强度 $q(t)$ [①]是 $t$ 的确定性函数。将时间间隔分成一些子区间：$0 = t_0 < \cdots < t_m$，简化后的 CVA 计算公式（参见 Gregory，2010）可以写成：

$$CVA \doteq l \sum_{j=1}^{m} e^{-r(t_j) \times t_j} EE(t_j) q(t_j) \Delta t_j \tag{5.41}$$

其中，$\Delta t_j = t_j - t_{j-1}$ 和预期的敞口 $EE(t) = E[\max(f_t, 0)]$ 是与其他参数完全独立的。一般情况下，预计的损失敞口可以用蒙特卡罗模拟法来估计。对于某些产品，如远期或互换，可以用解析形式或半解析形式表示。

---

① $q(t)\Delta t$ 是 $[t, t + \Delta t]$ 期间的违约概率。

另外，如果导数值 $f_t$ 本身不具有分析性，那么我们就必须处理一个数字处理困难的双蒙特卡罗模拟，例如，在一个蒙特卡罗模拟中嵌入另一个蒙特卡罗模拟。

**例 1**　让我们考虑一个简单典型的 1 年期购买不分配股利的股票远期合约，远期股票价格 $K=101$，当前股票价格 $S_0=101$。假设无风险利率是 $r=1\%$，交易对手风险中性违约强度为 $q=4\%$；而 LGD $l=60\%$ 为常数。在 $t$ 时点，远期价值为 $f_t=s_t-e^{-r(T-t)}K$ 取决于现货价格 $S_t$，所以预期风险敞口为：

$$EE(t)=E[\max(s_t-e^{-r(T-t)}K,0)]=c(t,e^{-r(T-t)}K)e^{rt}$$

这是到期日为 $t$ 的欧式看涨期权的市场价值，且执行价格 $e^{-r(T-t)}K$ 可以通过布莱克—斯科尔斯公式和 $t$ 时点折现（即乘以参数 $e^{rt}$）计算得出。如表 5.6 所示。

**表 5.6**　　**远期 CVA 计算**

| t | EE（t） | CVA contr. |
|---|---|---|
| 0.1 | 1.89 | 0.005 |
| 0.2 | 2.73 | 0.007 |
| 0.3 | 3.38 | 0.008 |
| 0.4 | 3.93 | 0.009 |
| 0.5 | 4.42 | 0.011 |
| 0.6 | 4.88 | 0.012 |
| 0.7 | 5.29 | 0.013 |
| 0.8 | 5.69 | 0.014 |
| 0.9 | 6.06 | 0.014 |
| 1.0 | 6.41 | 0.015 |
| | CVA | 0.107 |

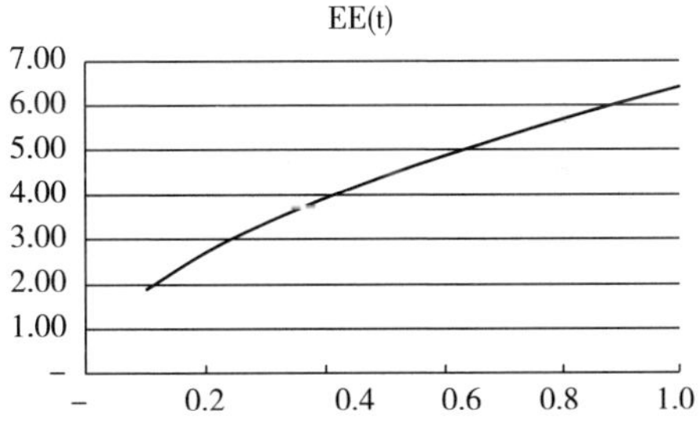

*CVA* 可以通过从 0 ~ *T* 时间段内的看涨期权价值加总求和得出：

$$CVA=\int_0^T l\times c(t,e^{-r(T-t)}K)\times q\times dt\doteq\sum_{j=1}^{m}l\times q\times c(t_j,e^{-r(T-t_j)}K)\Delta t_j \tag{5.42}$$

表 5.6 展示了根据公式（5.42）将时间划分为 10 等间隔区间的 CVA 计算图。由此计算出的 CVA 产生了超过 10 个基点的远期名义金额。为了简单起见，我们假设利率和远期违约强度是恒定的。那么如果利率的期限结构和违约强度是给定的，计算结果将基本相同。

由于市场价值的不会改变，对于类期权的产品的预期损失敞口的计算结果是相对简单的。期权卖家的风险敞口总是为零（一旦支付溢价），而期权买家的风险敞口将永远只是期权价值。对于欧式期权，其预期风险敞口将按照迭代预期的原则，等于当前期权价值再折现至时间 $t$，即 i. e. $EE(t) = C_0 e^{rt}$。

如上文所述，远期交易的预期风险敞口是时间增长函数。然而，对于一个未完成的利率互换，预期的风险敞口在开始的时候将是零，只要互换在市场条件下进入，到期时所有的现金都已经结算。它的最大值将在互换合约开始日期和到期日期之间达到（参见图 5.21 的说明）。事实上，预期损失敞口的规模只是一个使用广义布莱克—斯科尔斯公式（见 Witzany，2013a）计算得出的互换期权的价值。

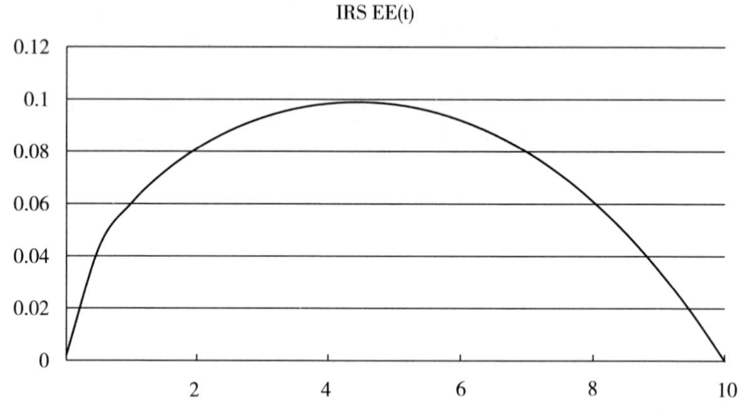


**图 5.21　十年利率互换的预期 IRS EE（t）**

在引入期望正风险敞口后，预期信用损失的计算被大大简化了：

$$EPE = \frac{1}{T}\int_0^T EE(t)\,dt \doteq \frac{1}{T}\sum_{j=1}^{m} EE(t_j) \cdot \Delta t_j \tag{5.43}$$

如果我们假定违约强度恒定或独立于预期风险敞口，那么 CVA 可以被近似地表示为：

$$CVA \approx \bar{q} \times l \times EPE \times A(0) \tag{5.44}$$

其中，$\bar{q}$ 表示平均违约强度。

$$A(0) = \sum_{j=1}^{m} e^{-r(t_j)\times t_j}\Delta t_j \tag{5.45}$$

其中，$A$（0）表示无风险年金现值。

**例 2**　例 1 中的远期合约的期望正风险敞口可以被估计为表 5.6 第二列的平均值，即 $EPE \approx 4.47$。相似地，公式（5.45）中的年金现值可以被估计为折现系数的平均值：$A$（0）$=0.99$。所以，我们可以简单计算出：

$$CVA \approx 0.04 \times 0.6 \times 4.47 \times 0.99 \approx 0.107$$

这与我们从表 5.6 中得出的计算结果相同。

EPE 的概念对于信用违约互换（CDS）报价方面也很有用。为了简单起见，我们假设 CDS 偿付以现金结算，违约只能发生在 $t1,\cdots,tm$，此时价差被支付。如果 $S(t)$ 表示参考实体（风险中性）生存概率函数①，那么价差必须满足经典保险的等式关系［见式（5.1）］。

$$\sum_{j=1}^{m} e^{-r(t_j)\times t_j} X \times \Delta t_j \times S(t_j) = \sum_{j=1}^{m} e^{-r(t_j)\times t_j} l \times \Delta S(t_j), \tag{5.46}$$

$\Delta S(t_j) = S(t_j) - S(t_{j-1})$ 是在 $[t_{j-1}, t_j)$ 时间间隔内违约的可能性，也就是说 $\Delta S(t_j) = q(t_j)\Delta t_j$ 使用了违约强度的概念。公式（5.46）的左边等于预期溢价收入的折现值，右边是预期付出对价的折现值。

现在，如果 $X$ 是参考与我们的对手方和到期日 $T$ 相同的实体的市场 CDS 价差的报价，并且如果我们用常数 $EPE$ 在公式（5.41）中替换 $EE(TJ)$，那么

$$\begin{aligned} CVA &\approx EPE \sum_{j=1}^{m} e^{-r(t_j)\times t_j} \times l \times \Delta S(t_j) \\ &= EPE \sum_{j=1}^{m} e^{-r(t_j)\times t_j} X \times \Delta t_j \times S(t_j) = X \times EPE \times A_{CDS}(0) \end{aligned} \tag{5.47}$$

① $S(t) = \Pr[\tau > t]$ 被定义为在 $t$ 时点未发生违约的概率。

所以，CVA 可以被简单近似为 CDS 价差乘以 EPE 再乘以风险（CDS）年金：

$$A_{CDS}(0) = \sum_{j=1}^{m} e^{-r(t_j)\times t_j}\Delta t_j \times S(t_j)$$

对于类互换产品，CVA 经常被表示为可以被加入固定或浮动支付的价差 $X_{CVA}$。因为在违约条件下支付终止，我们需要求解以下方程式：

$$CVA = X_{CVA} \times L \times \sum_{j=1}^{m} e^{-r(t_j)\times t_j}\Delta t_j S(t_j) \tag{5.48}$$

其中，L 是互换名义值。所以结合公式（5.47）和公式（5.48），我们可以得到一个简单的近似：

$$X_{CVA} \approx X_{CDS}\frac{EPE}{L} \tag{5.49}$$

**例 3** 让我们考虑一个 10 年期 10 亿捷克克朗的名义利率互换，在这里我们应该得到预期的风险敞口，如图 5.21 所示。在不考虑交易对手信用风险的情况下，IFS 的市场利率将达到 4%。预期的正风险敞口（基于 IRS 利率的 40% 的波动）是 7100 万捷克克朗。假设我们对手方的 CDS 价差等于 250 个基点。根据公式（5.49）CVA 价差约为 18 个基点。因此，对方支付的调整后的付款利率应为 4.18%，这与没有 CVA 调整的 4% 的利率不同。

公式（5.44）或公式（5.47）的分解给了 CVA 一定的压缩空间。除了违约概率（强度或 CDS 价差）外，可以通过引入潜在的未来敞口（PFE）作为平均敞口的分位数（取决于从 0 ~ $T$ 的路径）来压缩敞口。《巴塞尔协议Ⅱ》的内部方法还引入了有效预期敞口的概念，它被称为有效敞口，但附加的要求并未减少。然后将有效期望正风险敞口作为有效 EE 的平均值。这种方法与一个交易对手的交易组合有关，在成熟的交易中，预期交易将被替换成新的交易。

## 抵押与净额结算

场外衍生品交易对手的信用风险可以以类似于保证金交易机制应用于

交易所交易产品的方式来降低，如果场外交易对手同意发行担保品，通常是现金，涵盖衍生品市场价值。在实践中，这可以通过签署 ISDA 主协议的信用支持附件（CSA）来实现。抵押可以是双向的，也可以是单向的。例如，一家银行需要一个公司的交易对手来担保抵押品覆盖信用敞口 max（$Ft$，0），但如果 FT 成为负值，银行将不提供抵押品。双向抵押贷款最近在银行交易对手之间变得非常正常。根据 ISDA 保证金调查 2015（ISDA，2015），抵押物的使用确实变得广泛：在 2014 年，89% 的未清偿收入衍生工具和 97% 的未清偿信用衍生品被 CSA 协议抵押，而超过 80% 的衍生品组合和超过 2500 种交易每天清算，现金或政府证券账户的使用占总抵押品的 90% 以上。这些数字在过去的几年里有增加的趋势（详情请参阅 BARAN，2016）。

如果连续重新计算，那么 CCR 实际上将被消除。在实践中，有一个标准的再保证金或最低的门槛，因此可能存在一个剩余的对手风险。例如，如果重新保证期是 1 天，那么仍然应该有一个对应 1 天的 CVA，在保证金不一定覆盖市场价值的情况下以防意想不到的市场波动。

另一种降低交易对手 CCR 的方法是一种净额协议，允许一方抵销对不同衍生品合约的正和负市场价值，以防交易对手违约，即需要在组合基础上进行风险敞口和监控。$E(t) = \max(V(t), 0)$，其中 $V(t) = \sum f_i(t)$ 是与单个对手相对应的交易市场价值的总和。对于更复杂的投资组合，几乎没有可能得到预期的净损失敞口的精确解析公式。然而，如果我们可以假设投资组合线性地依赖于市场因素，$V(t)$ 大致遵循广义 Wiener 过程，即：

$$V(t) = V(0) + \mu t + \sigma Z \sqrt{t} \text{ where}, Z \sim N(0,1)$$

那么我们就可以发现对于 EE、EPE 或 PFE（Gregory，2010）来说相对简单的解析公式。特别地，如果 $V(0) = 0$ 且 $\mu = 0$，那么 $EE(t) = \sigma \sqrt{t}\varphi(0)$ 且：

$$EPE = \frac{\sigma\varphi(0)}{T}\int_0^T \sqrt{t}dt = \frac{2}{3}\sigma\varphi(0)\sqrt{T} \approx 0.27\sigma\sqrt{T}$$

对于更复杂的非线性组合，我们不能假定使其公式化。则需要使用蒙特卡罗模拟。注意，这个问题在技术上类似于 VaR 估计。我们需要对未来的敞口概率分布进行建模，将焦点集中在投资组合的正值，而不是投资组合的负值。然而，时间维度使任务更具挑战性。

## 错误的风险

我们已经强调，简化的 CVA 公式（5.41）是基于假设敞口和违约事件是独立的。如果有证据表明违约或违约强度与敞口之间存在联系，则不应使用此公式。事实上，该公式可以很容易地对缺省 EE 条件下的最大敞口条件进行估计 $EE^*(t) = E[\max(f_t,0) \mid t = \tau]$。那么，类比公式

$$CVA \approx l\sum_{j=1}^{m} e^{-r(t_j)\times t_j} EE^*(t_j) \cdot q(t_j) \cdot \Delta t_j \tag{5.50}$$

与公式（5.40）一致。在因果关系方面，通常有一个共同的驱动因素导致风险敞口和违约事件。因此我们不能说一个事件引起另一个事件；反之亦然。例如，如果一个公司对货币贬值敏感，如果汇率对风险敞口产生影响，则可能存在一个错误的风险，即 $EE^*(t) > EE(t)$，在贬值的情况下，风险敞口增加，或者存在一个正确的方式风险，$EE^*(t) < EE(t)$，风险敞口在重估的情况下缩减。利率产品同样存在着错误的和正确的风险，但在 CDS 敞口的情况下，从信用保护购买者的角度来看，风险几乎总是在错误的方向上。如果系统性信贷风险增加，例如在金融危机期间，CDS 风险敞口上升，交易对手信用风险也普遍增加。

在某些情况下，解决条件期望敞口的一种方法是使用标准 Gaussian – Copula 模型，其中违约时间 $\tau = S^{-1}(\Phi(X))$ 是由正态分布的变量 $X \sim N(0,1)$ 决定的，并使用逆生存函数进行转化。类似地，我们假设时间 $t$ 上的导数或组合值 $V(t) = G(Z)$ 由正态变量 $Z \sim N(0,1)$ 通过增长函数 $G$ 决定。现在，敞口—违约的相关性可以由正态变量 $X$ 和 $Z$ 之间的相关性 $\rho$ 得出，因为价值高的 $X$ 被转化为一个低值的 $\tau$，当生存函数在下降时，正相关相关性 $\rho>0$，对应于错误的方式风险，而负相关关系 $\rho<0$ 对应于正确的方式风险。条件期望敞口可以被写为：

$$
\begin{aligned}
EE^*(t) &= E[G(\sqrt{1-\rho^2}Y+\rho X)^+ \mid X=\Phi^{-1}S(t)] \\
&= \int_{-\infty}^{\infty} G[\sqrt{1-\rho^2}y+\rho\Phi^{-1}S(t)]^+\varphi(y)dy
\end{aligned} \tag{5.51}
$$

对 $Z=\sqrt{1-\rho^2}Y+\rho X$ 进行分解，其中 $X,Y\sim N(0,1)$ 是相互独立的。例如，如果 $V(t)=\mu t+\sigma\sqrt{t}Z$ 遵循简化的 Wiener 过程，那么：

$$
EE^*(t) = \int_{-a/b}^{\infty}(a+by)\varphi(y)dy = a\Phi\left(\frac{a}{b}\right)+b\varphi\left(\frac{a}{b}\right)
$$

其中，$a=\mu t+\rho\sigma\sqrt{t}\Phi^{-1}S(t)$ and $b=\sqrt{1-\rho^2}\sigma\sqrt{t}$

该原理（5.51）可以用一个半解析公式（Gregory，2010）来表示一个远期损失的预期损失或一个具有错误路径风险的期权的定价。以类似的方式，C. Erne 和 WiZhanne（2015）获得并测试了一个半解析公式去通过错误方式风险的方式对 CVA 进行计算。一般来说，需要对潜在市场因素和对手违约时间进行蒙特卡罗模拟（参见 Brigo 和 Palavigi，2008）。

**例 4**　让我们从例 1 中考虑 1 年期的远期合同，让我们用错误风险方式重新计算 CVA 风险，高斯相关 $\rho=0.5$，股票价格是对数正态分布的，可以写为：

$$
S_t(Z) = S_0\exp((r-\sigma^2/2)t+\sigma\sqrt{t}Z)
$$

如果为了简单起见，假设违约密度 $q=4\%$ 在 1 年内是恒定的，那么生存函数是线性的，也就是说，$S(t)=1-qt$，因此符合公式（5.51）条件期望的敞口可以写为：

$$
EE^*(t) = \int_{-\infty}^{\infty}\{S_t[\sqrt{1-\rho^2}y+\rho\Phi^{-1}S(t)]-e^{-r(T-t)}K\}^+\varphi(y)dy
$$

该积分可以如上所述解析地求解，但我们也可以与表 5.6 类似地对 $t=0.1, 0.2, \cdots, 1$ 进行数值计算。条件 $EE^*(t)$ 值，它们的平均 $EPE^*=11.21$，以及相应的 $CVA=0.282$ 比没有错误方式风险高出 2 倍以上。

## 双边对手方信用风险

到目前为止，我们假设有一个无违约风险的机构，它有一个具有正违约概率的交易对手。事实上，双方都可能违约。如果机构在时间 $T$ 上违约，且衍生工具市场价值 $f_t < 0$ 是负的，那么交易对手将遭受损失，机构将“节省”金额为 $-l_I \times f_t$，其中 $l_I$ 是机构 LGD 比率。从这个意义上说，该机构有一个“违约期权”，该期权有潜在的正面回报。双边信用估值调整（BCVA，有时也表示 BVA 或 TVA 总估值调整）考虑了由于对方违约导致的潜在损失的影响以及由于机构自身违约而潜在的“利润”。假设 $\tau_I$ 表示机构的违约时间，并 $\tau_C$ 表示交易对手违约的时间。那么 BCVA 可以被分解为两部分①：

$$BCVA = CVA_C - CVA_I$$

其中，$CVA_C$ 覆盖了对手方的风险，因为机构没有更早地违约：

$$CVA_C = E[e^{-r\tau_C}\max(f_{\tau_C},0) \times l_C \times I(\tau_C \leqslant T\&\tau_C < \tau_I)]$$

类似地

$$CVA_I = E[e^{-r\tau_I}\max(-f_{\tau_I},0) \times l_I \times I(\tau_I \leqslant T\&\tau_I < \tau_C)]$$

$CVA_I$ 有时也被称为借方估值调整（DVA）。如果我们假设机构和交易对手不能在 $t$ 之前违约（或者这个事件的概率是可以忽略的），那么 $CVA_C$ 和 $CVA_I$ 只是我们从相反的角度讨论的“单向”$\mathrm{CVA_S}$。如果违约事件是独立的，并且它们的概率是低的，则联合违约的概率，即 $\tau_C, \tau_I \leqslant T$，是可以忽略的。否则，在相关性模型的上下文中需要考虑这种概率。

BCVA 概念的优点在于它使衍生工具估值再次对称。注意，在“单向”CVA 中，机构的交易市场价值是 $f_I = f_{nd} - CVA_C$，而对手的市场价值是 $f_C = -f_{nd} - CVA_I \neq -f_I$。在双方的调整中，我们可得出 $f_I = f_{nd} - BCVA$ 且 $f_C = -f_{nd} + BCVA = -f_I$。

CVA、DVA 和 BCVA 的会计核算已逐渐成为公认标准，该标准自 2013 年 1 月起（IFRS13）已被发布。另外，应该注意到，BCVA 具有奇怪的效果，即机构自身信用质量的恶化被转化为其会计中的利润。这可以与由于自身信用降级而被确认为负债的情况相比较。在经济危机期间，这种情况确实发生了，当时一家大型投行根据这一效应披露了 10 亿美元的利润。这

① 假设 $\Pr[\tau_C = \tau_I] = 0$。

样的情况对于审计师和监管者来说是不可接受的，他们倾向于保守的会计原则，倾向于要求银行只核算 CVA 而不是 BCVA。

### 什么是无风险利率

随着交易对手信用风险不断地出现，市场开始重新考虑从政府债券收益率或利率互换利率构建无风险利率的传统方法。图 5.22 显示了德国政府 5 年期 CDS 价差发展（近似于无风险利率的政府债券差价），在 2011 年高达 100 个基点。德国政府的风险与其他 CDS 利差的国家相比几乎是最小的，这些国家甚至上升到高于基准数百个基点。

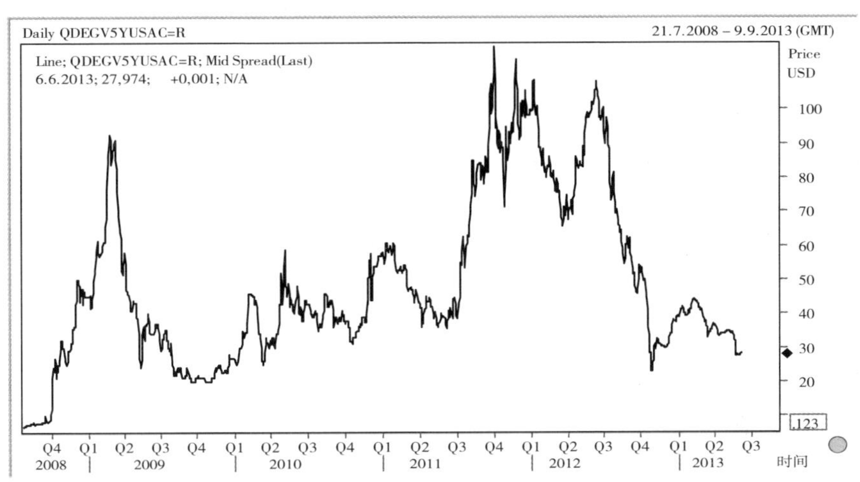


**图 5.22　德国 5 年期 CDS 溢价**

这一市场中发生的事实导致对基于利率远期建立的零息票曲线的偏好，其中交易对手的风险要小得多（预期的敞口通常只是互换名义金额的一小部分）。固定 IRS 费率是参考评级（例如 AA）银行滚动融资的成本，在信用恶化的情况下，银行可以周期性地替换另一家银行。然而，我们必须牢记，即使是高评级实体也会在重置时间范围（3M 或 6M）期间违约，因此短期利率确实包含某些信用利差，因此，它们在 IFS 中有所调整。图 5.23 显示了 3M 美元伦敦同业拆借利率和美国财政部 3M 票据利率的发展（接近理想的无风险利率）。这两个利率之间的息差超过 400 个基点，仍然保持相对较高的水平。

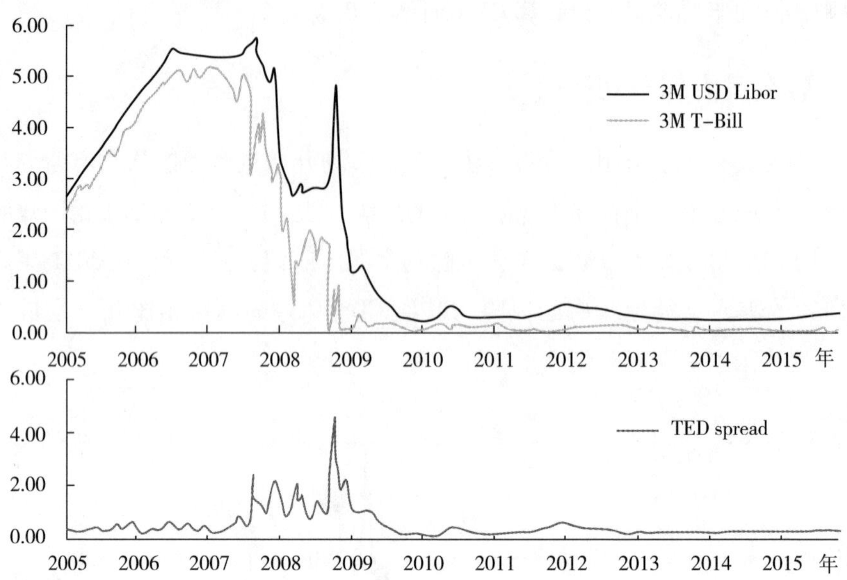


资料来源：彭博。

**图 5.23 3 个月美元 LIBOR 和 3 个月 T - bill 利率价差**

反对 IFS 利率的另一个论点是出现不确定基础的互换利差。图 5.24 显示，市场最近认为 600 万欧元的信用溢价至少比 10 亿欧元的溢价高出至少 10 个基点。这一现象表明，尽管金融市场交易对手的评级仍然相对较高，违约强度被视为不可忽略的并且随着时间的增长而增加（见图 5.16）。实际上，这意味着基于 6M 浮动利率的掉期的零息票曲线与基于 3M 周期的互换的曲线不同，等等。使用互换，将会有大量的无风险曲线，完全改变一个单一的无风险曲线的范式。考虑到跨货币互换基础利差（见 Baran 和 WiZhanne，2013；Baran，2016），情况会变得更加复杂。

目前市场普遍接受的解决方案是使用隔夜指数互换（OIS）率来构造无风险曲线，因为 1 天的风险（默认强度）被认为是最小的（见图 5.16）。OIS 类似于普通 IRS，不同的是，该浮动利率是每天（每一个营业日）计算的一个官方利率，为了简化结算，会在较长的时间内合并成隔夜指数平均（ONIA），或对于美元的有效的联邦资金利率，对于欧元的 EON-

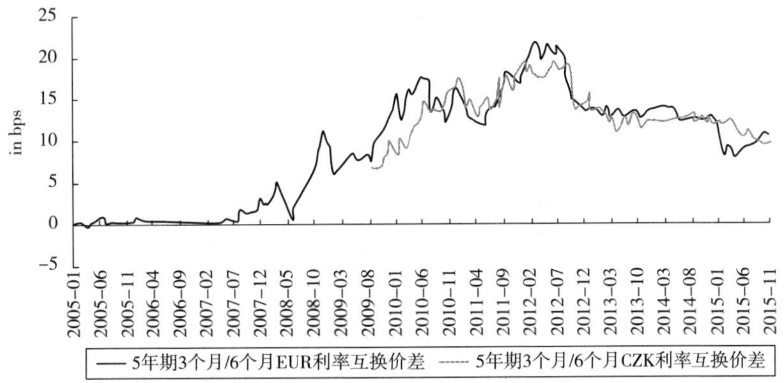


资料来源：彭博。

**图 5.24　5 年期的 3 个月/6 个月 Euribor 和 3 个月/6 个月 Pribor 利差**

IA，对于英镑的隔夜平均指数（SONIA），对于捷克克朗的隔夜指数（CZEONIA），等等。复利则是基于每日（工作日）隔夜存款期

$$r = \left( \prod_{t=1}^{n_b} \left( 1 + \frac{r_t \times n_t}{360} \right) - 1 \right) \frac{360}{n},$$

$r_t$ 是隔夜利率，$n_t$ 的日历天数的隔夜时期（通常为 1 天，但是它也可以为周末 3 天），$n_b$ 计息的工作日数量（例如 3 个月或 6 个月），$N$ 则是总天数。OIS 互换往往是短期的，通常只有 3 个月或更短。对于 1 年或更短的互换，固定利率和复合 OIS 利率之间的差额，只有在到期时才会被支付。对于较长时间的掉期，则每季度或每年支付一次。

一个固定的 OIS 率代表了参考评级银行滚动融资成本，在信用恶化的情况下，银行可以被另一个银行取代。在这种情况下，滚动周期仅为一个工作日，并且在一个工作日内评级实体（例如 AA 评级）完全违约的概率被认为几乎可以忽略不计（通常在 AA 级银行在违约结束之前会经历一系列的降级）。事实上，图 5.26 表明，3 个月期美元 LIBOR 与 3 个月期 OIS 汇率之间的价差接近 TED① 价差（与图 5.23 相比）。因此，如果有一个

① TED 价差是银行间拆借利率（美元 Libor）和短期美国政府债券（“T－bills”）之间的差额。

OIS 互换的流动市场（美元和欧元的情况），那么利率可以用来构造几乎理想的无风险零息票曲线。对于有限或没有 OIS 流动市场的货币，需要使用一个近似值（见 Baran 和 WiZhanne，2013，用于讨论）。

EUROIS EUR OIS FOCUS LINKED DISPLAYS MONEY

<EURVIEW> <EURIRS> <EUROIS> <EURFRA> <EURVOL> <0#FEI:> <EUR/1>

| | EUR | EONIA | DEALING | | | |
|---|---|---|---|---|---|---|
| 1Y | -0.4300 | -0.3800 | COMMERZBANK | FFT CBFT | 06FEB16 | 06:25 |
| 15M | -0.4500 | -0.4000 | COMMERZBANK | FFT CBFT | 06FEB16 | 06:25 |
| 18M | -0.4500 | -0.4000 | COMMERZBANK | FFT CBFT | 06FEB16 | 06:25 |
| 21M | -0.4500 | -0.4000 | COMMERZBANK | FFT CBFT | 06FEB16 | 06:25 |
| 2Y | -0.4500 | -0.4000 | COMMERZBANK | FFT CBFT | 06FEB16 | 06:25 |
| 3Y | -0.4040 | -0.3740 | BROKER | GFX | 06FEB16 | 01:00 |
| 4Y | -0.3280 | -0.2880 | CA-CIB | PAR CAIP | 06FEB16 | 10:08 |
| 5Y | -0.2250 | -0.1850 | CA-CIB | PAR CAIP | 06FEB16 | 10:07 |
| 6Y | -0.1060 | -0.0660 | CA-CIB | PAR CAIP | 06FEB16 | 10:07 |
| 7Y | 0.0200 | 0.0600 | CA-CIB | PAR CAIP | 06FEB16 | 10:08 |
| 8Y | 0.1470 | 0.1870 | CA-CIB | PAR CAIP | 06FEB16 | 10:07 |
| 9Y | 0.2680 | 0.3080 | CA-CIB | PAR CAIP | 06FEB16 | 10:06 |
| 10Y | 0.3730 | 0.4030 | BROKER | GFX | 06FEB16 | 01:00 |

6.2.2016 12:15:54 (GMT+1

<CZKVIEW> <CZKIRS> <CZKOIS> <CZKFRA> <CZK/1>

| | CZK | CZK EONIA | DEALING | | | |
|---|---|---|---|---|---|---|
| SW | 0.0300 | 0.0700 | 42 FIN SRV | PRG FTFS | 05FEB16 | 05:19 |
| 2W | 0.0300 | 0.0700 | 42 FIN SRV | PRG FTFS | 05FEB16 | 05:19 |
| 1M | 0.0300 | 0.0700 | 42 FIN SRV | PRG FTFS | 05FEB16 | 05:19 |
| 2M | 0.0300 | 0.0700 | 42 FIN SRV | PRG FTFS | 05FEB16 | 05:19 |
| 3M | 0.0300 | 0.0700 | 42 FIN SRV | PRG FTFS | 05FEB16 | 05:20 |
| 6M | 0.0200 | 0.0600 | 42 FIN SRV | PRG FTFS | 05FEB16 | 05:20 |
| 9M | 0.0200 | 0.0600 | 42 FIN SRV | PRG FTFS | 05FEB16 | 05:19 |
| 1Y | 0.0200 | 0.0600 | 42 FIN SRV | PRG FTFS | 05FEB16 | 05:19 |

6.2.2016 12:17:52 (GMT+1

资料来源：Thomson Reuters，2016。

**图 5.25 EUR 和 CZK 的 OIS 报价**

图 5.25 显示了 EUR 和 CZK OIS 报价的一个案例。欧元 OIS 市场原来是流动性很强的，报价从 1 个月一直到 50 年，但 CZK OIS 的市场报价仅有

1 年。报价可以与 Eurior、Primor 或 IRS 率进行比较，事实上，它们比各自的 OIS 利率高出至少 20 ~40 个基点。

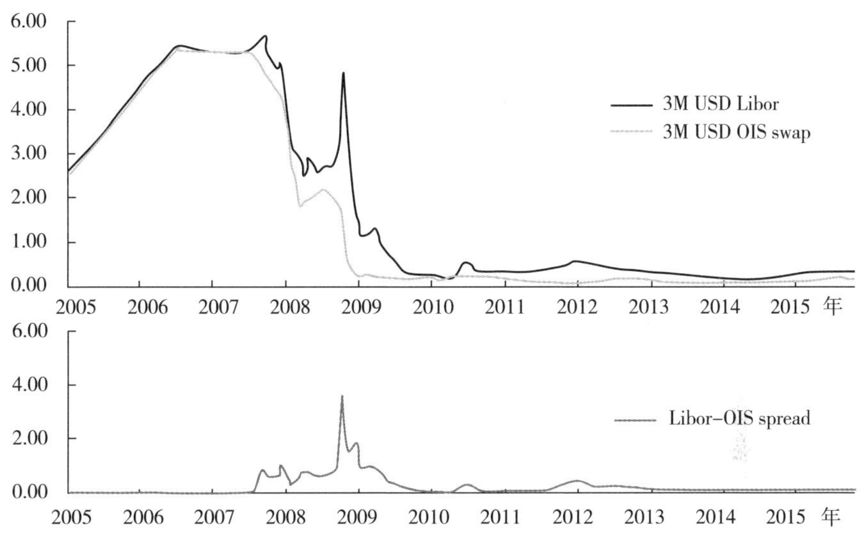


资料来源：彭博。

**图 5. 26　3 个月期美元 Libor 和 3 个月期 OIS 利率的价差**

应该指出的是，“真实”无风险利率是衍生价值评估模型的必要参数（赫尔和怀特，2012A）。如果不存在违约，那么衍生品的价值就是最先应该被确定为的。然后调整为（双边）对手方信用风险 $f = f_{nd} - BCVA$ 。一般来说，使用利率反映交易对手的融资成本并将其作为衍生品估值模型的参数是不正确的。例如，对于一个长期的欧式看涨期权，很可能出现 $f = e^{-r_C T}\hat{E}[(S_T - K)^+]$ ，其中 $r_C$ 是对方的融资成本（假设该机构没有信用风险），但风险中性期望值是基于 $S_t$ 是无风险率 $r_0$ ，而不是风险利率。在这种特定情况下，非违约期权价值实际上可以用对手方的信用价差调整为 $f = e^{-(r_C - r_0)T} f_{nd}$ 。然而，该公式不适用于远期或互换等衍生工具，因为现金流可以是正的，也可以是负的。

同样的讨论也适用于抵押衍生品交易。如果存在双向连续抵押，那么折现率可以有效地由保证金账户的利率 $r_M$ 代替，但资产价格的趋势仍然是无风险利率（在风险中性市场）决定的。在这种情况下，对于所有类型的衍生品，我们都可以使用乘法调整$f = e^{-(r_M - r_0)T} f_{nd}$。如果$r_M > r_0$，那么抵押利息为对手方创造了有利的回报。如果$r_M < r_0$；反之亦然。

## 5.6 信用衍生品和证券化的巴塞尔协议

信用衍生品和证券化产品允许不同的市场参与者转移信用风险，而且必须由银行监管来处理。《巴塞尔协议Ⅱ》（BCBS，2006a）将信用衍生工具视为风险缓释的措施（即由抵押或信贷保护降低风险，见“BCBS，2006a § 109 ~210）并认为与表外风险相关（例如 BCBS，2006a § 82 ~89）。证券化交易的资本要求，包括合成交易，都在第一部分特别是第四部分中有详细描述，被称为“证券化框架”（见图 2.9）。“

《巴塞尔协议Ⅲ》改革（BCBS，2010）并未直接改变这种安排。但是，改革对资本的新要求对交易对手信用风险存在间接影响，比如交易对手的信用风险，即下面将会讨论的交易对手风险估值调整（CVA）的资本要求对于信用衍生品可能产生非常重要的影响。另一个间接的限制是来源于新引入的杠杆率，其中包括所有表外风险。《巴塞尔协议Ⅲ》同样提高了对再证券化头寸的资产要求。

《巴塞尔协议Ⅱ》计量信用衍生品的主要方法是风险价值替代法，即卖方的风险权重代替标的资产的风险权重。另外，卖方承担标的资产的风险敞口。该条例设置了一些严格的定性标准，关于信用风险含义，资产和期限错配，并列出了符合条件的产品提供者名单，包括主权机构，私人部门（PSE），银行和风险权重低于对手方的证券公司。信用保护必须是不可撤销和无条件的才能满足替代法要求。有趣的是，该规定也允许交易者采用违约掉期。The first todefault swap 能会将受保护投资组合中的风险权重替换为风险权重最小，数量不大于 CDS 名义数量。在同一资产组合中，The-second todefault swap 只能在与 The first todefault swap 相关的情况下使用。关于卖方的资本要求，银行必须使用外部信用评估或应用相应的监管权重评估，或者如果没有这样的评级，它必须计算资产组合中所有风险的总和，权重最高可达 1250%，并将其应用于名义保费（protectionnotional）。为了避免进行第二次违约掉期，可以排除投资组合中的最佳风险权重（§207～210，BCBS，2006a）。

**表 5.7　标准化方式下长期评级的债券化资产和再债券化资产的风险权重**

单位：%

| 外部信用评级 | AAA to AA－ | A＋ to A－ | BBB＋ to BBB－ | BB＋ to BB－ | B＋ and below or unrated |
|---|---|---|---|---|---|
| 风险权重（债券化） | 20 | 50 | 100 | 350 | Deduction |
| 风险权重（再债券化） | 40 | 100 | 225 | 650 | Deduction |

根据巴塞尔协议第四部分，第一支柱（§538～643）："银行必须采用证券化框架来传统或合成证券化或类似结构产生的风险所需要的资本要求由传统和合成证券化或类似结构产生的风险。由于证券化可能是以不同方式进行构建，证券化风险的资本安排必须是根据其经济实质而非其法律形式确定"。因此，虽然该文件涉及了一些证券化技术，包括 ABS、ABCP、信用增强等，它力图预见这种新型证券化产品的未来发展，而这些在文中并未正式提及。但是技术本身应遵循经济实质，并与给定的原则类比。由于证券化产品的复杂性，该文件十分重视外部评级。表 5.7 中的风险权重说明了投资级层级从资本要求角度来看的投资吸引力，尽管基础投资组合可能也包含较高风险。这也许也解释了，在出台新规后评级机构在分配更高等级时过度的压力（或是诱惑它们）。这种状态在某种程度上被"Enhance ment stothe BaselII Framework（BCBS，2009a）"这一文件所缓解，它属于 BCBS 文件，有时被称为"巴塞尔 2.5"，这大大增加了再证券化的风险敞口，即基于资产池中的资产本身含有证券化风险，其衍生的 CDO 风险增加。根据 BCBS（2009a）新增了新规则，为了限制对外部评级的依赖，采用证券化框架的银行在可持续经营假设下，需要对其自身证券化的风险

敞口的风险结构特点有全面的了解，无论是表内资产还是表外资产，以及证券化衍生的资产池的风险特点。

尽管如此，即使在证券化存在风险敞口的情况下，银行也可以使用基于内部评级（IRB）的方法。IRB 方法仅使用于银行被批准将 IRB 方法应用于所有类别的银行证券化的基础资产。然后银行可以应用基于评级方法（RBA），使用内部或外部或推断的信用评级。RBA 风险权重在表 5.7 上重新界定，基于评级类型和标的资产粒度。如果外部或推断评级不可用，那么银行可以应用监管公式（SF）或基于方法学的内部评估方法（IAA）的外部评级机构。

在相对复杂的监管公式法下，证券化各档次风险暴露的监管资产要求取决于六个要素：基础资产风险承担（UE）的金额；证券化各档次风险敞口的比例（TP）；基础资产证券化之前内部评级法的监管资本要求（KIRB）；各档次信用增级（L）和厚度（T）；资产池风险暴露有效数量（N）；资产池加权平均违约损失率（EWALGD）。与其他情况一样，该方法试图估计出产品的未预期损失。与前面描述的随机模型相比，公式法是基于一些简化的假设，因此并不奇怪，它有许多弱点。

最近的金融危机将巴塞尔对信用衍生品和信用的监管推上了风口浪尖。《巴塞尔协议Ⅱ》的改进和《巴塞尔协议Ⅲ》改革试图解决最重要的问题并加强银行的韧性。但是，改革仍在实施之中，结果如何明朗，监管相关的讨论仍在继续。我们相信目前关于信用风险管理、建模和一般性研究领域的研究，将能或多或少地避免一些过去犯下的错误，而这也是本书希望能够达到的目的。

## 《巴塞尔协议Ⅲ》信用估值调整（CVA）波动资本要求

借方估值调整（DVA）和信用估值调整（CVA）都在一定程度上改善了交易对手信用风险的管理。对于大型机构，损失/收益（P/L）微小的变动都可能是几十亿美元。新的 BCVA 计量方法同时也强调了新的价格风险分类的重要性：交易对手信用风险（自身信用风险）和风险敞口的变动，导致全部 BCVA 的变化，对 P/L 产生正向或负向的影响。BCBS（2010）

虽然《巴塞尔协议Ⅱ》标准能够覆盖交易对手的违约风险，但没有解决类似的 CVA 风险，在金融危机时期，CVA 风险造成的损失要大于直接损失。因此，《巴塞尔协议Ⅲ》（BCBS，2010）引入了新的 CVA 资本要求，以覆盖场外交易市场衍生品的 CVA 逐日盯市的风险。对于中央交易对手（CCP）或证券融资交易，银行不需要计算交易的这笔资本费用。需要注意的是，与 IFRS13 不同的是，监管机构不考虑双边 BCVA，这一要求可能会由于机构自身资产恶化而增加总市值。

原则上，在内部市场模型（Internal Market Model IMM）中，监管者希望银行在计算投资组合的 VaR 时，引入信用估值调整，该调整不仅仅取决于市场因素，也与其交易对手的信用溢价有关。更确切地讲，CVA 资本变动的计算需要独立于市场风险资本变动，比如，考虑交易对手违约风险为损失的唯一来源（但同是模拟市场因素下预期风险敞口）：

$$MV = \sum_{i}(f_{nd} - CVA_i)$$

首先，BCBS（2010）要求银行使用简化模型，类似公式（5.41）来计算资本要求：

$$CVA = LGD_{MKT} \times \sum_{i=1}^{T} \max\left[0, \exp\left(-\frac{s_{i-1} \cdot t_{i-1}}{LGD_{MKT}}\right) - \exp\left(-\frac{s_i \cdot t_i}{LGD_{MKT}}\right)\right] \cdot \left(\frac{EE_{i-1} \cdot D_{i-1} + EE_i \cdot D_i}{2}\right) \tag{5.52}$$

其中，$s_i$ 是 $t_i$ 时刻下的信用价差。银行应该在方便时使用市场 CDS 费率。如果 CDS 费率无法得到，银行可以使用近似值。类似地，$LGD_{MKT}$ 是市场或类似交易工具的交易对手违约损失。最后，$EE_i$ 是预期风险敞口，$D_i$ 是折现因子，都适用于 $t_i$ 时刻。注意下列表达式为

$$\exp\left(-\frac{s_i \cdot t_i}{LGD_{MKT}}\right)$$

$LGD_{MKT}$ 和 $s_i$ 情况下，直到 $t_i$ 时刻的生存概率（隐含假设违约强度为常数）。因此，第一个因子估计了在 $t_{i-1}$ 和 $t_i$ 时间段交易对手违约概率，而第

二个因子代表在此时间内的平均折现风险。根据规定，任何基于直接 CVA 重估或溢价敏感度的内部模型必须基于式（5.52）。同样，《巴塞尔协议Ⅲ》市场风险资本要求和 CVA 资本要求必须计算为压力风险价值（Stressed VaR）和非压力风险价值的总和。非风险价值中的因素包括正常市场状态下预期风险敞口与价差波动。压力风险价值必须使用金融危机下的预期风险敞口和价差变动。

根据 IMM 的要求，就不难理解，为什么在总资本要求上，大多数银行将选择一个相对简单的标准化公式，其中资本要求是通过风险敞口的百分比计算出来的，风险敞口取决于交易对手的评级、交易成熟度以及可能的（交易对手）信用风险保护。然后单个资本要求在投资组合层面被整合到一起：

$$K = 2.33\sqrt{\begin{array}{l}\left(\sum_i 0.5w_i\left(M_i EAD_i^{total} - M_i^{hedge}B_i\right) - \sum_{ind} w_{ind}M_{ind}B_{ind}\right)^2 + \\ \sum_i 0.75w_i^2\left(M_i EAD_i^{total} - M_i^{hedge}B_i\right)^2\end{array}} \tag{5.53}$$

其中，$w_i$ 是根据其评级和表 5.8 的对手方 $i$ 的权重（如果没有外部评级，那么银行必须遵守法规批准，将其内部评级映射到外部评级）；$EAD_i^{total}$ 关于对手方 $i$（包括或不包括净值），包括抵押品的影响下的风险敞口；$M_i$ 是对手方 $i$ 的有效加权久期；$B_i$ 是单名 CDS 对冲（相对于参考实体 $i$）的名义价值，其到期日为 $M_i^{hedge}$；最后，$B_{ind}$ 是指数 CDS 对冲的名义价值，其到期日为 $M_{ind}$。

为了获得关于该公式的一些直观感觉，请注意，$w_i$ 像一个“标准化”的年化 CVA 变化的监管估计，变动值为久期与对冲调整后的风险敞口（$M_i EAD_i^{total} - M_i^{hedge} B_i$）的比值。所以，公式（5.53）的平方根下的第一部分为总投资组合 CVA 的标准差估计，假设交易对手是完全相关的，但是允许系统性 CDS 指数对冲，而方程的第二部分对应交易对手独立时的标准差估计。两个估计可以分解为单因子系统因素和非系统性因素，其权重分别为 $\rho^2 = 0.5^2 = 0.25$，以及 $1 - \rho^2 = 0.75$. 因此，平方根代表资产组合 CVA 的标准差估计和 2.33 只是标准正态分布概率为 99% 的乘数。实际上，公式 (5.53) 的结果似乎可以估计期限为 1 年的资本估值调整的 99% VaR（更详细的解释请参阅 Pykhtin，2012）。

**表 5.8　　监管 CVA 权重（BCBS，2010）**

| 评级 | 权重（%） |
|---|---|
| AAA | 0.7 |
| AA | 0.7 |
| A | 0.8 |
| BBB | 1.0 |
| BB | 2.0 |
| B | 3 |
| CCC | 10.0 |

资金估值调整 FVA、资本估值调整 KVA、保证金估值调整 MVA 和其他衍生品的估值调整 XVA。

除了 CVA、DVA 和 BCVA 这几个估值调整方法已经或多或少成为标准调整法和监管概念外，也有一些受到争议的估值调整方法，如 FVA、LVA、KVA 或者 MVA，这些统称 XVA（Gregory，2015）。

为了解释资金估值调整（FVA）背后的原因，让我们来以一个无担保衍生头寸（市场价值为正）为例，如做多头寸。衍生头寸是一种通过支付保费而获得的资产，并且成本来源于内部融资，融资速率与该机构的融资成本匹配。另外，市场价值只计入用于衍生工具折现的无风险利率，如 OIS。因此，机构的融资利率和无风险利率（OIS）之间存在差异，这需要额外的估值调整。在这种情况下，负债的利息成本等于 OIS 利率，但利息收入是融资利率。资金成本价差 $FS_c$ 和资金收益差价 $FS_B$ 可能会有所不同，所以我们应该分别计算两个 $FVA = FCA + FBA$ 组件，即资金成本调整（FCA）和资金收益调整（FBA）。数学表达式：

$$FVA = E\left[\int_0^T e^{-rt}\max(f_t, 0) \cdot FS_C(t) \cdot S(t)dt\right]$$

$$- E[\int_0^T e^{-rt}\max(-f_t,0)\cdot FS_B(t)\cdot S(t)dt] \tag{5.54}$$

其中，$FS_c$ 是资产端资金成本价差，$FS_B$ 是负债端的资金收益价差，$S(t)$ 是交易生存概率，比如交易双方的联合生存概率。

调整后的衍生品市场价值应该为

$$f_0^{adj} = f_0^{nd} - CVA + DVA - FVA$$

应该指出的是，FVA 的概念仍然存在争议。据赫尔和怀特（2012b），FVA 不应被反映在衍生品估值中——标准估值学说认为衍生价值应该等于风险中性预期下，对无风险利率贴现的现金流量，而不是通过任何实体具体的资金率。更多的是，如果资金成本适用，那么衍生品的估值将是不对称的，套利机会将存在。尽管进行了不断的学术讨论（格雷戈里，2015），市场调查显示，大多数大型全球性银行确实将 FVA 考虑在内，总计影响数十亿美元。

在实际计算中，通常假设风险敞口和资金利差是独立的。此外，基于 close - out 假设（Gregory，2015），生存概率可以忽略不计。然后，标准离散化处理后，我们有以下比较简单的公式：

$$FVA = \sum_{j=1}^{m} e^{-rt_j}EE(t_j)\cdot\overline{FS}_C(t_j)\Delta t_j - \sum_{j=1}^{m} e^{-rt_j}ENE(t_j)\cdot\overline{FS}_B(t_j)\Delta t_j \tag{5.55}$$

其中，$ENE(t)$ 是期望负风险敞口，$\overline{FS}_c$（t）是期望（远期）资金成本价差，$\overline{FS}_B$（t）是期望资金收益价差。

但是，更精确地分解 FVA 后，会发现其定义与 DVA 有很大重合支出。机构资金价差理论上应该和违约概率一致，机构的 LGD，如 $FS_B(t_j) = l\cdot q(t_j)$，因此

$$FBA = -\sum_{j=1}^{m} e^{-rt_j}ENE(t_j)\cdot\overline{FS}_B(t_j)\Delta t_j$$

$$= -l\sum_{j=1}^{m} e^{-rt_j}ENE(t_j)\cdot q(t_j)\Delta t_j = DVA$$

需要注意的是，这一公式无法应用于 CVA 和 FCA，因为 CVA 使用的

是交易对手的违约概率，而 FCA 则是根据其自身融资可能性得到的机构资金价差。这个发现的一个简单的解决方案是采用 FBA 或 DVA，比如，总调整将是“ *CVA* 和对称资金” “ *CVA* + *FVA* ” 或双边 *CVA* 和不对称资金 “ *BCVA* + *FCA* ”。根据 Gregory（2015）的说法，市场经验更倾向于不对称融资方式。

另一个解决 CVA/FVA 重叠的可行选择是将资金收益价差定义为无风险利率情况下流动性价差，再加上一个机构的信用利差，即我们应该流动性（利益）价差作为真实市场价差和理论价差的区别：$LS_B(t_j) = MS_B(t_j) - l \cdot q(t_j)$。一些作者（Gregory，2015；赫尔和怀特，2012b，2012c；Crepey 等，2014）认为，同样的原则适用于资产端的 FCA。理由是资产质量影响着一个机构整体的信用质量，所以资金成本应该取决于资产信用风险。例如，投资国债不会对机构的信用质量带来（负面）影响，因此应该由无风险利率提供资金，可能加上特定机构的流动性价差。因此，我们获得一个 FVA 的另一种方案，表示为 *LVA* – 流动性评估调整（Crepey 等，2014），其中式（5.54）中的资金利差被流动性利差 $LS_B(t_j) = MS_B(t_j) - l \cdot q(t_j)$ 取代。从市场角度来看，流动性利差为机构债券收益差价与 CDS 之间的差额。LVA 的概念解决了学术争论，如被赫尔和怀特（2014）接受。

另一个涉及的 XVA 是保证金估值调整 – *MVA* 。FVA 与无担保交易有关，MVA 的出现是由于超额抵押要求，主要由于初始保证金带来的。由中央对手方（中央对手方）清算的交易所衍生品头寸或场外交易头寸涉及初始保证金和维护保证金管理。这一要求不仅需要对实际对手方的损失进行抵押，未来覆盖短期（1 ~ 10 天）和且置信区间较高（99%）的潜在损失。即使对于双边交易来说，由于保证金机制，通常也存在超额的保证金余额。无论如何，保证金余额的收益率为 $R_{IM}$ ，其数值不超过 OIS 的利率，并资金成本 *FC* 将大于 OIS 比率。因此，MVA 可以在数学上定义如下：

$$MVA = E\left\{\int_0^T e^{-rt} IM(t) \cdot [FC(t) - R_{IM}(t)] \cdot S(t)dt\right\}$$

其中，$IM(t)$ 是初始保证金，$S(t)$ 是联合生存概率，可以通过离散化时间间隔可以简化计算，并假设保证金余额与资金价差相互独立。

最后，我们来讨论资本估值调整 - *KVA*，该公式反映的是衍生品交易下监管资本的成本。一般来说，根据不同的资产和市场因素，会有市场风险资本要求。资本要求对所有权十分重要，但在对开操作中可以被忽略。另一要素是典型违约 CCR 资本要求，被定义为 RWA 的 8%。衍生品敞口可按照《巴塞尔协议Ⅱ》规则进行计算，其中有几种方法：CEM - 当前敞口方法，SM - 标准化敞口方法和 IMM 内部模型方法。《巴塞尔协议Ⅲ》中新的一项包括上述 CVA 资本调整。总资本要求 $C(t)$ 代表成本，该要求需要在（衍生）投资组合水平上再计算一次，在资本成本 $CC(t)$ 情况下，资本成本应该被看作是要求资本回报和无风险利率之间的价差（因为资本本身可以投入无风险资产）。因此，KVA 数学表达式是

$$KVA = E\left[\int_0^T e^{-rt} C(t) \cdot CC(t) \cdot S(t) dt\right]$$

一般情况下，这一公式会基于预期资本要求 $EC(t)$ 和其他相关预期未来变量而分割。

尽管 CVA 和 FVA 已经成为计算标准，但 MVA 和 KVA 更多的是用于报告和监控。对于它们计算的结果和可能的副作用以及重合度，学术上从未停止讨论。在任何情况下，关于 FVA 的讨论都会被放在首位，接着金融机构才会考虑其他资金估值调整方法。

# 第6章
# 结　论

对信用风险定价，衡量和管理的追求是一条漫长的道路，在几十年有较快发展。最经典的信用风险管理问题是信贷审核问题。数学统计学和计算机的发展在支持或替代信用分析方面提供了新的更复杂的自动化方法。银行资产的增长，尤其是消费者和抵押融资领域的发展，强调了资产信用风险的发生不是有单个风险敞口带来的，而是由于损失高于预期违约率。正如我们在第 4 章所看到的，组合建模不仅仅涉及单个违约概率的估计，也与违约相关性的概念有关，这一点至今仍未得到很好的解释。信用风险管理标准的发展与巴塞尔监管政策的变化齐头并进，后者致力于设置基本风险管理标准并根据风险来定义监管资本。在《巴塞尔协议Ⅱ》之前，信用评级、PD、LGD、EAD 和预期损失的概念被许多高级信用风险管理者所使用，新规则的出现，使这些概念开始成为标准并广为流传。自 20 世纪 90 年代以来，衍生品市场快速发展。基于各种公式，对手交易信用风险通过限制交易对手风险敞口的方式来简化操作。最近，尤其是国际金融危机后，交易对手信用问题变得越来越复杂，尤其是多种复杂的股指调整方法的发展。最后，我们需要关注信用衍生品和信用衍生品相关的产品如 CDOs，CDOs 在十年前开始频繁交易，它们的价格和风险管理对金融工程学者们仍然是个挑战，尤其是在金融危机发生时。我们希望本书能够对相关领域的发展有所贡献。